時尚經營概論

王秀菁　任冠樹　江念慈　林佳琪　英宗宏
莊如松　陳世晉　辜靖雅　黃國男　溫騰光　賴奕安
編　著

全華圖書股份有限公司　印行

序

聽到「時尚」兩個字，在很多人的腦海中出現「走秀」、「服裝」與「流行」等畫面，因此認為想要「時尚」，就應該去追求五光十色的生活，永不停歇的找尋最新的事物。

實際上，「時尚」是一個創造與模仿的流動過程，由於這個過程中，具備了讓商品價值大幅增值的機會，時尚產業也因此成為現今社會不可或缺的一個重要產業！綜觀當前時尚產業的人才培育機制，可以發現多屬「專精人才」，例如，時尚造型專家、服裝設計專家、動畫設計專家等，這些人才雖然能持續的在產業與國際市場中單打獨鬥的創造出不少火花，但始終欠缺品牌經營中最重要的一環，也就是品牌經營行銷之概念與組織競爭概念，也因此限制了此類專業的商業化經營與品牌化發展。

另外一方面，傳統商業課程的教學內容，不論是企管、國貿、財金、行銷抑或資訊管理等領域，培育出來之管理專業亦面臨類似的問題，就是這群商業人才可能必須要通過一段長時間的重新訓練，才能具備流行敏銳度與時尚產業的運作能力。

有鑑於此，本書的撰寫即在彌補這兩個領域間的鴻溝，期望透過這一個開始，啟發對時尚產業有興趣的學習者，能夠兼具基礎的流行概念與經營知識，瞭解怎樣創造時尚、引導時尚與管理時尚。

本書的規劃主要分成五個概念進行，分別邀請在這領域中學有專精的學者以輕鬆的方式進行說明，這五個概念分別為「瞭解這個產業」、「知道商品怎樣發展」、「瞭解時尚品牌的建立方式」、「熟悉時尚資訊的傳遞模式」、「瞭解怎樣進行時尚品牌管理」，期望讓學習者能從時尚的基礎概念開始出發，開始瞭解時尚採購、商品設計、市場分析、公關活動、展演活動、跨國語彙、智財問題與商務營運等內容。這些內容，實際上也是當前一個時尚品牌經營經營者每天都必須要面對的挑戰。

本書得以出版，除本人進行內容規劃與撰寫外，有賴王秀菁老師、任冠樹、江念慈、林佳琪、英宗宏、莊如松、辜靖雅、黃國男、溫騰光、賴奕安（以姓名筆畫順序）諸位老師在其理論與實務上的專業貢獻，而楊雅鈞小姐在本書編輯過程中的整合與各項協助更是功不可沒，更感謝全華圖書以及本書相關資訊提供者的鼎力相助。但由於「時尚經營概論」涉及之學門領域廣闊，本書之寫作過程，雖然作者們在資料上已多方收集，仍恐有缺失之處，加上倉促付梓，錯誤疏漏在所難免，尚祈各位先進賢達不吝指正。

陳世晉 謹識
2013 年 2 月

Contents

Contents

時尚概念篇

1 時尚產業與工作範疇

2 從經濟的觀點看時尚

3 個人觀點—如何打造個人時尚力

4 時尚採購

商品發展篇

5 商品設計與視覺化

6 時尚市場資料分析

Contents

Contents

品牌建構篇

8 打造時尚品牌

9 品牌形象推手―媒體公關

10

流行趨勢與時尚展演

時尚溝通篇

11

亞洲時尚主流文化的傳遞與影響

12

跨國時尚溝通一本通

Contents

時尚經營篇

13 時尚品牌的保護傘——法律制度與救濟

14 時尚商品之商業計畫

時尚概念篇

1

時尚產業
與工作範疇

時尚經營不是教你穿衣服、設計衣服，而是教你怎樣創造時尚、引導時尚與管理時尚！

摘要

「時尚」對許多人而言，是個陌生又好奇的名詞，「時尚經營」則是個更模糊的名詞，時尚經營不是教你穿衣服、設計衣服，而是教你怎樣創造時尚、引導時尚與管理時尚！

本章主要從時尚的定義開始進行瞭解，從齊美爾 (Simmel) 提出的時尚哲學觀點：「時尚是一種階級劃分的產物，一方面意味著『結交』同等地位的人，另一方面也意味者這些人會『排斥』地位較低的人，其外在表現的方法，就是一種特殊的生活方式，而這種方式引領了低階層的人想辦法透過『模仿』的動作達成向上循環的目的，這整個流動的過程，就叫做時尚潮流」開始闡釋時尚的各種問題。

另一方面，我們也從應用範圍、資訊提供、商品設計、擴散資訊這幾個部分來解釋時尚產業的結構以及人力需求，藉以瞭解這個產業的前景與發展，最後，本章為時尚產業的入門方式進行了解說，以帶領讀者能快速進入這個新穎的領域。

學習目標

1. 瞭解時尚的意義與時尚經營的概念！

2. 瞭解時尚產業的結構！

3. 知曉時尚產業需要哪些人才？

4. 明白怎樣才能正確的進入時尚產業！

一般對於「時尚」這個熟悉又陌生的名詞，總是充滿了好奇與疑問，我們在這本書的第一個部分，對於大家最喜歡問的「時尚是什麼？」、「時尚怎麼開始的？」、「時尚產業是什麼？」、「什麼人從事時尚產業？」以及「時尚怎樣入門？」這幾個問題作了一些解釋，讓大家有個初步的瞭解！

第一節　LV+APPLE+夜店＝時尚？

「端著酒杯，配合輕快節奏的音樂，身穿 PRADA 上衣，腳踩 Ferragamo 皮鞋，手腕帶的是 Patek Philippe 腕錶，脖子上外加一串寶格麗 (Bvlgari) 項鍊，皮夾是 Louis Vuitton，包包是 Christian Dior，在會員制的夜店與大明星一同參加派對，接電話時用的是最流行的 iPhone 5，簽帳時用的是萬寶龍 (Mont Blanc) 鋼筆…」，這種印象是很多人聽到「時尚」兩個字時在腦海中浮出的第一個畫面，社會上也有不少的男男女女，為了腦海中的這個畫面，努力衝刺，但隨著近幾年來各種「時尚品牌」、「時尚餐廳」、「時尚旅館」、「時尚服飾」、「時尚搭配」名詞在各種場合出現後，大家腦海中的「時尚」印象開始模糊了！

到底什麼是「時尚」？「時尚」是怎麼開始的？應該是本書讀者的共同疑問！

也許有人認為，在這個網路發達的時代，搜尋一下應該可以找得到答案！

那我們可以試試看，如果在維基百科打上「時尚」二字，並不會出現「時尚」的解釋，他只會出現「時尚潮流」，其說明為「時尚潮流，是一個時期的流行風氣與社會環境，在此時尚和潮流同義，是流行文化的表現。

時尚的事物可以指任何生活中的事物，例如時尚髮型，時尚人物，時尚生活，潮流品牌，潮流服飾等等。一個時期內社會環境崇尚的流行文化，特點是年輕、個性、多變和公眾認同和仿效。」，然後還註明了「本條目沒有列出任何參考或來源。」。

如果去博客來網路書店或是 PC home 線上購物打上「時尚」二個字，會更令人驚訝，因為幾千項商品都跟「時尚」有關，從衣服、餐廳到美髮、美甲都有，這說明了「時尚」的難以定義！

事實上，有很多學者與社會觀察家從 20 世紀初就開始觀察與研究這個問題，例如：Veblem（韋伯倫）在 1899 年起就提出了「有閒階級論」，開始討論有閒階級的生活與炫耀性消費的情況，而 1904 年的 Simmel（齊美爾），在提出了一系列關於貨幣經濟的研究後，又提出了時尚哲學的觀點，這個觀點後來成為大家解釋「時尚」的重要基礎，也就是認為「時尚是一種階級劃分的產物，一方面意味著『結交』同等地位的人，另一方面也意味者這些人會『排斥』地位較低的人，其外在表現的方法，就是一種特殊的生活方式，而這種方式引領了低階層的人想辦法透過『模仿』的動作達成向上循環的目的，這整個流動的過程，就叫做時尚潮流」。

也許很多人看到「階級」的字眼，會有所排斥，但事實上，在 20 世紀初，時尚潮流的引動的確是由貴族階級向下擴散而產生影響的，直到二次大戰後，義大利平民服飾的崛起，才開始有所謂的時尚「對流」（也就是可以由下階層往上階層影響）情況。

上面有點文謅謅的說明，其實有幾個重要的字眼解釋了時尚，就是「結交」、「排斥」與「模仿」，用白話文來說，某些指標性人物開始一起使用某類商品（結交），出現了與眾不同的特質（排斥），其他人想跟這些人一樣，所以開始追求這些商品（模仿），當大多數的人都一樣以後，使用這些商品就不是時尚，而是落伍！

所以可以給時尚作一個最簡單的定義──「時尚就是一種流行的生活方式！」。

這就是為何在本文一開始所描述的「全身配件」，是很多人眼中的「時尚」，但當某些大明星真的穿著這種「套件」走上紅地毯時，卻變成時尚專家眼中的「大孔雀」或「災難」的原因，因為當這些明星的穿搭無法歸屬何種「流行的生活方式」，而這種搭配就叫做「災難」！

第二節　一分鐘解讀時尚產業

一、造就時尚的三動力

在解讀時尚產業之前，我們必須先回答一個問題，就是「現代流行是怎樣發生的？」，這個問題其實到現在沒辦法有完整的解答，我們只能說這是一個擴散的過程，根據布魯默 (Blumer) 在 1969 年的研究結論，造成時尚的原因，可以歸類為三個動力，這個過程如下：

（一）時尚採購員感知消費者的品味

這個階段是時尚採購員透過各種展示活動、廠商邀約以及社會觀察，瞭解哪些商品具備合適性、時尚潛力，這些元素能與主流階層吻合，從而發展出當前的品味主軸，舉例來說，某一年流行紫色，某一年流行金色，

某一年流行貼亮片，某一年流行人字拖，某一年流行雨鞋，這些概念都是在前一年或兩年由時尚採購員透過各種觀察，覺得適合這些主流族群的當前生活方式而發展出來的。

（二）設計師企圖透過商品的設計，表現「現代性」

這個階段是設計師會透過對商品的設計，展現符合當前共同期望的作法，比如說，如果今年景氣不好，主流階層可能容易受到媒體「炫富」字眼打壓，這時包包的設計就會朝向比較中性、方正的風格，以因應當前的感受，當然，這些設計走向也會受到採購員訂單的影響，當訂單集中在某種特色時，設計師就會朝向這種特色開發商品。

（三）消費者透過觀察、模仿，開始自由選擇，藉此散發個人的「質感」

設計概念如何擴散呢？透過流行雜誌、媒體渲染、記者會、造勢活動等各種方式，可讓一般消費者接觸到當前的資訊，消費者便開始模仿，抓取符合自己特質的那一塊開始引用，當群集現象出現後，流行就開始了！

二、時尚產業結構

透過上述布魯默的概念，我們將時尚產業分成幾部分來說明，分別是應用範圍、資訊提供、商品設計、擴散資訊這幾個部分來解釋，整體結構請看圖 1-1 ！

（一）應用範圍

很多人都認為「時尚」領域應該是屬於「紡織品」或「服裝」這一個部分的應用範圍，因為媒體上各種所謂的「時尚秀」，都是屬於這種領域，坊間的書籍也多在談此類案例，其實這只是表現時尚的一個部分！

回到第一節我們談到對時尚的定義「時尚就是一種流行的生活方式!」,紡織品或是服裝由於是人們在社交活動中最容易突顯的「表徵」,自然而然就會成為時尚領域的一個主流範圍,因為這是最能彰顯個人「特質」的方式。然而,隨著多媒體媒介的發達,主流階層的生活方式被逐漸表達出來後,「衣、食、住、行、育、樂」在每個應用範圍領域中,都有其發揮的空間,簡單的舉例如下:

- 衣:服裝、配件、美體
- 食:餐飲、養生
- 住:裝修、家具、生活用品
- 行:交通工具、通訊工具
- 育:學習模式
- 樂:休閒娛樂、流行運動

所以你可以穿著時尚、在時尚餐廳吃飯、住時尚豪宅、用時尚生活用品、開時尚汽車、用時尚手機,用最新的方式學習、玩最流行的玩法…。各行各業中,都有「時尚」的一部分,因為他們這之中都有「流行」的生活元素!

(二)資訊提供

所謂的「資訊提供」是指能夠給予商品設計單位提供相關資訊的產業環節,這當中包含了幾個重要的機制,就是時尚採購、調查機構與研究中心,如果沒有這些機構提供資訊,將無法發展出「開創需求」的流行因子,變成下一個商品設計步驟的養分!其中,時尚採購包含了時尚採購單位、代理採購公司、貿易公司等,而調查機構包含了產業調查機構、時尚媒體調查機構等,至於研究中心部分,則是由一群尖端商品研究中心發展出的

應用化資訊,比如說,美國很多的研究中心發表了多胜肽、膠原蛋白、抗氧化素等概念,這些概念經由商品設計單位的轉化,就會逐漸變成流行名詞!

(三)商品設計

所謂的「商品設計」是指將沒有經過美化的產品轉化為可供販售之商品的過程,這個過程會包含了設計、收益規劃、生產活動與行銷設計幾種。分述如下:

- 設計單位:設計單位(含外觀、包裝、定位)
- 收益規劃:財務諮詢公司
- 生產活動:樣品生產工廠、代工生產工廠
- 行銷設計:貿易公司、廣告公司

商品設計單位是整個時尚商品的核心,因為風格設定、包裝設定、定價設定與形象設定都在此部分必須完成,因此各類分工的承包單位,或是專業公司在這些產業中都有不可或缺的定位與角色。比如說,一間時尚餐廳,他們就需要有專業的餐飲顧問協助規劃菜單、也需要空間設計公司協助設計餐廳,也需要有效的加工廠協助進貨與初步加工餐點,最後,還需要廣告公司協助規劃各類活動,並且進行形象整合包裝。

(四)擴散資訊

擴散資訊這一部分其實是創造時尚流行的主軸,當已經有了重點商品後,剩下的造勢活動就要靠擴散資訊這一塊的產業活動,才能讓商品資訊普及至一般階層,並且讓一般階層的消費者「興起」模仿的念頭,到此階段,流行就開始了。

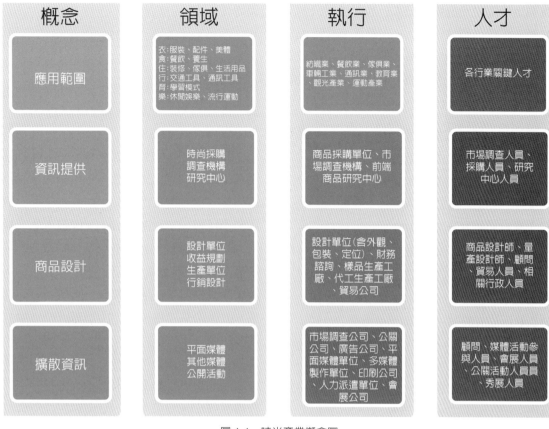

圖 1-1　時尚產業概念圖

這個階段的產業，包含了平面媒體、其他媒體與公關活動，除此之外，由於這塊產業的需求豐富多元，因此需支援的產業變得更複雜，包含人力派遣、印刷產業、影視製作等支援產業都在此一部分。在此分述如下：

- 平面媒體：平面媒體單位、印刷公司
- 其他媒體：市場調查公司、廣告公司、多媒體製作單位
- 公關活動：公關公司、人力派遣單位、會展公司

曾經在某個網站看到有人寫了這個標題：「如果 XX 品牌手機有聽從我的建言，今天不會淪落至此」，仔細進去一看，他的建言是這樣的「面板要好，電池要用得久，規格要高，品管要嚴，設計要像蘋果，媒體預算要高，通路要廣，要免費配送給明星使用………」，他寫得沒錯，但是沒有任何一家公司作得到，就算做到了，也不見得成功。就像倫敦奧運，花了近兆的預算，得到的不是巨大的成功，而是龐大的虧損，沒人想到在強力宣傳的同時，大家預期奧運會熱門到擠爆會場，結果變成大家乾脆都乖乖在家裡看轉播，英國政府只好請軍隊去看比賽！

時尚商品能用這種概念嗎？如果時尚潮流能夠這樣就輕易的創造出來，為何蘋果公司一直在推行「減法原則」，因為既使蘋果公司的市值已經超過了某些國家整年的生產毛額，但是資源還是永遠都不夠，還是必須在某些地方做取捨。

其實由上述的產業結構就可以了解，基本上時尚產業就是一個產品轉化為商品並造成流行的過程，舉例來說，要讓一隻手機能變成人手一支且不可或缺，如果只靠簡單的進行「產品發表會」就可以達成效益的話，就不會演變成現今智慧手機市場烽火連天的情況，一隻手機從上市前的口碑醞釀、平面媒體的報導、廣告的鋪陳，公關派對的運用，流言斐語的擴散，每個環節都是重要的步驟，就像 iPhone 5，從上市前一年多就已經開始佈局，小道消息的傳言，系統的發展等都成了口碑元素，最後才能成為該年度大家最想獲得的新手機，也就形成了潮流！

如果對於時尚產業的狀況愈瞭解，在操作時尚活動時，就具備愈高的想像力，愈好的想像力就具備好的創意執行力，也就愈有可能在有限資源下，塑造出強勢的時尚品牌！

第三節　哪些人在從事時尚產業

有很多讀者會問到一個關鍵的問題，就是「哪些人在從事時尚產業？」這個問題其實很好回答，因為很多人都已經陷在其中而不自知，想一想，當模特兒走秀時，場地從哪來？場地設計誰負責？平面媒體誰報導？宣傳單誰印刷？透過哪些管道傳播出去？模特兒走秀穿的衣服是誰做的？最後，這些報導雜誌是誰買的？雜誌的廣告是誰出的？有沒

有覺得好像你我的工作都或多或少都離不開時尚產業？

這些林林總總的工作，都必須要有人負責，所以其實有很多人都涉及到時尚產業，只是有的屬於專業領域，有的屬於管理整合領域，我們還是依照第二節的產業結構來說明。

一、應用範圍

如第二節所述，時尚產業的應用範圍包含了「衣、食、住、行、育、樂」，在每個應用範圍領域中各行業關鍵人才都是不可或缺的，所以不管是學做菜的，還是學電子的，都有可能與時尚領域產生接觸，也許有人會說「我學的是模版和板金，跟時尚有何關係？」請別忘了汽車外型設計靠板金才能成型，除此之外，現在的手機殼也是靠板金工程處理的，如果覺得這是一種「硬凹」的說法，那你可以自己發展一些流行汽車配件，讓別人裝在車子上，這也是時尚。

有一個具體的案例是筆者欲開發一系列的時尚茶葉禮盒，當中必須設計一個能盛放開封茶葉的鐵罐，又不想直接拿「公版」來設計，總想與眾不同，因此找遍全臺灣的「罐頭」工廠看哪一間能協助開發，結果在彰化找到一間鐵工廠，只有他能做，原因很簡單，這老闆平常無聊就喜歡折鐵絲玩，當他能將我所設計的規格將之量產化，第一批五十萬的訂單就是他的了！以後，只要有人問「奇怪的鐵罐找誰做？」就是他了！

由此一案例可瞭解到，不要認為自己從事的行業與時尚無關，如果能稍微保持接觸或具備一定的敏感度，當機會來臨時，就直接進入這個產業了！

二、資訊提供

顧名思義，在這個產業階段的人才需求，就是市場調查人員、採購人員、研究中心人員這一類的專家，但是請別因為「專家」兩個字就會怯步，市場調查人員或是採購人員往往並非專業本科出身，事實上，很少聽過「統計系」的人做市場調查，也應該沒有人聽過「採購系」這個科系吧，採購人員往往是從各種專業領域或是國貿領域的人轉進這個行業的，而市場調查則更複雜了，整個市場調查就是一個產業，細密的分工從基本的問卷設計到最後的問卷執行與分析，都是由不同階層與背景的人執行。

至於研究中心人員則是比較特別的，不管是美容美體的研究中心、商品的研究中心，還是紡織品的研究中心，這些中心要的人才都是比較專業性的，有興趣進入這個職業領域的則必須靠自己的努力和機會才有辦法進入。

三、商品設計

這個產業階段是時尚流行的心臟，在這當中，創意是很重要的元素，商品設計師、量產設計師、顧問、貿易人員、相關行政人員都是在這個產業領域中不可或缺的人才，但分工也是非常細密。舉例來說，如果以服裝業來說，商品設計師就可以分類為「女裝設計師、男裝設計師、量身訂做裁縫師、企業制服設計師、童裝設計師、泳裝設計師、內衣設計師、新娘禮服設計師、梭織布料設計師、針織服侍設計師、織品印花設計師、戲劇服裝設計師、配飾設計師、鞋樣設計師、帽子設計師、皮包設計師、顏色調配員、時裝插畫家」。

其中量產設計師，就是具備把原始產品轉化到生產線的設計師，舉例來說，設計師可能設計了一個五彩錫箔套，用電腦雖然畫得出來，可是放到工廠卻無法製作，原因是顏色須用四色套版，套不出這種顏色，就必須修正，這就是量產設計師的工作了。又另外以紡織業作舉例，紡織業與量產相關的工作包含了「打版師、版型縮放員、裁床 / 裁刀師傅、樣衣車師傅、車縫人員、布料技術專員、成衣技術專員等等。」

而顧問或貿易人員是要做什麼的呢？這些人才主要協助衡量成本收益與降低成本，舉例來說，商務顧問協助商品發行時所需資金的籌措活動，比如說，某位國際明星要舉行跨國演唱會，在門票還沒販售前，初期資金可能需要五億臺幣，這筆資金就形成了困擾，因為往往要先支付出去，這時商務顧問就會協助尋找贊助商、投資商甚或將演唱會拆解成等量股份進行發行籌資。而貿易人員的工作，則是找尋更低成本的資源，或是找到更恰當的資源，舉例來說，10 年前餐飲貿易公司找到「圓鱈」、「帝王蟹」這類新興食材，開拓了時尚餐飲新的可能，對時尚餐廳而言，貿易人員找到新的食材以利餐廳推廣，也替代了部分昂貴食材！

四、擴散資訊

屬於擴散資訊這一個階段的產業，需要的人才就更多元了，為了能撲天蓋地的讓一般消費者能提起「興趣」模仿主流階層的行為，因此會進行相當多的活動。在這領域中，時尚報導編輯、時尚報導記者、專欄作家、行銷經理、公關人員、活動策劃、商展組織人員、秀展製作人、造型師、化妝師、攝影師、

模特兒、模特兒經紀公司、經紀人等都是在這個領域中活躍的人物。

除此之外，由於近年時尚開始又與「文創」結合，因此藝術設計、社區藝術家、駐地藝術家等專業人員，也成了這個產業環節中需求的人才！

由於這個階段的產業是真正在製造「時尚流行」，也是決定「時尚流行」的主要元素，因此，時尚經營管理的重點，也就會集中在此部分！因為這個領域是真正能將時尚設計商品推向消費者，創造營收的唯一環節！

舉例來說，如果時尚設計師設計了一個特殊功能的馬克杯，這種馬克杯具備了測溫和保溫的能力，如果要賣出去只有兩種方式，第一種，是設計一堆類似商品，花 30 萬到國外展覽會擺攤，看看能不能在四天當中接到一個訂單，但是也有可能在這四天當中被索取樣品的廠商把樣品拿去仿冒。另外一種，就是透過時尚經營管理者的佈局，註冊功能與品牌，推廣到主流生活圈，透過媒體節目推薦，擴大推廣使用，最後被一般消費者競相購買。第一種方式可能一年可以獲利，但是幾年後就沒有自己的市場，第二種可能要三年以上才能佈局完成，前兩年可能要付出相當代價與成本才行，但是一旦紅起來，就是 10 年、20 年的獲利！

回到第二節最後所提到的重點，在這個產業領域中，誰對這個產業愈熟悉，就愈能發揮創意與執行力，就愈能夠成功！

第四節　該怎樣入門？

在看了上述關於時尚產業的各種資訊後，讀者應該會問最後一個問題：「該怎樣入門？」，一般人面對這種問題就會如同第一節所提示的，就是「想辦法變成時尚圈中的一份子」，因此筆者曾經在某雜誌看到一個女生為了要能嫁入豪門，打入時尚圈做出的規劃活動：

- 接觸時尚商品：瞭解各種精品資訊，並且開始努力存錢準備購買這些行頭。

- 參加時尚表演活動，瞭解怎麼運作：想辦法弄到各種時尚表演活動的入場券，就算是爭取到打工機會都好，瞭解怎樣運作，順便能認識時尚圈的人更好，因為這樣才有機會介紹成為其中一份子。

- 身體力行，購買時尚商品，參與時尚活動：錢準備夠了，就要開始花，因此開始購買時尚商品，表現出個人的「特質」，並且透過先前的各種機會，開始參與時尚活動。

- 變成時尚圈中的一份子：這並不是終極目標，變成時尚圈中的一份子並不夠，而是要與其中重要人物變成合作關係，才能發揮先前投資的效益！

我們無意對這種規劃模式的動機與作法作評語，因為時尚圈與時尚產業是兩個概念的東西，不能混為一談，所謂的「時尚圈」如前所述，其實只是個被模仿的「主流消費群」，但是如果想要真正的在這個行業或圈子能夠生存下去，並且能夠得到相對的報酬，應該要認真對待的是「時尚產業」。並且要有辦法在這個產業「經營」下去！

如果要在這個產業能夠經營下去，就不能靠「追逐」時尚，因為這種行為是「只出不進」

的，時尚經營不是教你穿衣服、設計衣服，而是教你怎樣創造時尚、引導時尚與管理時尚！

這時，必須請參考以下諸多業界前輩對想從事這個行業的人幾個重要問題，看看自己能夠回答幾個？

(1) 如果你是這個商品的專案經理，你個人的優勢和劣勢為何？

(2) 你熟悉這個商品的程度？

(3) 你認為這個商品成功的地方在哪裡，你如何促成他在市場上能成功？

(4) 你喜歡這類商品的哪一個版本？

(5) 你如何規劃出一個好的計畫，讓大家心甘情願的掏錢購買？

(6) 做這個商品有哪些是你能做到的，哪些是你做不到的？

(7) 這是一個國際商品，引進到國內來，你覺得有哪些限制？

(8) 你認為這個商品找誰當代言人最好？怎樣處理？

(9) 你之前是否有做過類似的工作，解決類似的問題？

(10) 你怎樣讓前衛消費者能試用這些商品？

如果能夠具體回答 10 個，那代表你是個基本合格的時尚經營者，如果能回答 5 個，這代表你能在時尚活動中扮演基層人員的角色，如果僅能回答 3 個或 3 個以下，那可能要從工讀生做起，再看學習的效率有多快了！

在這裡我們提出一個建議的入門作法，這也是本書所敘述的章節架構，目的是想辦法讓讀者能夠有系統的達到至少 5 個以上的答案，分別說明圖 1-2 所示：

圖 1-2 時尚入門模式

一、瞭解這個產業的具體概念

在本章一直提到一個觀點，要能夠掌握整個時尚產業的脈動，並加以運用，對這個產業的概念就必須清楚，因此除本章對於時尚的基礎概念進行說明外，讀者可以透過時尚產業的經濟觀點、個人觀點與企業觀點幾個角度，瞭解這個產業怎樣運作，瞭解一個人怎樣具備時尚力，瞭解企業怎樣進行採購分工的工作，並且將之轉化為可行時尚商品。

二、知道時尚商品怎樣發展

在這一個部分，我們要讓讀者瞭解時尚商品是怎樣開發與運作的，因此分為三個部分進行講述。第一個部分是讓讀者瞭解商品設計與視覺化的問題，探索一個粗製的產品怎樣逐漸發展為可銷售的精品；第二部分探討的是怎樣瞭解這個市場，怎樣調查，怎樣分析，因為這是商品開發與行銷規劃的基礎；第三部分則是關於電子商務與服務品質的問題，在現今網路發達的年代，商品要推上市場讓眾人有跡可尋，就必須靠網路與電子商務，因此在此部分為大家做了詳盡的解釋。

三、瞭解時尚品牌與形象的建立方式

在這部分，我們從品牌建立、公關活動與商展活動幾個角度切入，讓讀者瞭解時尚品牌在運作消費者溝通上怎樣進行，在品牌建立部分，我們從什麼是品牌，怎樣建立與管理進行說明，而在媒體公關部分，則是說明了怎樣與媒體打交道，公關人員的角色應該怎樣扮演，以及大家最好奇的公關活動怎樣運作等等，至於商展活動部分，則是說明了商展呈現的方式與運作規則，更說明了展演活動的進行模式與執行方法。

四、熟悉時尚資訊的傳遞模式

在時尚資訊的傳遞方式上，瞭解亞洲時尚文化的傳遞方法、重點詞彙以及相關法律問題，是此一部分的重點，目的在於讓大家了解怎樣進行基礎溝通，以利舉辦活動或進行宣傳時避免不必要的誤會與問題。

五、瞭解怎樣進行時尚品牌的管理與經營

在最後這一部分，則是要說明時尚商品的兩個經營層面問題，一個是法律問題，另一個是具體的商務經營計畫，以利初學者在面臨時尚品牌規劃時，面對這類專業經營知識上的疑惑時，有所參考的依據。

關鍵詞彙

時尚、時尚經營

自我評量

1. 時尚是什麼？時尚經營又是什麼？

2. 造成時尚的原因有哪三個動力？

3. 我們可以從哪幾方面來解釋時尚產業？

4. 擴散資訊階段的產業，有哪些單位在從事活動？

5. 在資訊提供這個階段的產業，需要哪些人才？

6. 在商品設計這個階段的產業，需要哪些人才？

7. 在資訊擴散這個階段的產業，需要哪些人才？

8. 想要從事時尚產業的人，必須面對哪些問題？

9. 我們可以怎樣進入時尚產業？

參考文獻

Armstrong, G., & Kolter, P. (2000). Marketing: An introduction (5th ed.). New Jersey: Prentice Hall.

Brown, C. (2011)，張靜怡譯，時尚力：50 種流行身份深入剖析 X33 位頂尖時尚人現身說法 X120 種求職創業必勝工具，台北：積木文化出版。

Cathy Yeon Choo Lee（2010），博碩文化譯，脫俗的設計經營，台北：博碩文化。

Griffin, J. (1995). Customer loyalty: How to earn it, how to keep it. New York: Simmon & Schuster Inc.

Kapferer, J.-N, & Bastien, V.（2011，洪慧芳譯），精品策略，台北：繁星多媒體。

Kotler, P.（2000），，高登第譯，科特勒談行銷－如何創造、贏取並主宰市場，台北：遠流出版公司。

Percy, L. (2004)，初版，王鏑，洪敏莉譯，整合行銷傳播策略－從企劃、廣告、促銷、通路到媒體整合，台北：遠流出版公司。

Schneider, J. & Yocum, J. (2006)，洪瑞璘譯，新產品上市這樣就對了：10 大策略讓你一炮而紅，台北：臉譜出版。

Thorson, E., & Moore, J. (1999)，吳宜蓁，李素卿譯，整合行銷傳播，台北：五南圖書出版股份有限公司。

White, N. & Griffiyhs, I.（2010），許舜青譯，時尚是個好生意 (改版)，台北：佳赫文化行銷。

李天鐸編著（2011），文化創意產業讀本：創意管理與文化經濟，台北：遠流出版社。

品味專刊編輯部（2012），alive 品味書 叛逆倫敦 2 特刊，英屬蓋曼群島商家庭傳媒城邦分公司。

品味專刊編輯部（2012），alive 品味書 品味巴黎 特刊，英屬蓋曼群島商家庭傳媒城邦分公司。

瘦馬（2011），時尚行業生存手冊，中國：中信出版社

2

從經濟的觀點看時尚

摘要

　　本章從經濟的觀點出發，瞭解時尚的本質與基本理論，並分析如何藉由藝術文化與城市經濟的發展來驅動時尚創意；進一步介紹時尚經濟體系的組織與運作，包括消費者購買時尚商品的消費行為分析，以及時尚商品的生產與行銷手法。

　　第一節介紹「時尚學」的內容包含了時尚的起源，以及時尚的傳統與現代理論，並說明時尚風潮與日常生活的緊密關係。第二節介紹藝術文化與時尚創意之間的關係，以及如何從藝術文化與城市經濟的發展驅動時尚創意的發想，並列舉國內外與藝術文化結合的時尚商品案例。第三節介紹時尚經濟體系的組織與運作。首先分析消費者對於時尚商品的購買行為，接著瞭解時尚商品的生產廠商如何透過不同管道與策略來行銷並推廣時尚商品。

學習目標

1. 時尚學的內容、本質與基本理論

2. 瞭解時尚創意與藝術文化之間的關係

3. 瞭解時尚商品的消費者行為

4. 瞭解時尚商品的生產與行銷策略

本章從經濟的觀點出發，瞭解時尚的本質與基本理論，並分析如何藉由藝術文化與城市經濟的發展來驅動時尚創意；進一步介紹時尚經濟體系的組織與運作，包括消費者購買時尚商品的消費行為分析，以及時尚商品的生產與行銷手法。

第一節　時尚學

一、完全時尚的年代

在這個消費意識抬頭與媒體快速傳播的時代，「時尚」(fashion) 這個詞出現在我們日常生活的各個環節裡。時尚已不像過去數百年來，僅限於服飾的範疇，除了服飾與外型風格外，時尚是一種包羅萬象的過程；時尚是無形的，是象徵性的，是一種概念與跨界現象，逐漸攻佔我們的生活領域，舉凡競賽運動、廣告設計、健康與食品、家飾家俱、流行音樂與演唱會、博物館與美術館等，都有時尚的影子；時尚產生跨界現象，時尚攻佔我們的生活領域，包括有形與無形，它可能是一個實體、一種論述、一個影像、一種習慣…。時尚的現象，就是要不斷尋找新科技與新方法，不斷地創新與求變，產品要推陳出新，要增加附加價值。在這個年代，我們生活的眾多面向，正不斷地為時尚帝國所吞噬，我們正處於「完全時尚」的年代 (total fashion era)。而「時尚學」(fashion-ology)，即是研究時尚的一門學問，研究時尚界裡由個人與時尚體制所構成的經濟體系，瞭解時尚產業的運作；同時時尚學也關切如何讓人們持續信仰時尚，理解讓時尚產生實質意義與具體的一種轉化過程。

二、時尚的起源

「時尚」源起於十七世紀的法國布根第宮廷 (Burgundian Court)，當時輪番流行不同風格的服裝，一直到十九世紀末的經濟與科技條件具足，現代的時尚產業才開始萌芽。十七世紀的法國宮廷，特別是法王路易十四 (1638-1715) 的年代，路易十四的華服與飾品，與凡爾賽宮的消費模式，領導文化潮流，甚至任用柯勒貝 (Colbert) 擬定法國的時尚產業發展政策，推動時尚風潮，讓法國產品變成全歐洲上流社會都想要擁有的東西，當時這些華美物品代表的是榮耀與權力，更勝於藝術之美。路易十四更以藝術品的呈現彰顯自己的國力與成就，讓「優雅」變成「法國」的同義詞，展現法國的政治實力。十八世紀法國皇室奢華代表的人物，皇后瑪麗‧安托奈特 (Marie Antoinette)，因為法國大革命，在 37 歲就和夫婿路易十六被送上了斷頭台。她的御用女裁縫師羅斯‧伯頓 (Rose Bertin)，別稱為「時尚部長」，她敢於創新，協助瑪麗皇后設計出遵循洛可可 (Rococo) 傳統，但亦融入當代英國流行時尚的服飾，她的名字常出現在法國的時尚史，是早期時尚史的一個重要角色。十九世紀法蘭西第二帝國皇帝拿破崙三世的妻子歐仁妮 (Eugenie) 皇后在拿破崙三世統治法國的數十年中，一直主導著全國的時尚潮流，只要是歐仁妮用過的東西或款式就是品味。歐仁妮皇后的御用服裝設計師沃斯 (Worth)，為上流貴婦製做高級訂製服，堪稱現代女裝設計師的先驅；他更聘用了數位模特兒在他的沙龍工作室展示他所設計的服裝，這些模特兒就在他的工作室或在展示台上展示時尚，推銷時尚商品；這些皇室貴族相繼為法國的時尚，奠定基礎，

GUERLAIN(1828)的香水、HERMÈS(1837)的馬具、CARTIER(1847)的珠寶、LOUIS VUITTON(1854)的行李箱等均是這個時代的貴族名牌，全歐洲都以法文「la mode」稱呼時尚。

　　法國的時尚體系於 1868 年開始萌芽(Yuniya Kawamura, 2005)，高級服飾及名牌商品由巴黎誕生，在這個時尚體系下包括了設計師、製造商、批發商、公關與記者、廣告公司等，全體成員參與整個體系的運作，不斷創新產品，維護時尚的形象；巴黎成為時尚的首都，而時尚的製造方式則受到美國商標授權及大量製造的工業化生產方式影響，進一步促進了時尚的平民化，如今任何社會階級皆可享受時尚；同時，身為時尚體系標竿的巴黎，也開始受到倫敦、紐約、米蘭、東京和雪梨等世界其他時尚體系的挑戰。在貴族社會裡，時尚的領導者是皇親貴族、時尚屬於單一權威的領導方式、時尚的消費是封閉的，流行於宮廷、時尚劃分階級界線；如今在民主社會裡，時尚的領導者可能是電影明星、歌手、名流、政治人物的妻子、街頭青少年…，藉著現代化的大量生產、技術的創新、時尚的宣傳廣告、時尚秀以及時尚雜誌，時尚產品普及化，時尚產生跨界現象，時尚攻佔我們的生活領域—包括有形與無形，它可能是一個實體、一種論述、一個影像、一種習慣…。

三、時尚理論

　　自古至今時尚的現象提供許多創作者與思想家創作與發揮的材料。傳統的時尚理論依作者的論述分門別類：史賓塞 (Herbert Spencer) 認為時尚的本質就是模仿、范伯倫 (Thorstein Veblen) 認為時尚是有閒階級藉由「炫耀性消費」(conspicuous consumption) 展現財富與購買力、齊美爾 (Georg Simmel) 認為時尚是階級區隔的表現，是從上層階級流行到下層階級，即所謂的「向下流行理論 (trickle-down theory)」、孫末楠 (William Graham Sumner) 認為時尚是約定俗成的習慣，是一種社會習俗、布西亞 (Jean Baudrillard) 認為時尚是現代性的現象、柯楠 (Aubrey Cannon) 認為時尚的本質是人與人之間的社會較量…。傳統的時尚理論多半是沒有實證的直觀觀察，無明確的實證可支撐論點，二十世紀以後現代的時尚理論則以實證研究來研究時尚。法國的社會學者布迪厄 (Pierre Bourdieu) 提出「區隔理論」解讀時尚，他認為品味是維持社會界線與創造社會定位的重要表徵，因為時尚的品味可以展現經濟能力的差異，所以具有區隔的作用，這種藉由品味劃分階級界線的現象，同時也象徵民主的進步，而布迪厄的考察結論不僅適用於法國，也能解釋其他國家以及任何的階級社會。德國的社會學者柯寧格 (Rene Koening)，認同傳統理論對於時尚的本質是模仿的解釋，他認為模仿所引起的連漪效應，會引發大眾群起效之，模仿的原因，是因為對於被模仿者的社會地位、才能產生認同或景仰，而模仿不會產生新的社會關係，僅是反應當時的社會現象或狀況；布魯墨 (Herbert Blumer) 則認為時尚是集體選擇的結果，他認為時尚是由消費者主導，所以設計師的任務就是預測消費者不斷改變的品味，因此他提出「向上流行理論 (trickle-up theory)」，認為消費者藉由在社會的多元互動結構中體驗，參與並創造時尚的流行。

時尚在當代社會被視為象徵性的文化產品，因為透過文化，才讓產品產生意義。所以，我們除了瞭解文化產品的生產與行銷活動之外，還必須瞭解讓產品產生意義的文化本身，這種文化意義需經由日常生活的體驗與解讀而形成，而物質產品則是被體系製造與消費。就市場經濟的角度而言，時尚被行塑為一種信仰、一種意識型態，消費商品的人認為自己是時尚的，是因為產品被賦予的附加價值—時尚的形象，而人們置身於時尚中的感覺是愉悅的，所以時尚的意識型態需要持續維繫，消費者才會不斷購買時尚的商品。

第二節　時尚創意與藝術文化

一、時尚的生活美學

現在這個年代處處都有時尚留下的痕跡，而且在消費、休閒與傳播產業當中，都存在不斷創新的科技與創新的方法，產品要不斷求新求變，以符合消費者的需求，抑或創造市場的需求；歐洲市場每年出現兩萬多種創新的消費產品，美國一個市場就有一萬多種創新產品，時尚的現象就是產品要不斷推陳出新，就連過時的商品都要重新包裝，改頭換面。此外，消費者計較產品的「邊際效用」(marginal utility)[1] 更是關鍵，大眾行銷正逐漸由分眾行銷所取代，一個品牌的手錶可以生產數十種不同的錶款，有十多種不同的市場定位；商品被區分為很多種等級，每種等級可以有多種不同的選擇。在此同時，我們也見識到日常生活的全面美學，反映在商品的

形象廣告、商品的包裝、櫥窗的布置與設計、建築的概念、休閒與運動、家具與家飾等等—消費與美學並駕齊驅，無限擴張，操控了我們的日常生活。形體、意識、聲音與空間的美化形成一股誘惑迷人的時尚能量，散發於年輕酷炫、輕鬆幽默、時髦感性的氛圍之中；就如美國工業設計師雷蒙·洛伊 (Raymond Loewy) 所說：「風格、外觀與美學引發了現今在生產時為了『物品』的一部分，無論是透過設計、包裝或色彩」；這樣的趨勢，在各種不同的產業中都可見到，如廣告中所看見面貌姣好的名模代言、在餐廳裡享受特殊風格的建築設計與醉人音樂、雜誌不僅提供主題文章，亦要能達到美學的愉悅效果、廚師能燒出可以呈現優雅的一道好菜、美術館除了提供作品供人欣賞，還要讓人體驗，產生興奮感和特定的情緒、博物館將歷史文物的版權售予廠商，讓廠商生產蘊含歷史美學的消費產品—我們已從傳統的「貴族美學」，轉移到現代的「行銷美學」。

二、時尚與藝術文化的結合

「時尚」與「藝術」一直以來都有密不可分的關係，就如同設計、建築、音樂、美術、文學、戲劇等領域都與藝術有不可切割的關係。近幾年全球時尚精品與設計界均颳起了一陣當代藝術的旋風，從服裝、配件、酒、室內設計以及建築等，都大量從廣告行銷、公關活動以及創新產品等策略與當代藝術做最直接或間接的聯結，一些品牌更致力於當代藝術的推廣而成立「藝術基金會」，最終目標就是希望透過當代藝術具前衛、抽象與美學的意識型態提升企業與產品的形象，誘發消費者的消費衝動。產生的影響與效果，

---

[1] 「效用」是衡量消費者消費商品所獲得的滿足程度。「邊際效用」是指增加一單位物品的消費，消費者所獲得的總效用「變動量」。

是讓產品藉由藝術的美感形象與意象提升了附加價值，也讓消費者在消費商品時增加了邊際效用，另一方面則是藉由產品與藝術的互動機會，提供藝術轉移到生活美學範疇的管道；同時，一些具「著作權」的藝術變成或結合商品的情形愈來愈多，使得藝術家的角色與發揮變的多元。時尚與藝術的結合，如同拉佛得 (Radford) 所說：「有些設計師會將他們的作品放在具有藝術氣息的地方展示，好讓他們的作品看起來向藝術品；也有一些設計師會邀請藝術家來站台，或請他們來設計時尚秀，讓他們的作品與藝術有更強烈的連結。」以下針對 Maiso 與法藍瓷二個中外案例作說明：

（一）Maison Martin Margiela

比利時設計師馬汀‧馬傑拉 (Martin Margiela, 1957) 的服裝作品是時尚與藝術結合的代表，他的作品時常是學者研究的對象，在 1985 年以「安特衛普派」[2] 的身份現身倫敦，呈現出帶有山本耀司與 Comme des Garçons 日本美學痕跡的系列作品。馬汀‧馬傑拉於 1988 年在巴黎成立自己的品牌 Maison Martin Margiela，雖然他現在透過東京、布魯塞爾與巴黎的服裝店已享有全球知名度，但還是刻意對大眾隱藏自己的身份。馬汀‧馬傑拉將替他展示作品的模特兒眼睛用面紗遮掩，使觀眾的注意力在服裝上，而其作品與一般的時尚服裝在結構設計上有很大的不同，甚至顛覆了傳統，有人將

其作品稱為「解構的時尚」(deconstruction fashion)，例如碎布形成了外套、洋裝和襯衫的基礎，加上新的布料後，又轉變為獨樹一格的服裝。馬汀‧馬傑拉的服裝設計重點在於整體的結構，所以一件沒有袖子的外套，可明顯見內裡、縫線和打摺，顯露設計的過程，而拉鍊與鈕釦也不具實質功能，僅是裝飾性效果，類似的概念除了設計服裝之外，也運用在設計鞋子與其他用品。馬汀‧馬傑拉的作品與藝術密切結合，他常選在美術館或博物館展示他的服裝作品，例如紐約大都會博物館、鹿特丹的布尼根美術館，以及倫敦的維多利亞與亞伯特博物館。

（二）法藍瓷

臺灣法藍瓷公司的前身是從事禮品代工起家的「海暢集團」，於 1997 年投入兩億台幣進行法藍瓷 (Franz) 的品牌研發，其市場定位在世界國際名瓷的水準。法藍瓷充份利用整合行銷的技巧，以及文化創業產業的特質，快速的與國內外其他產業結合，利用跨產業或其他品牌的資源，整合宣傳提昇品牌知名度。法藍瓷「時尚與藝術結盟」的對象與內容，包含了 2004 年與福斯電影公司合作，分別舉辦二場電影的首映會如：〈十面埋伏〉在故宮舉辦，以及在國家劇院舉辦的〈歌劇魅影〉的首映會。2005 年，臺灣故宮首次對外開放授權，法藍瓷是唯一願意與故宮合作的品牌，將清代首席畫家郎世寧的畫作以陶瓷的方式重新詮釋，推出〈桃花雙燕系列〉，並且採全球 88 套限量發行，「法藍瓷故宮」雙品牌 (Co-Brand) 的行銷策略奏效，並且打開法藍瓷高層次、多元異業結盟的大門，隔年年再度與故宮合作推出重新詮譯朗士寧畫

---

2 「安特衛普」(Antwerp) 位於比利時。是比利時和荷蘭最重要的經濟和文化中心之一，它是世界鑽石工業的三大中心之一（其他兩個是紐約市的「鑽石區」與南非）。1980 年代「皇家藝術學院」(Royal Academy of Fine Arts) 的幾位畢業生逐漸成為國際上成功的設計師，前衛的設計風格自成一派，其中最知名的還被稱為「安特衛普六君子」(AntwerpSix)。自從1990 年代起，安特衛普也成了世界公認的重要時尚設計重鎮。

作的〈法藍瓷故宮系列之二 —— 櫻桃嬉春〉，全球限量 99 套，技術與難度皆挑戰新高，而這樣的合作方式，也使得故 的館藏作品能透過瓷器，用另一種面貌行銷全球。法藍瓷接著將梵谷、慕夏等國外大師級畫作、費城美術館的館藏以瓷器呈現，或者取材臺灣藝術家林磐聳的畫完成〈海角清蓮〉系列等，不但將平面作品轉化為立體，也開啟品牌與不同藝術領域合作的契機。

三、由藝術文化與城市經濟的發展驅動時尚創意

我們發現時尚之都的地點常發生在某特定城市 —— 巴黎、倫敦、紐約、米蘭、東京、雪梨等地，這些城市都具有共同的一些特質：大都會、藝術與文化活躍處、社交頻繁，而這些地點也常是我們所認為創意靈感發想最佳的地方。如同諾貝爾經濟學獎得主勞伯・盧卡斯 (Robert Lucas) 所言：「都市是一國或地區人文薈萃之地，理應擁有最多的研發與創新或創意發生，當創新者、執行者及提供經費者之間有頻繁的互動時，想法才會流通地更順暢，並且更快化為實際的行動。有創造力的人會聚集在某一處，不是因為他們喜歡住在一起，也不是因為他們偏好大都會多采多姿的生活。而是因為透過頻繁的接觸所激起的火花，可以帶來生產力的優勢及規模經濟的效益。」[3] 簡言之，知識在都市的傳遞具有易達性 (proximity) 與地方化 (localized) 的特性，故產業集中於某些地區，使得彼此的資訊更容易交流。在這樣一個高度競爭，極需創新與創意的產業環境裡，一個時尚的

創意或潮流是如何形成？如何散播出去？亦即那些負責評估與傳達時尚創意的人，如何與設計師或提供時尚創意的人遇見？這些人在特定的某些地方，經由交流的結果，將時尚的創意藉由報章雜誌、電視媒體、時尚秀或大型展覽會的形式傳播到各地。藝術文化經濟的運作方式與其他製造業或服務業的運作方式不同，傳統製造業或服務業的產業結構體系通常很直接，而且侷限在正式刻板的框架中；但藝術與文化通常透過非正式的方式與他人交流，這些點可能是展演會、餐廳、藝廊、酒吧、夜生活或夜店等；這種非正式的社交生活，出現經濟學所稱知識的「外溢效果」(knowledge spillover effect)（或稱知識的外部性，knowledge externalities），[4] 深化都市企業創新與學習能力，並使都市得以持續成長 (Jaffe, 1989；Porter, 1990；Feldman and Audretsch, 1999)；這種非正式的社交方式與社交運作，是藝術文化與時尚創意生產的基礎，也是最有效率的地方，產生出來的時尚創意，經過執行評估並傳達到市場後，被消費者接納並消費。如今我們提到藝術與文化時，往往會想到電影、設計與時尚，但我們常常把它們看成獨立的個體，而每個個體有各自的規範與教條，也有各自的追隨者；但我們卻無法否認，它們如今彼此共生，彼此包含，每一個產業均在同一個流動的經濟體系下運作，因此「創意產業」可以彼此合作，分享技術。

---

3 「規模經濟」(economies of scale)，是指在一定的產量範圍內，隨著產量的增加，平均成本不斷降低的事實。規模經濟是由於一定的產量範圍內，固定成本變化不大，那麼新增的產品就可以分擔更多的固定成本，從而使單位平均成本下降。

4 「外溢效果」(spillover effects) 或「外部效果」(external effects) 或「外部性」(externalities)：是指人們的經濟行為有一部分的利益不能歸自己享受，或有成本不必自行負擔者。如果有自己不能享受到的利益發生時，那一部分的利益就稱之為「外部經濟」或「外部效益」；如果有自己不需負擔的成本發生時，那一部分的成本稱為「外部不經濟」或「外部成本」。前者例子如自家庭院時花自娛也娛人，後者例如抽菸。

第三節　時尚產業的經濟體系

一、時尚商品的消費行為

任何一種時尚商品，除非為消費者接納並消費，否則該商品在市場上無法繼續存在。要讓消費者接納且願意消費之前，我們首先應先瞭解消費者對於時尚商品的認知、購買行為與策略。霍布克與狄克森 (Morris B. Holbrook and Glenn Dixon) 認為：「時尚是一種「大眾消費行為」，人們消費時尚商品，是為了傳達自己想要展現的形象。」這裡說明了任何階層的人都有消費時尚商品的慾望，亦即想要讓他人看見或察覺自己的品味，有的人是為了模仿他人的嗜好或品味，有的人是為了外顯出自己內心與眾不同的價值判斷……。這裡也部分呼應了范伯倫的「炫耀性消費理論」，[5] 亦即不論是形象、品味、炫耀、價值判斷等，都必須要能傳達、被察覺或看見。所以時尚是一種「表演藝術」，當然它最佳的舞台是走秀或攝影，但我們也可以在日常生活裡展現，為的是傳達自己想要展現的形象。再者，透過時尚商品，可作為人跟人流通的一種訊號，透過這個訊號分享彼此間認可的規範，它所形塑出來的形象，是影響人際網絡的一個關鍵因素。柯蘭恩 (Aubrey Cannon) 指出：「文化商品（如服飾等）在打造個人身份的過程中扮演重要的角色，消費者會根據自己的定位和生活形態來選擇符合自己的風格，而時尚就是一種選擇，消費者可以從各式各樣的選擇中做出決定，

打造出最符合自己的外型。」總而言之，時尚消費是在消費活動中體現大眾對某種物質或非物質的追隨和模仿，它是一種消費行為，也是當代一種流行的生活方式，消費的主體不只是物質，而是附加在物質上具深刻的藝術文化內涵的概念與形象。對消費者而言，時尚是思想上、精神上的一種享受，它不僅體現了個人的消費愛好，更體現出一個人的價值觀念和審美心理等內在的涵養，對現代社會來說，追求時尚是整體社會進步的一種表現。

消費者的消費行為通則是為「需求法則」(demand law)[6]，而需求法則可分解成「所得效果」(income effect) 與「替代效果」(substitution effect)[7]；亦即當物品的價格變便宜時，如果我們觀察一個人會多買三個，那麼對此特定消費者而言，可能替代效果造成此人多買（為正）一個，而所得效果使得此人多買（為正）兩個。所以若商品價格下跌，會造成消費者會在多種商品之間比較的心態出現，同時，他也會認為他的購買力上升。同樣是消費品，所得增加對劣等財（例如廉價的地攤貨），以及高檔的奢侈品（像是高檔珠寶、高級房車、名牌服飾…）的效果卻是不同的。其中，劣等財的所得效果為負，而奢侈品的所得效果為正。因此當景氣處於繁榮時期，奢侈品的購買力會明顯比一般必需品或劣等財來的強；反之，當景氣處於低迷時期，奢侈品購買力所受到的影響，亦會比一般必需品或劣等財來的大。時尚商品的

5　美國經濟學家范伯倫 (Thorstein B Veblen) 在他 1899 年出版的《有閒階級論》(The Theory of the Leisure Class) 一書中提出「炫耀性消費」的理論，即人們透過消費炫耀自己的財富、權力和社會經濟地位，從而獲得榮譽、自我滿足，炫耀性消費不是單純為了滿足個人生理需要而消費，而是為了獲取社會認同的消費行為。

6　「需求法則」即是物品需求量與其價格之間的反向變動關係，是普遍存在的需求現象。

7　「所得效果」是指當實質所得 (即購買力) 因物價變動而改變，所引起消費者的需求反應；「替代效果」是指因相對物價改變之後，以相對較便宜的東西替代較貴的東西所產生的現象。

購買通常有比較高的比例是女性，所以經濟學家有時會以女性的購買行為或消費支出來看經濟景氣對市場的影響，因此出現一些「經濟的時尚趨向指標」如「口紅效應」(lipstick effect)[8]、「裙擺理論」(hemline theory)[9]。

二、時尚商品的生產與行銷策略

現代的時尚產業於十九世紀末開始萌芽，而時尚是結合了組織與生產群體，藉由一連串的活動與操作所創造出來的一種意識型態或文化象徵，具有象徵性的價值。所以抽象的時尚是透過體系的養成，附加在服飾或商品上，讓服飾或商品具有額外的象徵價值，同時展現「時尚」。這個時尚的形象要持續維護與經營，才能誘發消費者的購買動機。以服飾為例，在服飾的時尚體系下包括了設計師、製造商、批發商、行銷與公關、時尚記者、廣告公司等，設計師創作出具概念與形象的產品後便交由裁縫師或製造商製造商品，進而銷售給下游的批發商或零售商。同時，時尚體系還要藉由參與巴黎、倫敦、紐約、米蘭的時尚展，介紹商品的設計理念，並經由行銷與公關人員、廣告公司等操作並推廣時尚商品。

1. 生產的速度與靈活度

時尚商品因為講究時尚與流行，當時尚

與流行普及之後，消費者會繼續追求更新的時尚與流行。西班牙平價時尚服飾 ZARA 擁有資本密集的製造工廠，而且是一垂直整合的團體，具有高效的組織管理，強調生產的速度和靈活性。有人認為 ZARA 之所以成功，關鍵就在於他們能以最快的速度把產品送到市場上，最重要的環節是 ZARA 的靈敏供應鏈系統，大大提高了 ZARA 的前導時間，[10] 而快速生產的能力，亦保證它能少量儲備的生產策略，同時針對市場需求與時尚訊息作最快速的調整。[11] 法國 LOUIS VUITTON (LV) 的主管也表示，他們要在品質和速度間找出最適當的比率，要加速產品上市的時間；LV 不只改變生產流程，亦在巴黎外圍建立全球配銷中心，產品由此配送到亞洲、日本、美國和巴黎等附近六個區域的配銷站，機動調貨滿足顧客需求 。

2. 限量與缺貨

「時尚精品」的製造商對生產與製造的看法，向來不同於一般時尚商品業者，一般的時尚暢銷商品不容缺貨，但對於時尚精品，「限量」與「缺貨」是讓產品更炙手可熱，也是精品業向來的行銷手法之一。法國 CHANEL 高檔山茶花鑽錶全球限量 66 支，業者以量制價，時尚人士趨之若鶩，商品在市場上持續增值；2006 年法國時尚品牌 Chloé 的鎖頭

---

8 口紅效應：1930 年代美國經濟大蕭條，美國女性面對慘澹的經濟環境，會更花心思在外表上，藉由美麗的外表對抗逆境；因為不景氣造成收入減少，只好縮緊化妝品預算，反而造成單價較低的口紅銷售逆勢成長。臺灣在 2009 年初亦曾因經濟不景氣出現此效應。

9 裙擺理論：1926 年美國經濟學家喬治・泰勒 (George Taylor) 的「裙擺理論」，認為裙子愈長股市就愈低迷，而迷你裙盛行，通常是股市一飛沖天的時候。日本的化妝品業者「花王公司」在 2008 年所做的一項調查顯示，經濟景氣繁榮時，女性喜歡留長髮，經濟衰退時期，女性會把頭髮剪短，甚至認為女性頭髮長短可以做為觀察國家經濟景氣狀況的一項指標。

10 「前導時間」是指衣服從設計到成衣擺在展示櫃檯出售的時間。一般為 12 天，國際名牌一般可到 120 天，而 ZARA 最厲害時間最短只有 7 天。

11 英國《衛報》造了一個詞 "McFashion（麥時尚)"，Mc 取自 McDonald's，意指麥當勞式的快速，消費者買的是時尚，這意味著並不是要穿得長久 ZARA、H&M 、C&A、GAP、Topshop 等品牌都是倡導此風尚的佼佼者。

包 (Paddington) 大缺貨,不但成為時尚圈人士追逐的對象,Chloé 的品牌地位也因此更形穩固;ZARA,一年大約推出 12000 種時裝,每一款時裝的量不大,即使是暢銷款,ZARA 也限量供應,賣完不補貨,ZARA 透過這種「製造短缺」的方式,培養了一大批忠實的追隨者,多款式、小批量、平價、時尚,是造成 ZARA 迷經常光顧的原因。

3. 商品的行銷策略

時尚商品的推廣速度與影響範圍受到以下幾個因素影響,(1) 大眾傳播媒體的散播,(2) 消費者可能接受的程度,(3) 消費者領袖(明星效應)的影響力。「時尚雜誌」與「時尚記者」在時尚的推廣過程中扮演很重要的角色,他們就好像是時尚的把關者,將可能流行的時尚訊息散播出去。因為他們可以對非時尚圈的專業人士以及一般民眾闡述設計師的理念與想法,以及時尚商品的象徵性內涵,甚至可進一步「影響」消費者接受並消費該商品,同時,也讓設計師能獲得更廣大的知名度。於此,時尚記者與時尚雜誌的角色,在於發掘新創意、決定該商品是否夠時尚、將情報散播給消費者、刺激新產品的銷量。「時尚展」也是廠商行銷的手法之一,同時可以和媒體或其他單位打好公共關係;時尚展本身即是一種表演藝術,我們可以發現目前大型時尚展的焦點逐漸從產品本身轉移至產品形象,且愈來愈接近娛樂,甚至以「藝術」的形式呈現,同時結合博物館或音樂廳的藝文活動展示。「消費者領袖」在時尚商品的推廣亦扮演重要的角色,我們常看到許多新時尚商品花費鉅資任用超級模特兒、當紅明星、名人、有影響力的人擔任形象廣告代言人,便是藉由這些人的「認可訊息」,傳遞給不同階層的廣大消費者,這種新時尚就比較容易或快速的得到大眾的喜歡;這些消費者領袖是大眾的意見來源,他們創造、傳達由時尚體系所塑造出來的象徵意義。

關鍵詞彙

邊際效用、規模經濟、知識的外溢效果、需求法則、口紅效應、裙擺理論

自我評量

1. 何謂「時尚」？

2. 請列舉並說明幾個你 (妳) 比較認同的時尚理論。

3. 為何「產業」比較容易聚集或在大都市？為何「創意」比較容易在大都市出現？

4. 何謂知識的「外溢效果」？

5. 何謂「需求法則」？

6. 何謂「替代效果」？何謂「所得效果」？

7. 何謂「口紅效應」？何謂「裙擺理論」？

8. 請你（妳）觀察臺灣的「經濟的時尚趨向指標」有哪些？

9. 請簡述「時尚秀」的本質與功能。

10. 請舉例臺灣的時尚產業與藝術文化深度結合的例子。

參考文獻

Baudrillard J.(1981), For a Critique of the Political Economy of the Sign, translated by Charls Levin, St Louis, MO: Telos Press.

Blumer, H.(1969), "Fashion: From Class Differentiation to Collective Selection," The Sociological Quarterly, 10, 3: 275-91.

Bourdieu, P.(1980), "Haute couture et haute culture," in Questions de sociologies, Paris: Les Editions de Minuit.

Cannon A.(1998), "The Cultural and Historical Contexts of Fashion," in Sandra Niessen and Anne Bryden (eds) Consuming Fashion: Adornong the Transnational Body , Oxford: Berg: 23-38.

Currid , E. (2007), How Fashion Art & Music Drive New York City? Princeton University Press.

Diversity, Specialization and Localized Competition," European Economic

Felman, M. P. and D. B. Audretsch (1999), "Innovation in Cities: Science-Based

Holbrook M. B. and G.. Dixon(1985), "Mapping the Market for Fashion: Complementarity in Consumer Preferences," in Michael R. Solomon (ed.), The Psychology of Fashion, Lexington, MA: Lexing ton Books.

Jaffe, A. B.(1989), "Real Effects of Academic Research," American Economic Review,79: 957-970.

Koening, R.(1973), The Restless Image: A Sociology of Fashion, translated by F. Bradley, London: George Allen & Unwin, Ltd.

Lucas, R. E.(1988), "On the Mechanics of Economic Development," Journal of Monetary Economics, 22: 3-42.

Nanda van den Berg et al.(2006), The Power of Fashion: About Design and Meaning, Uitgeverij

Terra, ArtEZ Press

Porter, M. E.(1990), The Competitive Advantage of Nations, New York: Macmillan.

Review, 43: 409-429.

Simmel G..(1957[1904]), "Fashion," The American Journal of Sociology, LXII, 6, May: 541-58.

Spencer , H.(1966[1896]), The Principles of Sociology, Vol. II, New York: D. Aooleton and Co.

Sumner W. G..(1940[1906]), Folkways: A Study of the Sociological Importance of Usages, Manners, Customs, Mores and Morals, Boston: Ginn and Company.

Veblen T.(1957[1899]), The Theory of Leisure Class, London: Allen and Unwin.

White, N. and U. Griffiths (2000), The Fashion Business: Theory, Practice, Image, Berg Press.

川村由仁夜 (2009), 時尚學 , 陳逸如譯，立緒文化。(Yuniya Kawamura (2005), Fashion-ology: An Introduction to Fashion Studies, Yuniya Kawamura.)

3

個人觀點—如何
打造個人時尚力

摘要

　　時尚代表著某種生活方式和行為模式的追求和跟隨，由於人們之間的相互影響，這些生活方式和行為模式容易普及到社會各個領域，因此時尚可說是「時間」及「崇尚」的加總。

　　本章在第一節的部分，透過流行產生的因素，瞭解多數女性朋友每天出門前打開衣櫥都要煩惱今天穿什麼衣服，以及一般人無法成為時尚達人的原因。在第二節的部分，我們知道真正懂得穿衣的時尚達人絕不可能只穿名牌，因為高級名牌時尚不是一般人所能負擔的起，但是只要多花一點心思，仔細分配你的經濟資源，任何人都可以做到花小錢穿出時尚感。並介紹三大國際知名平價品牌 UNIQLO、ZARA、H&M 各自的經營策略及商品訴求。在第三節的部分，瞭解青年是一個購買力龐大的消費族群，他們具有追求新穎時尚、崇尚品牌、突顯個性的消費特性，透過購衣原則如何將自己打扮成時尚公主 & 時尚王子。最後在第四節的部分，提供一個美麗公式 BTM，讓你每天穿得光鮮亮麗，還有打造時尚造型要遵守五個購物原則，穿出個人風格的重點不是「穿什麼」，而是「怎樣穿」，穿搭簡單化，提升時尚感是我們所追求的目標。

學習目標

1. 瞭解時尚流行產生的因素，一般人無法成為時尚達人的原因

2. 瞭解如何在經濟資源有限下穿出個人時尚感，原則就是「基本款重質感、流行品低預算」

3. 介紹年輕人的穿搭技巧，如何打扮成時尚公主 & 時尚王子

4. 瞭解如何變化穿搭出自己個性，遵守穿搭簡單化以提升時尚感

第一節　打造一個時尚的形象

追隨流行時尚是時下人們尤其是年輕人最常表現的生活態度，何謂「時尚」呢？英文稱為 fashion，是指在一定時期內社會上或群體中普遍流傳的某種生活型式，代表著某種生活方式和行為模式的追求和跟隨。由於人們之間的相互影響，這些生活方式和行為模式容易普及到社會各個領域，因此時尚可說是「時間」及「崇尚」的加總。時尚也就是一些人所崇尚的生活方式，是一種社會現象也是一種心理現象，但是過了一段時間後又不再得到人們的注意。時尚簡單來說就是流行，流行產生的原因很多，可能是對新鮮事物的嚮往、名牌服裝設計的流行、優越身份地位的展現、科技進步促使生活便利的追求或是出於商業目的的人為手法等，總而言之流行時尚出於人們心裡存在兩種相反的心態：一是想要與眾不同，喜新厭舊；另一種心態又想跟隨大眾，希望自己隱藏於社會大眾之中與大家一樣。綜合以上所述，流行產生的因素可歸納如下：

(1) 人類生理及心理需求的變化，對於習慣性的事物想要突破現狀因而產生流行。

(2) 社會模仿行為及自我行為動機因而產生流行。

(3) 人們生活水準的提高，各種資訊相互傳遞，促進流行現象的發生。

(4) 廣告媒介的傳播，促使人際互動有同化趨勢，而形成流行現象

(5) 商業活動頻繁、科技發展、新材料的發明，會誘發新的流行趨勢。

(6) 社會文明的進展，審美觀、價值觀的改變，推動流行事物的更新。

然而流行通常具備下列四項特性：

(1) 新奇性：隨著科技發展，新材料、新工藝的發明，誘發出新的流行趨勢及發明，這是流行事物最顯著的一項特徵。

(2) 時效性：流行事物常會迅速蔓延和擴張，但在一段時間後又會消失。

(3) 週期性：流行變化具有週期性，今天看似時髦的事物，幾個月之後也會變成舊樣式；今天看似舊樣式的事物，在幾年之後又再重新成為流行趨勢，有人研究女裝的流行歷史，發現其款式變化大約為 5 至 25 年的循環週期。

(4) 兩極化：流行事物總是一個極端變化到另一個極端，例如服裝今年流行長版，長到極端又流行短版，短到極端又流行回到長；寬到極端又流行緊，緊到極端又流行回到寬。

「今天要穿什麼衣服？」這是每個女性朋友每天早上出門之前，打開衣櫥對著衣櫃煩惱的一個問題，即使衣服已經多到快要擠爆衣櫥，甚至很多衣服的吊牌都還沒剪掉，總覺得衣櫃裡永遠少一件衣服（這正是我自己親身的寫照），為什麼會這樣呢？不管男人女人為了給人留下一個得體的印象，秀出自己的風格，總是希望自己打扮比別人更亮眼更時尚，穿衣打扮是如此平常卻又重要。人與人的第一印象在見面三秒內就可以決定，所以一個成功的造型會讓人對你產生美好的

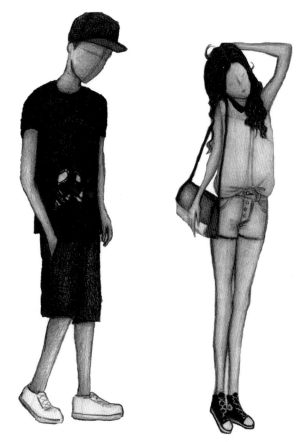

圖 3-1　時尚男女的打扮，插圖由臺灣師範大學廖唯竹手繪

第一印象。時尚打扮有三大原則：舒服潔淨、TPO 原則（依照時間、地點、場合的穿著）以及季節感，只要日常穿著能掌握上述原則，打造一個完美的時尚形象並沒有想像中困難。其實造型沒有所謂的法則可循，如果你對自己今天的造型感到滿意，同時兼顧大環境和別人的眼光那就足夠讓你開心一整天，但如果你不懂衣服與色彩的搭配，那就必須多加觀察和嘗試練習，來打造一個適合自己又賞心悅目的造型。

一般人無法成為時尚達人的原因：

1. 不常整理衣櫥

若想要穿出時尚感與個性化，首要之務是從整理衣櫥開始，衣櫥如果整理得好，那麼每天穿衣搭配就會變得又快速又簡單，此時分類和收納格外重要，例如要區分夏季衣服和冬季衣服、家居服和外出服、上衣和褲裙等，經常穿的衣服放在上層抽屜裡，抽屜裡的衣服最好按季節、類別收納，把顏色、花紋露出來摺疊，這樣一來要做穿搭挑選時就容易找到合適的衣服，也不會每次出門找不到衣服，穿來穿去老是那幾件。另外穿過的衣服一定要清洗過才可放進衣櫥，否則衣服領口容易變黃難以洗淨。

2. 不瞭解自己的體型

每個人的體型或多或少都有缺陷，利用服裝造型可以在視覺上遮掩缺點截長補短，太寬鬆的衣服讓人誤以為穿上別人的衣服，太緊身的衣服會讓人覺得像一個可笑的香腸，看起來非常不舒服。上半身較肥胖的人，可搭配深 V 寬領的上衣讓上半身顯瘦；下半身較臃腫的人，選擇 A 字裙能夠遮蓋臀部和大腿，手臂粗壯的人宜穿七分袖的上衣，穿夾克外套時則穿一件輕薄的內搭衣，都有分散視覺效果的作用，所以仔細觀察自己的體態，把握自己的體型以選擇合適的衣服有助於打扮。

3. 穿衣服不能只求舒服

有些人只將「舒服」奉為穿衣之道，懶得再花時間去搭配服裝，但若一味追求舒服，那麼可能只需短褲和棉質 T 恤就足夠，不論穿衣打扮多麼時尚，還應區分在不同時間不同場合的穿著，因為穿著有一個重要原則，就是要符合 TPO 原則（符合時間、地點、場合的穿著），例如上班族有重要會議報告時一定要著深色西裝白襯衫，辦公室 OL 晚上若要出席宴會就需穿著 one-piece 連身裙禮服和高跟鞋，這是基本禮儀也是塑造個人專業形象的裝扮。

4. 基本單品不足

所謂「基本單品」是指可以與任何衣服做搭配的基本款褲子、基本款外套、白襯衫、T 恤、牛仔褲、黑裙，基本單品的線條簡單搭配性高，中性色調如黑、灰、白、藍，不管每季潮流如何改變，這些服飾依舊屹立不搖。假若你所擁有的基本單品種類不夠，就算時髦流行的衣服再多，搭配起來也會了無新意。反觀每季的流行服裝充滿時尚感，但假若全身從頭到腳穿戴流行元素，反而會顯得過猶不及，因此時尚達人只會添購兩三件當季流行單品，與原有衣服巧妙搭配，例如買一個豹紋包搭配一件黑色連身裙，這樣花最少的錢就可打造出你的時髦造型。

5. 搭配性與色彩感不足

衣服並不是愈多就能穿出時尚，厲害的穿衣達人雖然衣服不多，可以利用舊衣服搭配今年流行飾物，或巧妙運用不同色彩的搭配，將舊衣服穿出像新衣服一樣時尚，簡單的白襯衫配上一條絲巾，或是相同的外套換件印花的內搭衣，就可變化出不同風格的新造型。配飾的搭配能給予單調的衣服錦上添花，包包和鞋子也要與衣服搭配，例如包包應與上衣同一色系，鞋子應與褲裙同一色系。顏色搭配法可概分為同色系配色法及對比配色法。同色系配色法（例如：綠色＋卡其色）適合於對色彩沒有概念的人，顏色統一展現出優雅與幹練的風格但難免過於單調；而對比配色法（例如：黃色＋藍色）利用明度差異明顯的顏色進行搭配，能夠搭配出華麗活潑又有朝氣的造型，所以可以多看時尚雜誌或時裝秀，培養對服裝飾品及色彩的敏銳度，學習混搭的技巧，大膽搭配，突顯自我風格才能與眾不同，穿衣服也會變得簡單。

6. 不要一味被流行牽著走

坊間流行時尚雜誌裡的衣服與配飾都非常時髦非常漂亮，但問題是這些服裝造型真的適合每個人穿著嗎？這些服裝的價格是一般人負擔得起嗎？最新的時尚抗漲守則不再是全身名牌，而是以舊衣服混搭新品，專業人士建議我們在看國際雜誌裡面的穿著搭配，並不應該一味的 follow，而是須從雜誌裡面看到顏色的搭配或是混搭的靈感，把時尚雜誌當作是培養時尚感、掌握流行資訊的一種手段，而不是無條件追隨雜誌裡的服裝或造型，反而變成時尚的奴隸。平常購買衣服時可以從一些可搭性強的基本單品入手，而且要選對適合自己的服裝款式或顏色，不要盲從流行。其實我們現在看到的流行服飾很多也是從國際知名品牌 copy 而來的，學習模仿國際知名品牌的流行款式及風格還是很重要，因為國際時尚品牌的服裝是流行的領導者。要穿出時尚感其實沒有真正的定義，重點是除了服裝造型外，還有最重要的是要有自信心以及日常對美感的培養，這些感覺是衣服穿不出來的喔！

第二節　花小錢穿出時尚感

穿著是一門展現自我的藝術，而衣服就是我們所使用的符號，它是別人看到你的第一印象，同時也表現出你的價值觀及審美觀。真正懂得穿衣的時尚達人絕不可能只穿名牌，因為高級名牌時尚不是一般人所能負擔的起，但是只要多花一點心思，仔細分配你的經濟資源，任何人都可以作到花小錢穿出時尚感。因此購物原則建議是：長期實穿的基本單品可買質感較佳、價格較貴一點的品牌，與衣服搭配的配飾則選購當季流行又物美價廉的單品，名牌與便宜貨之間的互相搭配才是時尚達人追求的個人風格。基本單品搭配性高，建議選購剪裁良好、價格昂貴一點的經典單品，因為這些單品可以對抗流行穿上好幾年，絕對值得投資，任何搶眼時髦或色彩突出的衣服，只要有合適的基本單品，你就不用擔心你的打扮了！而「配飾」則是指各種首飾、帽子、眼鏡、圍巾、腰帶等裝飾品，這些配飾雖然不是整個造型的主角，但卻可為單調的衣服錦上添花，兩件相同的衣服可以利用不同配飾而穿出不同的感覺，兩年前的舊衣服搭配今年的流行飾物，也可以穿出與眾不同的味道，因此裝飾品可說是時尚造形的秘密武器喔！

不可否認國際知名精品品牌在材質、做工、剪裁各方面都很出色，但唯獨昂貴的價格使一般人無法輕鬆擁有，難道一定要穿戴名牌服飾才算是時尚嗎？答案當然是否定的，我們現在看到的流行服飾很多也是從國際知名品牌 copy 而來的，舉例來說 ZARA、H&M、TOPSHOP、UNIQLO 這些國際平價成衣會去模仿國際名牌，而我們臺灣的百貨成衣就再去模仿 ZARA、UNIQLO 等這些國際平價品牌，就是這樣一直互相學習模仿下去，因為國際知名品牌的流行款式及風格都是可以學習的地方。我們可以從一些平價的品牌入手，像是 ZARA、mango、esprit，尤其在折扣期間多買一點，過去時尚是社會上層菁英名媛才負擔得起的奢侈品，如今因為平價流行服飾的出現，使得人人皆可享受，學生族群和消費大眾皆可穿上具有 LV、Gucci、Prada 風格的服裝。

近兩年來民眾最熱門的話題，就是三大國際知名品牌看中臺灣服飾市場的消費能力相繼來臺，日本國民服飾 UNIQLO 迅速在臺展店，西班牙服飾 ZARA 也陸續在臺北開設門市，只要新店開幕必造成排隊人潮，還有瑞典品牌服飾 H&M 也即將來臺設點，一連掀起臺灣平價服飾的熱潮。主因是這幾年全球經濟景氣持續低迷，民眾的薪水沒有增加，但油電物價卻一直調漲，人民貧富差距日益擴大，M 型社會的消費型態更加明顯，平價市場及頂級消費成為兩大主流。國際平價品牌進入臺灣，讓一些想追求精品時尚但卻負擔不起的年輕人，多了一項平價流行時尚的選擇，讓民眾用可接受的價格親近最新穎的時尚潮流，打破昂貴精品名牌所築起的藩籬，所以目前市場瀰漫一股「精品退位，平價當道」的風潮。這三大國際知名品牌即是如此，UNIQLO 是以簡單、舒服為主要訴求，強調「MADE FOR ALL」，而且品牌 LOGO 不彰顯在衣服上，希望讓穿著的焦點放在衣服的剪裁設計上；ZARA 標榜「極速時尚」，利用一套精密的作業流程，蒐集紐約、巴黎、米蘭這些時尚發源地的流行資訊，透過本身設計師的複製、模仿、改良，服裝從設計到上架不超過 14 天，一週進二次新貨，以少量多款提供消費者最新最快的類名牌服飾，讓消費者產生「現在不買下週就買不到」的心理，緊緊抓住消費者的荷包；H&M 則是將流行看成食品一樣具有保鮮期，必須時時換新才不會過期腐敗，服裝從設計到上架壓縮在 3 星期以內，且價格比 ZARA 更便宜，頗有相互較勁的意味，目前也積極在全球拓點，希望將經營模式複製到全球其他市場。

圖 3-2　圖片取自 UNIQLO 官方網站

圖 3-3　圖片取自 ZARA 官方網站

三大國際知名品牌企圖解構名牌神話，創造平價奢華，讓大眾也能穿出時尚的自我風格，成就臺灣另一股「名牌熱」的追求。其中 UNIQLO 在臺定價偏高，使臺灣消費者覺得受到不平等待遇，但 UNIQLO 解釋是受制於關稅、匯率、產地的影響使成本提高，因此售價難以壓低，使得很多人轉而在網購市場中購買同樣款式、價格較便宜的商品，所以創造出網購市場複製平價服飾成功的案例，例如 lativ、東京著衣等，其中 lativ 是最近迅速竄紅的網購品牌，該公司的使命在於提供顧客「平價且高品質」的商品，標榜「打造時尚，平價擁有」，從商品企劃、生產、物流到販售全部由公司一手包辦，採用無實體店面經營方式以壓低成本，反映在低價策略

上，以基本、簡單為發展概念，強化舒適性和機能性，利用基本元素彰顯出個人獨特風采，並靠著消費者的口碑闖出一番名號。

圖 3-4　圖片取自 lativ 官方網站

第三節　時尚公主 & 時尚王子

我們的學生是一群 18～22 歲的青年學子，所以研究對象即以青年學子的年齡層為主，青年是一個購買力龐大的消費族群，他們具有追求新穎時尚、崇尚品牌、突顯個性的消費特性，對於其他族群又有著極大的影響力，因此對於整個消費市場扮演舉足輕重的角色，青年學生的消費特性有下列四項：

1. 巨大的消費潛力

青年學子進入大學生活，已經從升學壓力中得到解脫，大學的社團活動讓他們的社交活動日益頻繁，因此為滿足社交所需的消費品需求大增，從滿足低層次生理需求的商品到高層次心理需求的商品都是，如服裝、化妝品、三C產品等，所以青年是一群具有龐大購買力的消費族群。

2. 獨立的購買能力

青年學子進入大學之後自主性日益提高，其適應能力、判斷能力也已慢慢成熟，因此逐漸脫離父母的管教範圍，而且進入大學之後打工時間大增，他們可以賺取較多零用錢自己可支配，具有獨立購買力，發展出自己的自主性消費來滿足不同的商品需求，甚至父母有些消費決策還會主動找他們商量討論。

3. 強烈的自我意識衝動購買

青年學子喜新厭舊標新立異，只要一有新穎的產品問世，他們往往就是第一個捷足先登的消費者，而且同學沒有的商品我要率先擁有，同學有的商品我還要更新更好的，這就是現今青年世代自我意識強烈的消費行為表現。由於青年學子的人格發展尚未成熟，他們的情感豐富熱情奔放，常常一下子喜歡 A 商品，隔幾個月之後又喜歡 B 商品，衝動性購買多過於計劃性購買，正是青年學子典型的消費型態。

4. 對於其他族群有極大的影響力

因為商品研發的迅速、流行資訊的傳遞以及同儕之間的傳染，使得青年常常是新產品問世第一個嘗新的消費者，隨著青年在家庭中影響力慢慢擴大，他們的消費觀念、購買行為也會影響到家庭中其他成員，成為家庭消費的第二代主人，再等到青年逐漸結婚生子建立自己的小家庭，擔任父母的角色時又會潛移默化影響到他們的下一代。所以爭取到一個青年消費者的購買，不只贏到一個顧客，同時他的影響力還會延續到家庭其他成員甚至到下一代呢！

一、時尚公主

　　女性的服裝配飾變化很多，選擇適合自己體型與風格的服裝，截長補短最重要，以下提出幾個重點供女生做為參考：白襯衫是衣櫥裡必備的百變單品，白襯衫與黑色褲子或黑裙永遠是天生一對，搭配腰鍊更顯得幹練造型感十足；女性最常見又好搭的單品之一就是針織衫，身材豐滿的人記得不要穿著粗線針織衫，會顯得手臂更粗壯，而應選擇合身款式簡單的細線針織衫，再搭配絲巾轉移視線更有造型感；one-piece 連身裙是展現女人優雅氣質的經典單品，還能掩飾身型的缺點，尤其是腰部較粗、下半身較大的女性朋友；H-line 裙則是在流行潮流中屹立不搖、受到全球女性推崇的基本單品，能夠突顯出女性獨特的魅力，搭配高跟鞋更加完美，高於膝蓋 5 公分的長度是最適合東方人的，而膝蓋以下的長度則顯得成熟性感。

　　包包也是造型的關鍵所在，經常有些人手提名牌包，但與服裝風格完全不統一，這樣既不能顯示出名牌包的價值，反倒覺得迷信名牌俗不可耐，時尚達人所拿的包包並非都是名牌，須與衣服相配又符合 TPO 原則才正確，以免買了一個樣式新穎的包包，還得購進新衣來搭配，因而花掉太多銀兩就不划算。買包時要根據自己平時穿著的款式、職業與需求來選擇合適的包款，例如 Tote Bag 為無封口開放式設計，容量大適合當作書包或需要攜帶大量物品文件的人，Shoulder Bag 是大眾化款式，肩帶長的適合搭配休閒服裝，肩帶短的只到腰線上則適合正式套裝。

圖 3-5 時尚公主打扮，插圖由臺灣師範大學廖唯竹手繪

　　鞋子對於襯托整體造型有著重要作用，有時鞋子甚至會畫龍點睛讓服裝更加搶眼，黑色包頭淑女鞋是鞋櫃裡的必備基本款，上班族搭配簡單黑裙或長褲，就能襯出職業婦女的風朵；尖頭細高跟鞋適合搭配正式套裝，尤其穿上黑色絲襪更加顯現女性的性感；不到 1 公分的平底鞋，圓圓的鞋頭穿起來既舒服又好看，適合搭配休閒服裝，有時穿上緊身牛仔褲或迷你短裙，更添可愛迷人的丰朵；高筒靴最常見的長度到膝蓋，這種款式能巧妙遮蓋小腿粗的缺點，矮胖的人宜選擇有跟的高筒靴可有拉長小腿比例、顯瘦的效果喔！

二、時尚王子

誰說愛美是女孩的專利？隨著時代的變遷，現在有愈來愈多的男性與女性一樣注重保養重視穿著，現在可是型男當道，新時代都會男性上班族以及男大學生著重事業成就與外表打扮兼顧，除了穿著打扮追求流行時尚，還包括擁有最新穎的三 C 產品，享受高品質物質生活及展現個人品味。

男大學生的穿著以輕鬆舒適為主，T 恤或格紋襯衫搭配合身牛仔褲或卡其褲是最佳選擇，休閒隨性又不失帥氣，再配上品牌單品如手錶、眼鏡，看起來具有質感及時尚感。現在時下年輕人喜歡潮牌服飾，像知名藝人羅志祥、五月天阿信、小鬼都有開店，主打圖騰 T 恤、貼布或水洗牛仔褲、帽子、棒球外套等，這些潮服的價格大都在二千元左右，引起跟隨偶像時尚打扮的風潮。

若是進入社會的男性上班族，大多擔任業務性質的工作，業務員需和客戶交際應酬，有時還有會議簡報，此時需穿著剪裁合身的成套西裝才具有專業形象，在襯衫部分儘量選擇白色、藍色，西裝外套則以黑色、銀灰色、藏青色為主，把握一深一淺的搭配原則，例如襯衫穿淺藍色、西裝褲就搭黑色，如此就可穿出簡單的層次感。但因素色西裝給人穩重感但也比較生硬，此時配件就發揮畫龍點睛的效果，素色西裝搭配顏色鮮豔或趣味圖騰的領帶，或是帶上有設計感的時尚眼鏡，整體造型馬上顯得活潑又性格。除了重視服飾穿著外，襪子也是不可忽略的小細節，有些人不太在意腳上的襪子，殊不知只要在客戶面前一坐下來，鬆垮垮或破洞的襪子馬上就原形畢露，所以在正式場合中男性應著深色襪子，翹腳時也不可露出腿毛，如此才不失基本禮儀。

圖 3-6　時尚王子打扮，插圖由臺灣師範大學廖唯竹手繪

第四節　時尚就是這麼一回事

大部分的人每月置裝預算不高，又渴望跟上時尚潮流，有位時尚教主曾提出一個實用的美麗公式 BTM，讓你每天光鮮亮麗，成為時尚佳人。何謂 BTM 呢？B(Basic) 為基本單品，T(Trend) 為流行趨勢，M(Mixed & Match) 為混搭風格，也就是利用衣櫃裡原有的基本單品如白襯衫、黑裙、牛仔褲，再留意每季的流行趨勢，將流行元素注入基本服裝當中，還要注意不可將設計師的服裝依樣畫葫蘆套在自己身上，容易弄巧成拙，應該

充分瞭解自己的體型及特色，混搭出突顯自我個性風格又具時尚感的造型。

很多女性朋友外出 Shopping，常常會衝動購買，結果一回到家就開始後悔，衝動購買的東西常買到非必要或不常穿的衣服，所以我們在選購打造時尚造型時要遵守五個購物原則：

1. 找出適合自己的風格

我們清楚知道如果服裝設計風格較前衛不適合自己，不論怎麼時髦流行都應該放棄購買，每個人應根據自己的臉型、髮型、體型，找出適合自己身型、可以遮掩缺點強調優點的服飾，還有選購衣服時最好先在店裡試穿，注意肩線、腰線、臀線是否能呈現身材的曲線，太鬆或太緊都不好看，仔細地透過鏡子做判斷，找到適合自己體型和風格的衣服，可以穿好幾季呢！

2. 名牌並不一定適合自己

高級名牌服飾的設計前衛用色大膽，雖然材質、剪裁很好，但同時價格昂貴，卻不一定適合一般上班場合，所以我們要拋棄「穿上昂貴名牌就一定變時尚」的錯誤想法，若是不符合 TPO 原則的穿著，仍是失敗的服裝。因此，只要多花點心思及時間選購，在百貨公司、平價服飾店、五分埔、士林夜市也能找到便宜剪裁又時尚的服飾，重要關鍵在於破除高級名牌的迷思，而是找到適合自己的最佳服裝。

3. 充實基本單品別被流行沖昏頭

基本單品的重要性前面已敘述許多，設計獨特或顏色鮮艷的流行服飾，乍看之下在當季非常時髦，但隔年隨後變得非常突兀，且常常很難與其他衣服做搭配，所以應選購容易與自己原有衣服顏色及款式做變化搭配，這樣的衣服才能穿得久又實用。為能跟得上流行風潮又能減少荷包大失血，每季買個一兩件衣服或流行配件來搭配原有服裝，否則為了這件流行新品還得再買適合其它的單品，這樣就得不償失了。

4. 是否符合自己真正的需求

每次購買衣服之前，先想好衣櫥裡缺少哪種衣服，或本季想添購哪種款式，若是隨性衝動購買，只會讓衣櫥爆滿、信用卡刷爆的事情一再發生，因此除了計劃性購買還要貨比三家是基本原則。在百貨公司或服飾店試穿衣服時，不要被那裡的鏡子照起來有修長的感覺和華麗的燈光所騙，以為這衣服穿起來太美而買回家，應該走到一般的太陽光或日光燈底下仔細觀看，問自己「這件衣服我真的需要嗎？」還有看到喜歡的服飾可不要第一家店就直接買了，因為材質更好更便宜的服飾可能在其他家店等你呢！

5. 確認自己的經濟負擔能力

很多人平常都有注意流行事物及時尚造型，加上臺北百貨公司林立，網路與電

視購物平台也愈來愈多，因此若是克制力不足的人，會因為過度消費等收到信用卡帳單或看到銀行存款不足時再後悔已來不及，因此建議每位聰明的消費者應建立適合自己薪資的購物預算及計劃，掌握每月的收入和支出，否則無限制的購物，雖然使你外型變成一個穿著亮麗的時尚佳人或達人，事實上卻是生活苦哈哈，每個月為透支的帳單傷透腦筋，那就失掉打造時尚造型的原意了。

要穿出個人風格的重點不是「穿什麼」，而是「怎樣穿」，真正的時尚達人只利用少量基本單品，搭配流行飾品，穿出自己的個性，穿出率性，穿得恰到好處，一般人並沒有很多的置裝預算，所以掌握重要購物原則，穿搭簡單化，提升時尚感是我們所追求的目標，以自己為主角，散發個人自信心，享受低調時尚，營造出專屬於個人有型的時尚感！

關鍵詞彙：

時尚 (fashion)、時尚打扮三大原則、TPO 原則、BTM 美麗公式

自我評量

1. 流行產生的因素有哪些？

2. 流行通常具備哪四項特性？

3. 一般人無法成為時尚達人的原因？

4. 青年學生具有的消費特性為何？

5. 國際三大平價品牌 UNIQLO、ZARA、H&M 各自的經營策略有何不同？試說明之。

6. lativ 如何迅速在眾多的網購品牌中竄紅？

7. 基本單品在服裝穿搭上有何重要性？

8. 打造時尚造型的購物原則有哪些？

參考文獻

大田雲丹 (Uni Ohta)，覃嘉惠譯，2012，圖解東京女孩的時尚穿搭，〈譯〉，台北：朱雀文化事業有限公司。

李東淑，丘雅婷譯，2012，這樣穿搭就對了！先學會穿搭才會變時尚〈譯〉，台北：大田出版有限公司。

鍾佳欣，2011，決戰平價時尚快跑，自由電子報，台北。

Mark Tungate，2007，買與不買都上癮：從 Armani 到 Zara 的時尚行銷，台北：高寶出版有限公司。

MBA 智庫百科

www.uniqlo.com/tw

www.zara.com

www.lativ.com.tw

www.moneydj.com

www.perfectcolour.com.my

4

時尚採購

摘要

　　本章主要在探討什麼叫做時尚採購，作為一個稱職的時尚採購者必須要注意哪些事情；並介紹由哪些管道可以取得最新的流行時尚商品資訊，以做為時尚採購者在採購商品時的參考。接著說明時尚採購者對最新流行趨勢掌握的重要性；最後則討論時尚商品的成本結構以及時尚商品應如何定價。

學習目標

1. 瞭解何謂時尚採購

2. 瞭解時尚商品的資訊可在何處取得

3. 瞭解掌握最新流行趨勢的重要性

4. 瞭解時尚商品成本結構與產品的訂價方式

第一節 時尚採購者的角色及責任

何謂時尚採購 (fashion merchandising)？

時尚採購就是時尚產品由設計師設計完成後一直到消費者手中的一連串過程的組合。時尚採購和時尚行銷 (fashion marketing) 時常被混為一談，但其實這是完全不同的工作項目。要清楚了解何謂時尚採購，就必須進一步了解時尚採購於時尚產品在製造、購買、推廣及販售過程中所扮演的角色。

（一）在時尚產品的製造方面

時尚採購者必須清楚地瞭解製作衣服所使用的布料材質。對服裝設計師而言，唯有對於布料的歷史以及社會文化進行充分的了解，才能將構想實現，直到完成成品發表；對時尚採購者而言，運用他們對布料和服裝結構的專業知識，才能針對設定好的目標市場以及目標價位尋找到最適合的設計師的作品。

（二）在時尚產品的購買方面

時尚採購者必須購買時尚產品在店內販售。所以時尚採購者必須清楚的知道目標市場為何？並且能精準的進行時尚潮流的分析和預測。

（三）在時尚產品的推廣方面

若時尚採購者是受雇於設計師，則如何將設計師設計出來的產品順利的陳列在商店內販售，就成為一件最重要的事情。時尚採購者除了必須要有創造性的頭腦和強烈的視覺採購技能外，對產品生產技巧的熟悉也是必須具備的。一般而言，推廣時尚產品最有效的方式就是舉辦時裝發表秀，透過秀場上所呈現出來的設計師創意以及特殊的視覺效果，達到吸引潛在購買者注意的目的。此外，採購者也必須要有能力在目標市場中找到服裝經銷商以銷售設計師所設計的產品，譬如：童裝店、百貨公司或折扣零售商店。

（四）在時尚產品的銷售方面

若時尚採購者是受雇於設計師，則除了必須負責將產品順利陳列在商店販售外，亦必須設法讓消費者花錢購買。因此採購者必須要有能力進行未來流行趨勢的分析與預測，並在產品進行生產前提供他們建議。另外，採購者尚須具備優秀的時尚創造力，因為一個稱職的採購者必須有能力進行品牌櫥窗的陳列與設計，完美的將當季流行的元素與設計師設計的精神於櫥窗中展現。

在瞭解了時尚採購於時尚產品在製造、購買、推廣及販售過程中所扮演的角色之後，我們仍需再進一步探討一個時尚採購者在採購的過程中，還有哪些必須注意的事項：

1. 對品牌的瞭解度 ~~ 是否充分瞭解品牌的故事及精神

   想要當一個稱職的時尚採購者，就必須事先做足功課。對自己負責採購的品牌歷史、品牌精神及品牌故事都需要充分瞭解，如此才能採購到能展現該品牌精髓的產品，更進而說服消費者花錢購買。一般來說，所採購的品牌公司都會提供相關資料以供採購者了解，除此之外，也可上該公司官網去尋找所需的資訊。

   以世界知名品牌愛馬仕 (Hermes) 最具吸引力的兩個產品~凱莉包與絲巾為例，都有各自的發展背景與故事：

   (1) 凱莉包 (Kelly bag)

   　　為什麼凱莉包會是許多貴婦名媛心

中的最愛？因為凱莉包是由摩納哥的葛莉絲‧凱利 (Grace Kelly) 王妃所挑選的，所以這個包就以王妃的名字來命名，她原本是好萊塢的當紅明星，在 1956 年與摩納哥親王蘭尼埃三世結婚，獲得摩納哥親王妃殿下頭銜，她電影生涯雖然只有短暫的 6 年，但是仍在 1999 年被美國電影學會選為百年來最偉大的女演員第 13 名。

愛馬仕當初推出這個大型馬鞍袋款，其實是為了要迎合 30 年代女士們上街購物的實際需求，在美國《TIME》雜誌拍下凱莉王妃 (Grace Kelly)，拿著最大尺碼的鱷魚皮手袋半掩著懷有身孕的微隆腹部後，愛馬仕公司便詢問摩洛哥王室可否將手袋命名為王妃婚前的名字。

圖 4-1　圖片來源：HERMES 官方網站

因此，凱莉包代表著財富與榮耀、美麗與魅力，無怪乎許多人拿著大筆錢到專賣店去排隊等候愛馬仕的凱莉包，而每個凱莉包在消費者挑選完皮革種類、皮革顏色、包款大小及配件金屬顏色後，仍須等候一年以上的時間才能拿到屬於自己的專屬凱莉包（如果選擇的是稀有皮革，譬如：鱷魚皮，則等候時間可能會更長）。

(2) 絲巾

愛馬仕的絲巾色彩多變、做工精細且考究，所以是該公司的明星商品之一。自 1937 年第一條絲巾問世到現在，愛馬仕已推出超過 900 款絲巾。每一條愛馬仕絲巾最多會利用到 40 種顏色，從設計到產品完成總共約需一年半的時間，且在出廠前更有超過 40 人的檢查小組監控每一條絲巾的品質。

愛馬仕的絲巾標準尺寸是 90 公分 x90 公分，以 75 公克的真絲製成，每條絲巾的搭配方式變化多端，例如：可作為手腕上的手鐲、可讓絲巾像花束般別在肩膀上、也可以將絲巾纏繞裝飾在頸間、或甚至將絲巾打成蝴蝶節，然後將蝴蝶結繫在腰間的皮帶上或隨身攜帶的皮包上。每年在聖誕節期間，愛馬仕的絲巾是送禮的首選，據估計，平均每 38 秒賣出一條絲巾，可見其在消費大眾心中受歡迎的程度。

圖 4-2　圖片來源：HERMES 官方網站

2. 採購商品前，是否了解主要銷售商品的元素是什麼？

通常採購者在進行採購前，會先行至該品牌在百貨公司的櫃位或專賣店詢問第一線的銷售人員的意見，以做為採購時的參考。至於在平常時間，採購者也必須時常親至櫃位或專賣店巡視，以了解消費者對品牌產品的接受度、反應的意見或產品使用後的評價。

3. 除了要滿足「主顧客」的需求外，所採購回來的商品能否增加新客人？

此點乃是採購者所面對的一大考驗，通常每個品牌的設計師在設計時都已對市場中的消費者做過詳細的調查，因此每個品牌都已選定自己的目標市場及消費者並完成良好的市場區隔；每個品牌所經營的主顧客客層其實是有限的，造成每個品牌無不絞盡腦汁，作各種不同的廣告或促銷活動，以吸引大眾的目光，進而引進新的消費者上門消費。

4. 當此季商品設計不符合市場需求時該如何從中下手？

若採購者認為此季品牌的設計不甚符合市場需求時，除了應立即跟品牌反應外，在採購時須採取較為保守的做法，例如：採購該品牌較基本的款式、較特殊的設計款式或是精緻的配件。

(1) 採購基本款式的原因：時尚流行的速度非常快，而基本款式卻是每個人衣櫥裡的基本配備，萬萬不可少。

一般來說，基本款式依穿著時間及場合的不同，可略分為兩大類：上班和休閒。以女性上班族為例，有哪些衣服可以視為基本款式？正式的西裝外套、兩件式的針織背心、小外套、襯衫、及膝窄裙以及長褲。基本款式的色彩選擇也會是基礎色，通常以黑、白兩色為首選，這也是時裝界永恆的顏色；除此之外，也有人會選擇卡其色、灰色或米色。基本款式因為沒有流行與否的問題，所以時常成為衣櫥當中最值得投資的單品，因此一般消費者也就比較願意選擇名牌作為採購時的首選，畢竟名牌某種程度來說其實就是品質的保證，就算是多花一些錢也是值得的。基本款式的最佳採購時間就是換季打折時，只是要有心理準備，當每個人都在等待基本款下折扣時，通常品牌公司是不會輕易的讓消費者隨心所願，因為基本款的折扣數有限且有時甚至是完全沒有折扣。

(2) 採購較特殊設計款式的原因：對於一些較為注意時尚流行趨勢的消費者而言，當季時尚最流行的款式或顏色會是剛換季時採購的重點。而且這些具有特殊設計的款式也可以用來與衣櫥裡的基本款式作搭配，所以仍有其市場性。不過，這類特殊款式的採購重點應是放在單價不高的單品上，以防季末當這類商品銷售狀況不佳時必須賤價促銷而造成公司的損失。

(3) 採購精緻配件的原因：消費者若想讓自己顯得與眾不同，卻又同時不

想太過於醒目，可以善用精緻的配件，以達到畫龍點睛之效並建立屬於自己個人的特殊風格。精緻的配件可以是絲巾、圍巾、皮帶、耳環、手鍊、項鍊、戒指、太陽眼鏡等等。可千萬不要看這些小配件，一件單調的衣服若能搭配合宜、精緻的配件，馬上就能讓旁人眼睛為之一亮，提升自己的魅力指數。附帶一提，現今許多國際精品品牌，例如：LV、香奈兒、GUCCI、DIOR、PRADA 等，配件的銷售金額佔公司整體營收比重正逐年攀升，究其原因，其實是因為配件單價較其他種類的精品，相形之下是較為便宜的，許多大學生或剛出社會的年輕人購買精品，會從配件開始；所以各大精品品牌非常重視配件類產品的設計，期望能吸引更多年輕族群的目光和消費，更期待能藉由這些較低價的入門款，培養未來的忠實顧客。

另外值得注意的一點是：當採購的品牌設計風格有重大轉變時，對品牌的經營其實是一個重大的考驗，當然，對一個時尚採購者而言，也會是一個重大的考驗。此種風格的轉變時機通常是品牌任用新的設計師或創意總監。

5. 當銷售不好時，應該採取什麼樣的策略？～～舉辦活動、商品促銷、特價拍賣等

在新品上市的時候，通常公司會先安排個小型的服裝秀，舉辦此類活動的原因通常是因為：新品剛上市的時候，如無折扣通常是整體業績較不好的時間點，並不是因為商品不好。顧客已經被養成「一定要有折扣」才願意購買的心態，所以，辦活動的用意也只是變相的提供給消費者折扣罷了！但這樣的活動邀請的對象大多都是「主顧客」較多，因為他們會是比較容易掏錢出來的一群客人。

其他時間的促銷活動，大多會配合百貨公司的活動檔期，因為百貨公司會製作DM，公司順勢可以省下DM製作費且對顧客的號召力也會比較強。

特拍活動，大多是在季末舉行，像是PRADA 及 MIU MIU，曾經在季末直接下殺 5 折，在為期五天的活動中，共創造出上千萬的業績，像這類本身品牌性強、知名度高或是平常不做折扣的品牌，此種特拍活動是非常有效果的。

再以國內百貨公司所舉辦的活動為例，今年因為歐債風暴導致全球景氣直直落，連帶影響國內許多進出口廠商的業績，再加上國內油、電雙漲所帶動物價上漲的效應，使國內消費者的消費行為趨於保守，一至六月各大百貨公司的業績平均下滑 6%，少女裝、男裝等服飾類產品營業額更減少兩成左右。因此，在2012 年六月底，國內百貨龍頭新光三越百貨公司，突如其來的宣布在六月底七月初舉辦為期十天的滿兩千送兩百的年中慶活動，只要是持與新光三越百貨配合的八大銀行的信用卡刷卡消費，皆可參與活動享有折扣。而且此次活動亦將

化妝品、名品珠寶、精品及 3C 產品等平常不參與活動的產品納入,其優惠狀況與折扣下殺的程度,更勝於百貨公司的周年慶。由以上可知,當業績不好時,除品牌本身會舉辦活動促銷外,百貨公司亦會跟進,再加上有強力的媒體宣傳效果,通常皆能達到不錯的業績成長。

6. 採購的商品是否能夠陳列出此季商品所想要帶給消費者的概念

每個品牌在每季都會有想要呈現給消費者對於當季的設計概念,除此之外,還可以參考品牌所提供的陳列書。更有甚者,有些國外的總公司會要求全球各大專賣店或專櫃,櫥窗的佈置、商品的陳列及流行色系上必須統一,以突顯品牌的流行風格及形象。

7. 除了自己本身的主觀意識外,是否能注意到市場上的流行與需求

採購者為探求市場反應與消費者需求,會去尋問品牌銷售人員,以了解客人的需求、對於商品的建議,並會大量翻閱雜誌及逛街。

也就是說,想要當一個稱職的時尚採購者,必須不斷充實自己的專業知識,因此需要長時間觀察各大品牌與市場上每季的流行趨勢。臺灣對時尚流行的接受度其實是較為保守的,所以流行速度比起歐美國家,慢了將近四年的時間,而與鄰近的韓國相比,也慢了將近兩年。所以時尚採購者必須清楚的瞭解國內市場消費者對於流行商品的接受度,而不能盲目的跟隨國際市場的流行趨勢。

若本身擔任的是單一品牌的採購者,則必須清楚該品牌的風格是否符合消費者胃口,此時,時尚採購者的鑑賞力就是關鍵,要能精準買下適合的各項相關商品,且不能有任何的浪費。

時尚採購的最大目標就是選出消費者喜愛的商品,時尚採購者不能只是選出自己喜歡的東西,重要的是選出消費者需要的、喜愛的東西,因此在採購時要懂得將自己的喜好與品味抽離出來,以消費者的眼光來判斷商品是否具有賣點,是否在市場上擁有足夠的吸引力。

第二節 時尚商品資訊可以去哪裡找?

時尚商品的資訊可以從很多來源取得,大部分的人第一個想到的是「網路」,認為透過網路資料的搜集,應該可以一網打盡,其實這反而會造成很多困擾,原因很簡單,網路的資訊由於參差不齊,所以不管是 10 年前或是這星期的資訊通通都會在網路上,光過濾資訊就已經耗費許多時間,更晃論有許多重要的資訊其實根本不會在網路上出現!

時尚商品的資訊事實上需要靠一些耐心與精力去蒐集,分別從雜誌、Fashion Show 與逛街可以取得,說明如下:

1. 雜誌

例如名牌誌 (BRAND)、VOGUE、FIGARO 費加洛等流行雜誌。

(1) 名牌誌 BRAND

一本自詡成為華人世界最具影響力的名牌精品雜誌。創刊於 2004 年,

圖 4-3　圖片來源：名牌誌官方網站

主要在介紹各種不同的名牌精品、時尚設計；是一本較專注於名牌的女性精品雜誌。雜誌內容除了報導時尚尖端的流行資訊外，更以各大精品為基礎，將品味擴展延伸到食、衣、住、行，讓女性不只知道如何買好東西，還懂得如何享受生活和生命。

BRAND 認為，名牌和敗金不應該畫上等號。許多有頭腦、有品味的女性，更需要一個全方位的消費指南，讓她們在追求美麗與成功之外，還能擁有愛自己的力量。而 BRAND 所傳達的「Beyond Fashion（超越時尚）、Brainy（有頭腦）、Beself（做自己）、Bella（愛漂亮）」新精品態度，也已經吸引到一群 25 ～ 45 歲的菁英女性鎖定閱讀，她們多半住在都會區，忠於自我需求，喜歡享受美好生活，品味受到極度肯定，甚至成為時尚的意見領袖。

(2) VOGUE

西元 1892 年於美國創刊，迄今於世界各地發行各種不同語言的版本，英國版 (19161)、法國版 (1922)、義大利版 (1965)、西班牙版 (1988)、日本版 (1999)、臺灣中文版 (1996)、中國大陸 (2005)。VOGUE 於 2006 年 12 月被美國紐約時報 (The New York Times) 評為全世界最具影響力的時尚雜誌。2011 年全美發行量共計 1,248,121 冊，全球則擁有約一千八百萬忠實的讀者。

VOGUE 每期皆提供最新最快速的時尚流行資訊、流行快遞、美容保

養生活訊息、名牌服裝秀（秀場直擊和後台直擊）以及熱門話題討論區等。VOGUE 站在流行的頂點，為消費者提供最新、最好的第一手流行資訊及正確的品味態度。

VOGUE 更進一步展現其在時尚界的影響力，於 2009 年首次舉辦全球購物夜 (Fashion's Night Out，FNO)，和全球各地的時尚設計師、百貨業界、旗艦精品店合作，於 2009 年 9 月 10 日至 11 日，共同舉辦盛大的活動。在 9 月 10 日至 11 日當天，全世界各地的 VOGUE 編輯群、知名模特兒們、藝人名人及時尚品牌，都在 VOGUE 的號召下，於臺灣、美國、英國、法國、義大利、西班牙、巴西、中國、德國、希臘、印度、俄羅斯及日本等地一起歡慶時尚、

刺激買氣及消費。值得一提的是，VOGUE 更將時尚購物與慈善活動相連結，所有參與 Fashion's Night Out 的品牌，均同意將此次活動的收入移作公益用途，讓消費者在消費時尚產品的同時，亦能發揮愛心，順手做公益。此活動因參與情形非常熱烈，所以自 2009 年至今仍每年舉辦此全球性的購物活動。以 2012 年為例，共有臺灣、美國、英國、法國、日本、墨西哥、澳大利亞、巴西、俄羅斯、葡萄牙、義大利、韓國、土耳其、德國、希臘、西班牙、紐西蘭、印度、中國，共十九國參與，臺灣於 9 月 8 日開始在台北信義區各大百貨公司盛大舉行。

圖 4-4　圖片來源：VOGUE官方網站

(3)　FIGARO 費加洛

FIGARO費加洛國際中文版是國內唯一一本右翻的流行時尚雜誌，雜誌尺寸較其他流行時尚雜誌為大，可帶給讀者不同的閱讀體驗。而雜誌的內容共包含幾個部分：分析時尚潮流趨勢；深入探討現今思潮與流行文化；時尚購買與時尚消費；如何培養時尚品味。

目前臺灣的流行時尚雜誌，報導的時尚新聞及品牌均以歐美為主，然而，臺灣女性的穿著打扮其實深受日本影響，國內許多百貨公司專櫃的服裝，為數眾多皆來自日本。所以許多消費者會較偏愛日系風格的雜誌，而日本的 Madame FIGARO 費加洛雜誌，在日本是女性雜誌銷售排行第一，也是在費加洛雜誌國際版中最為成功的國外版本。因此，Madame FIGARO 費加洛國際中文版，除了仿效日本費加洛風格外，更用國際版所得到的國外資源，創造出涵蓋日本以及歐美風格的 Madame FIGARO 費加洛國際中文版。

2. Fashion show

可藉由流行時尚節目當中所撥放的各大品牌推出的 Spring/Summer（春／夏）或 Autumm/Winter（秋／冬）之 Fashion show 了解當前的服裝、配件流行趨勢、彩妝顏色或髮型樣式，例如：JET TV 的 Fashion News。若覺得只靠電視節目，所提供之資訊仍嫌不足，則可自行上網至 YouTube 搜尋相關的影片，拜科技發達之賜，各大精品或服裝品牌的 Fashion show 皆已上傳至網路上，想要取得最新的流行資訊已非難事，只要有心，一定可以找到自己想要的時尚訊息。

3. 逛街

Shopping 是一件讓自己最能近距離觀察流行趨勢的方式，即使不進行消費，仍能夠藉由觀察各大品牌的櫥窗佈置及陳列的商品，窺知現今時尚流行的趨勢、各品牌設計師所秉持的設計創意及品牌精神等。目前大台北地區精品品牌較多的百貨公司如下：微風百貨、BELLA VITA、101、新光三越信義店 A9、SOGO 百貨敦南館、及晶華酒店的麗晶精品。除了百貨公司之外，亦可逛逛各大品牌的專賣店，通常品牌專賣店的風格全球統一，較能傳達出品牌設計師所要表達的當季流行元素與流行精神。

第三節　採購流行趨勢的掌握

根據 BRAND 名牌誌「2011 年臺灣 10 大最愛名牌排行榜」的調查顯示：臺灣人最愛的精品品牌～～LOUIS VUITTON，在 2011 年結束了蟬聯七年的冠軍寶座，此次調查新的冠軍得主是 CHANEL，不過兩品牌支持度的差異極小，CHANEL 的得票數只小贏 LOUIS VUITTON0.59%。10 大最愛品牌的第三名為 agnès b.，其他依序則是：COACH、GUCCI、Cartier、HERMES、BVLGARI、BURBERRY，最後則是 ANNA SUI。

BRAND 名牌誌指出，臺灣的奢侈品市場由以往 LOUIS VUITTON 獨霸的時代已經成為歷史，目前的狀況則是進入精品戰國時代。再加上大陸經濟起飛，對名牌消費能力崛起，各大精品品牌無不絞盡腦汁的設法吸引大陸精品消費者的注意；再加上近來新的平價時尚 (ZARA、H&M、UNIQLO) 旋風席捲全球，也全面改變了原本高檔消費族群的習性。

在 2011 年的調查中，北部消費者在精品消費族群中所占的比重最高，在所有得票數中共占 64.22%，至於中南部的消費者對精品消費的比重與北部相比雖仍有極大的差距，但卻在 2011 年的調查中，卻發揮了決定性的影響，結果讓 LOUIS VUITTON 將 2011 年的冠軍寶座拱手讓給 CHANEL，卻是始料未及的。

名牌誌亦同時針對上班族群，也就是大家所稱的「小資女」進行調查，結果發現，上班族購買精品的原因大多是基於自我投資的心態，所以希望所購買的精品能夠擁有最高 C/P 值（C/P 值就是「性能 / 價格」的比值，C/P 值高就是花最少的金額取得效能最佳的產品）。

除此之外，根據分析，名人代言效應是有其效果的，因為國內時尚流行趨勢在近幾年受到名人代言的影響很大，以此次具話題性的包包票選為例：排名第四的品牌 COACH 便以美國影星「葛妮絲派特蘿」代言的 Madison Chevron Quilted Lindsey Bag，擠上前 5 名。Chloe 和 MULBERRY 均以名人愛用著稱，在許多流行雜誌上，經常會看到歐美影星身上背著這兩個品牌的包包，因此，在此次的話題包票選中，也打敗許多競爭對手，拿到第 3、4 名的好成績。

由上述 BRAND 名牌誌所做之調查結果，可歸納出和時尚流行趨勢有關之幾個結論：(1) 流行的變動是非常快速的，所以即使是大牌如 LOUIS VUITTON，也不能確保能夠穩坐冠軍的寶座。各品牌不論知名度高低，都應盡力洞察消費者消費喜好的變動，並須認真開發新的客戶，以免被市場淘汰。(2) 快速時尚（fast fashion，代表品牌：ZARA、H&M、Uniqlo）的崛起，對許多精品業者而言，是一

個極大的挑戰。(3) 因應近幾年世界各地的景氣變動，消費者對流行時尚產品以及精品的消費也漸趨保守，在購買此類產品時，會用較理性的方式進行分析，希望自己所購入的精品能夠擁有最高 C/P 值。(4) 名人（明星、名模或名媛）的代言是有效的，此點在世界各地皆然，大家都有「me too」的心理，所以各品牌應精選形象良好的代言人，以刺激消費者花錢消費並開拓新的客源。

最後，一個採購者要能精準的掌握流行趨勢可透過以下幾個方式：

1. 多看流行雜誌

2. 看各大品牌 Fashion show

3. 逛街：觀察各品牌最新、最流行的設計元素。

4. 參考所採購的品牌公司提供本季商品的設計概念

5. 看電視或國外當季的流行影集

　　例如：慾望城市 (Sex and the City)，主題是描寫一位住在美國紐約曼哈頓的女性專欄作家（凱莉）與其他三個好友的感情與生活，影集選在曼哈頓的各處時尚餐廳、酒吧、旅店、畫廊等實地拍攝。觀看這部影集，女性觀眾最關心的莫過於幾位女主角在每一集節目中穿了哪些品牌的衣服、鞋子、拿了什麼包包。特別的是，劇中設定嗜鞋如命的凱莉擁有超過 200 雙的鞋子，凱莉在劇中所穿戴的衣物都會成為當季引導流行的指標，她穿過的款式更是在播出的隔天就造成缺貨。所以看「慾望城市」除了可以感受到紐約的城市風光與魅力外，也可以瞭解紐約最新的時尚與流行趨勢。

　　又例如：最具話題的美國時尚影集～花邊教主 (Gossip Girl)，主題是描寫一群美國上流社會高中生的生活、愛情以及他們父母的故事。影集中每個角色都有自己的魅力，而故事背景也是設定在美國曼哈頓的浮華世界。有人說這是青少年版的「慾望城市」，所以透過這個影集，時常可以看到最新流行的衣服、配件及皮包等，因為觀賞此影集的人數眾多，且男女主角都是年輕偶像，所以這些在影集中曾出現過的最新流行服飾配件、穿著打扮，便成為時下年輕人爭相模仿的對象。

6. 網路

　　流行商所掌握的資訊與趨勢非常雷同，在收集資訊的同時也是在了解商品的流行方向。

第四節　商品成本結構與產品訂價

　　若是品牌為進口商品，則其成本結構大致上可分為三大部分：

1. 商品本身的價值

　　即為品牌公司所訂的價格，但一般在訂定採購合約的時候，就會先談好折扣數。

2. 進口成本

　　即與品牌公司談定的貿易條件出貨後，所產生的費用，如：報關費、拆櫃費、海、空運費等。要選擇海運或空運，完全看品牌產品的流行速度，若產品的替換速度很快，則時效性就成為致勝關鍵，此時應選擇空運運送，雖然空運運費比海運運費貴出許多。以 ZARA 與 H&M 兩家快速時尚 (Fast Fashion) 的競爭品牌

為例：ZARA 平均每 12 天，設計師就要設計出一件能通過市場認可的作品，公司每年須設計出超過 4 萬件的新款，從中推出 12,000 款，亦即平均一天至少要有三件新款問世，所以 ZARA 的產品大多採用空運運送。反觀 H&M，因為其產品平均上架時間為 21 天，且 H&M 認為空運成本太高，所以為壓低售價，大多採用海運運送，以節省進口成本。

3. 倉儲及物流成本

倉庫租金及商品運送過程中所產生的費用，如倉租費用、撿貨、退費處理費、貼標費、撕標費、製標費、國內運費等費用。

以上三種成本相加後即為商品的成本。

除了上述的商品成本外，商品在訂定零售價時另外會考慮到的部分還有：

1. 公司內部人事管銷費用

2. 商品在銷售時會產生的費用，如：銷售人員薪資、櫃位上的開銷、百貨公司的抽成、廣告費、裝潢費等費用。

3. 市場上「競品」（其他競爭品牌）的價格

4. 公司希望獲得的毛利

上述的商品定價策略適用於非精品類產品，若所採購之商品為精品，則其訂價方式完全不同，因為精品之所以稱為精品，乃因精品為最高級，而非比較級，所以各精品品牌應忠於自己的品牌精神與價值，而非擔心其他競爭者的定價方式。

接下來，我們繼續探討精品品牌的訂價方式：

(1) 全球價 ~~ 手錶、珠寶

若產品價格屬於價格高、體積小且易於攜帶（因為亦於攜帶，無須向海關申報，所以不會被課徵高額的關稅或奢侈稅）時，可採用此種定價方式。此種定價方式若將各國的匯率考慮進去之後，產品定價在世界各地幾無差異。

(2) 依據配銷成本調整產品在各地的售價 ~~LV

精品品牌公司可依在各地的銷售成本或運輸成本之不同而調整在世界各地的售價。以 LV 的產品為例，相同的手提包在東京以及巴黎的售價可能有 40% 的差異，因為課徵關稅而且東京的零售成本又很高。所以如果你在巴黎街頭看到一大群日本人蜂擁走入 LV 專賣店，千萬不要覺得奇怪，因為日本觀光客喜歡到這裡採購手提包以犒賞自己或作為禮物帶回日本贈送親朋好友。

關鍵詞彙

時尚採購 (fashion merchandising)、快速時尚 (Fast Fashion)、全球購物夜 (Fashion's Night Out，FNO)、時尚商品定價

自我評量

1. 以下何者是進口商品成本結構的一部分？　(A) 商品本身的價值　(B) 進口成本　(C) 倉儲及物流成本　(D) 以上皆是

2. 愛馬仕的凱莉包是以誰的名字來命名的？　(A) 英國黛安娜王妃　(B) 英國凱特王妃　(C) 摩納哥的葛莉絲‧凱利王妃　(D) 慾望城市的凱莉

3. 全球購物夜 (Fashion's Night Out, FNO) 是由哪個雜誌發起的？　(A)BRAND (B)VOGUE　(C)FIGARO　(D)GQ

4. 以下哪一個是代表快速時尚的品牌？ (A)Uniqlo　(B)ZARA　(C)H&M　(D)以上皆是

5. 以下哪一個是掌握流行趨勢的方式？　(A) 逛街　(B) 看流行雜誌　(C) 看 fashion show　(D) 以上皆是

參考文獻

洪慧芳譯，(2011)，精品策略，新北市，繁星多媒體

Debbie Hartsog，(2007)，Creative Careers In Fashion，Allworth Press

Monique Vescia，(2011)，Career Launcher:Fashion，Infobase Publishing,Inc.

http://www.wisegeek.com/what-is-fashion-merchandising.htm

http://www.blackwellpublishing.com/content/BPL_Images/Content_store/Sample_chapter/9781405149921/9781405149921_sample.pdf

http://en.wikipedia.org/wiki/Vogue_(magazine)

http://www.brand.net.tw/

http://www.vogue.com/magazine/

http://www.hermes.com/index_cn.html

http://www.madamefigaro.gr/

商品發展篇

5

商品設計與視覺化

摘要

不管是服裝、皮包、皮鞋、餐飲、住宅、手機或是其他林林總總各種時尚商品，都離不開「設計」兩個字，但是怎樣設計才會讓人驚艷，並且激起非買不可的慾望，則需要靠對產品、對流行充足的認識才能有機會達到這種成果。

本章主要用幾個簡單的概念說明商品設計與視覺化的問題，其中包含了產品與商品的差異、商品設計的流程、設計風格與品牌價值的產生、視覺化與創意的問題，最後，在商品設計最重要的環節「品質」上，說明如何透過外觀展現品質的特性！

在商品與視覺化部分我們透過眾多案例瞭解產品與商品的差異，而在時尚商品設計的流程部分，我們了解了八個基本的步驟，分別是創新點子、商品研究、商業規劃、創新具體化、視覺化、樣本製作、產品生產、商品擴充幾個步驟。

而在品牌價值部分，則說明了擁有較高忠誠度與面對競爭活動的韌性、更多的利潤、較大的商業合作與支援、增加行銷溝通的效果、可能的授權機會、增加品牌延伸的機會、其他利益（人力資源、投資）等這幾個重要的利益。

最後，本章針對視覺化的概念與好處、品質展現的方式都做了相當多的說明，以利讀者對於這部分概念的初步瞭解。

學習目標

1. 能釐清產品與商品的差異！

2. 瞭解時尚商品設計的流程！

3. 知曉設計風格與品牌價值的概念！

4. 知曉視覺化與創意的概念！

5. 能具體判斷商品的品質！

在時尚產業中，優質的商品設計概念等於是推廣者的洋槍大砲，因為推廣者可以用較省力的方式介紹商品，就好像幾年前的智慧型手機一樣，本來智慧型手機的新使用者，常常需要一本說明書才能操作，但是當 iPhone 推出後，推廣者根本不用進行產品操作說明，就可以很輕易的讓購買者上手使用，而整個手機外觀的設計與內容的圖示，則是明確視覺化的表現，減少了相當多「臆測」的部分！

本章主要用幾個簡單的概念說明商品設計與視覺化的問題，其中包含了產品與商品的差異、商品設計的流程、設計風格與品牌價值的產生、視覺化與創意的問題，最後，在商品設計最重要的環節「品質」上，說明如何透過外觀展現品質特性！

第一節　產品與商品大不同

在開始討論產品與商品的差異之前，先看一段「肉乾」的故事吧！肉乾是逢年過節不少人送禮都會送肉乾，而所謂的肉乾，是指將豬肉醃漬過後，用烤的方式讓豬肉水分脫除，就變成了肉乾，因為費工費時，所以價格高出一般豬肉很多，而且容易保存，所以成了逢年過節送禮佳品。

問題來了，以往臺灣的肉乾都是「新 X 陽」、「唯 X」、「黑 X 牌」，平均單價都是一斤 200 元出頭，但是這幾年新加坡廠商「美 X 香」開始來台設專櫃，所以價格比上述傳統品牌貴一倍左右，老人家收到這個牌子的肉乾又知道價格後，多半說一句：「么 X，不都是死掉豬屍體脫水做出來的，難不成吃黃金長大？」年輕人則說：「我願意為了這個不一樣的口感，多花一倍價格享受」。

我們來做一點類似的比較，如果每個東西都是像老人家講的「死掉豬屍體脫水做出來的」，會有人買這個所謂的「肉乾」嗎？依此類推，「燕窩」被說成「鳥的口水」，「汽車」被說成「會跑的鐵殼子」、「服飾」被說成「掛在身體上的布」、「寶石」被說成「漂亮的石頭」，有什麼想法？有同學曾經聽到筆者這樣描述東西時，直接爆出一句話「老師你家開當鋪嗎？不然怎麼好好的東西都變成了爛貨？」

這就是本節強調的重點，產品與商品大不同，我們把產品簡單定義為「工廠能用的東西」，商品定義為「消費者願意買的東西」，也許很多人覺得這兩者的概念好像沒什麼差別，我們先把這些說法整理成表 5-1 給大家參考：

表 5-1　產品與商品的差別

範　圍	產　　品	商　　品
定義	能用的東西	願意買的東西
衣	掛在身上的布	服飾
食	鳥的口水	燕窩
住	幾塊爛木頭	餐桌
行	會跑的鐵殼子	汽車
育	書念得比較多的人	教授
樂	亂七八糟的聲音	音樂

如果我們把產品和商品做更深一層的解釋，我們可以這樣說，「產品」只是一個「能用」的東西，他沒有明確的目的性，但是「商品」確有目的性，因此消費者會因為這個目的而購買。比如以肉乾為例，在食品加工廠生產好的肉乾，一塊一塊的擺在大鐵盆裡面，

還沒有經過包裝,那叫做「產品」,因為他只是「能用」,能用的意義在於他的用途不明,只能證明至少他不是廢物,比如說他能填飽肚子、他能解決生鮮豬肉庫存太多的問題、甚或是變成狗飼料。

但是商品就不同了,如果肉乾的「商品」目的性在於送禮,那每塊肉乾的長相、大小、軟度、重量、保存方式、包裝方式、單價、銷售地點就成了整體設計的考慮範圍,因為送禮的目的性可想而知會與狗飼料的目的性不相同,所以整個作法會不相同!

圖 5-1 說明了商品設計會考量的問題,設計並不是一個抽象的觀念,而是一個實體之物,因此不管任何種類的設計都無法脫離實體來思考。我們可以這樣說,商品設計是為了達成某個特定目標,將之合理的架構,以獲得緊密協調性的統合創作的活動,之後產生的結果實體便是商品。

一個真正的商品設計必須具有明白點出商品遠見的特性,根據這種遠見,才能有辦法加以制訂計畫,付諸執行,也才有辦法搭配後續的推廣活動。

有看過周星馳的「食神」嗎?雖然這是一個喜劇,也是一個鬧劇,但是對於貫穿整部電影的「爆漿撒溺丸子」,其實就是一個具備遠見概念的商品設計,這個商品最後目的是要做成罐頭讓大家買回去,因此中間才會規劃一堆爆笑到噴飯的商品應用說明,比如說可以用來治老人癡呆症、可以用來磨牙、可以用來打乒乓球等,剛開始看到這部分就覺得很奇怪,一個小店面賣東西必要搞這樣大嗎?最後才會發現,其實是要「擴大應用、擴大群眾、擴大購買率」,因為這罐頭才能在市場上生存下去!不然丸子就是丸子,跟超級市場一般的丸子有何不同?幹嘛買罐頭?

圖 5-1　商品設計的概念

第二節 時尚商品設計的流程

「怎樣把我的想法變成商品，放到百貨公司專櫃去賣？」，這是很多覺得自己有一堆新點子的人都想問的問題！在以往，這很困難，因為你必須先找到有辦法幫你設計的人，然後再開始一步一步往前走，在現在，只要具備基本的電腦軟體能力，很多資源可以在網路上找到，以往想像不到的 3D 印表機（舉例來說，只要輸入一個馬克杯的設計圖，就會真的「印」出來一個馬克杯），現在都有了！所以商品設計與開發的流程，已經比以往少了很多，也簡短很多，這也是為何幾大平價流行服飾品牌如 ZARA、Uniqlo 等，都有辦法在一週內將商品從設計階段就推到上市的原因。

整個商品設計的流程如圖 5-2 所示，整個商品設計的規劃與以往的「純設計」已經大大的有所不同，以往的設計流程，就是一步一步的從草圖概念開始慢慢成形，最後快到量產階段時，才進行商業評估與行銷規劃，但是現在的規劃，卻是在商品早期研發時就開始考慮到商業規劃的部分，甚至要具備視覺化的過程。

商品設計流程包含了幾個步驟，分別是創新點子、商品研究、商業規劃、創新具體化、視覺化、樣本製作、產品生產、商品擴充八個步驟

一、創新點子

談到創新點子，就必須要先瞭解創意與創新的差別，創意的重點在發想新點子，創新的重點在「執行能執行的創意」，讓一個不能執行的創意去強迫執行，是無法成為創新，而一個不能創新的點子，是沒有價值甚至會干擾到正常營運的。要把創意運用到變成創新上，而且要能很成功，必須符合三個特性，也就是相關性、原創性、衝擊性。

1. 相關性

   好的創意要對企業有價值，就必須要能夠實際解決需要解決的問題。也就是說，創意必須符合商業策略，只是為了發揮創意做出的創意，只有在純藝術的世界中有價值。

2. 原創性

   不論是思考一個新的獲利方法，或是思考如何可操作工具，如果想法不具原創性，可能無法獲得對方的注意。但是要多有原創性才叫原創？基本上「太陽底下沒有新鮮事」，我們的想法不需要是百分之百的原創，他可以從其他人的想法延伸而來，當然，我們還是要包裝他，讓他看起來格外符合我們的情況和需求，必須要讓大家看到所做的延伸和改造在這個情況下具有原創性。

圖 5-2　商品設計流程

3.衝擊性

創意必須要能製造出一定的衝擊性，也就是產生震撼，才能幫助我們達到想要獲得的結果，因為不管我們的想法多麼有創意，和策略的相關性有多高，且多麼具有原創性，如果他的衝擊性不夠的話，都很難達到我們想要的結果。

二、商品研究

商品研究的目的，在於透過調查的方式，思考一些這個新點子能否帶來成功的問題，有時候這些問題我們稱為「成功模式」，因為每一個問題如果我們都能回答，就能在建構出這個商品所獨到的競爭優勢。這些問題分別如下：

(1) 是如何打敗最強的競爭對手？

(2) 顧客想要買什麼樣的產品？

(3) 誰是我們的產品最好的顧客？

(4) 哪些活動我們應該內部自己做？

(5) 如何才能維持競爭優勢和利潤？

(6) 新事業最好的運作結構是什麼？

(7) 如何確保策略發展的細節正確？

(8) 哪些投資人會幫我們成功？

(9) 高階主管應該扮演什麼角色？

這些問題，有些要透過經驗判斷，有些要透過調查研究，無論如何，如果對一個創新商品沒有所謂的商業化討論，商品的市場將是不確定的！

三、商業規劃

所謂的商業規劃，包含了資金、人才、設備、生產、行銷與時間上的規劃，透過這個規劃，才能有效掌握進度，在準確的時間進行正確的活動運作！

四、創新具體化

所謂的創新具體化，就是指整個創新概念開始進行雛形展示的階段，這時也會談到什麼工作應該自己做，或是外包，許多人立刻會想到以核心能力來區分，是核心能力的，就自己做，不是，就可以外包。

當整個產品發展環境還不夠好的時候，整合內部比較好，而當產品發展已經相當好的時候，應該專精在某項活動上，其餘外包。

五、視覺化

所謂視覺化的意思是指，能夠將創意以視覺意象展示出來，不管用軟體模擬環境，或是以紙板進行剪裁，都是必需要進行的，因為這個部分有助於對創意的理解與修正，如圖 5-3 所示，這是一個簡單的促銷展示架的視覺化模擬情境，我們把展示架透過套版劃在吧台上（可以注意那個紅色圈圈內的黑色展示架），讓大家看看那種感覺，以評估這個作法好不好用！

圖 5-3　視覺化的模擬

六、樣本製作

樣本製作就是透過手工方式,將商品製作出來,行話叫做「打樣」,不管是服裝、食品、文具等,都會有這個過程,也就是直接用商品原料做出手工版本,看看在使用上或是接受度上有否問題,這也是未來如果轉發代工時很重要的品質憑證!

七、產品生產

產品生產也就是進入了「量產」的階段,這部分其實還是要進行修正,手工能夠做的事情不代表機器也能做,或是手工作的標準不代表機器也能達到這種品質標準,因此這時就必須由量產設計師協助「標準化」和「模組化」工作,才能有效創造生產效率與降低成本。

八、商品擴充

商品擴充的意思是指,在商品上市前,所進行的相關服務、行銷活動、樣式上的擴充規劃,也就是指整個上市計畫的完成與執行。這也是時尚商品最重要的環節,透過時尚活動的規劃,讓人對商品有時尚感,才叫做時尚商品。

以上針對商品設計的流程進行說明,我們將在下面的部分進行風格、視覺與創意的討論!

第三節　設計風格與品牌價值

設計風格與品牌有何關係呢?所謂的「品牌」則是指「能夠歸納出一個名字,識別某間公司或者產品群」,也就是說,能夠將某種產品從其他產品中區分出來的名字,就能稱為品牌。

而「風格」的英語稱為 style,作為一般術語是指作風、風貌、格調,是各種特點的綜合表現。因此風格概念的內涵不同,其所指的對象本質屬性就不同,其所歸屬的學科也就不同。總括來說,我們可以說風格是提供一種氣氛,它能予人一種整體感覺或印象。

這個意思就是指,如果能夠將商品的設計產生風格,亦即能給人一種整體的感覺或印象,這個商品的設計就比較具備與眾不同的價值,如果這個商品被賦予名稱,就是一個「有風格的品牌」,就會具備「品牌價值」。

如果消費者在知道品牌的情況下,對行銷活動的反應異於不知道時,那以顧客為基礎的品牌價值就形成了,然而,消費者的實際反應會有何差異,還需要看品牌知名度的高低以及消費者如何評估品牌聯想的有利性與獨特性。若以不同的各種角度來看,品牌價值可以創造出幾個利益,分別是擁有較高忠誠度與面對競爭活動的韌性、更多的利潤、較大的商業合作與支援、增加行銷溝通的效果、可能的授權機會、增加品牌延伸的機會、其他利益(人力資源、投資)等等。

一、擁有較高忠誠度與面對競爭活動的韌性

消費者對擁有品牌的商品會較為忠誠,因此在碰到多種選項時,消費者會對常使用的品牌商品有所偏好,甚至面對對手的競爭活動時,會因為其忠誠度,自我解釋其中差異,放大偏好品牌的優點,弱化偏好品牌的缺點。

二、更多的利潤

如果當市場調查發現,當遮蔽掉品牌標示後的消費者,他的預期價格高於揭示品牌標

示後，您有何感想？這意思是指，這個品牌價值是負的，好的品牌價值應該是在揭示品牌標示後價格更高才是。好的品牌價值帶來的另外一個利潤是，消費者對品牌漲價的反應會愈來愈不具備價格彈性，而當品牌降價獲折扣時則反應較具彈性。就是指忠於品牌的消費者在面臨漲價時不會拋棄這個品牌，不會轉換品牌，而在面臨降價時則會增加購買量。

三、較大的商業合作與支援

行銷人員通常不會針對消費者直接銷售商品，因此批發商、量飯店等通路對商品銷售是很重要的，這些配消通路成員的活動，可以促進或阻擾品牌的成功，若品牌在消費者心中具有正面品牌形象，則交易時較可能獲得妥善的處理與有力的對待，例如說，7-11可能把某個不知名的飲料方在飲料架角落，但是絕對不會把可口可樂放在最下面。

四、增加行銷溝通的效果

就正面品牌形象所具有的廣告說服力來說，若品牌擁有高知名度與強烈、有利且獨特品牌聯想的話，消費者或許較有可能注意到廣告，亦容易認識品牌並形成有力的評價，經過長時間後仍會記得這些信念並實際採取行動。這種情況就是行銷溝通效果的增幅，強化了效果。

五、可能的授權機會

強勢的品牌通常也會適合用在其他類別的產品上，為有效利用強勢品牌的價值，公司可能會允許將品牌的名成、標誌或其他商標等授權給其他公司的產品使用。例如迪士尼的米老鼠標誌就是常備用來授權生產小學生用品上。

六、增加品牌延伸的機會

當公司選擇用已建立的品牌名稱進入新市場時，就是品牌延伸，這種方式的優點在於讓公司能利用消費者對原始品牌的知識產生品牌知名度，並啟發對延伸品牌的潛在聯想。除此之外，品牌延伸可以增進品牌聯想的強度、有利性及獨特性，並增進公司信賴度的認知，進而回頭強化原始品牌形象。

七、其他利益

具有正面品牌形象的公司在其他利益方面，也能產生非與銷售有關的利益，例如能夠幫公司吸引更好的員工、使投資者對公司產生較濃厚的興趣或是獲得股東較多的支持等等，這些利益是一般公司無法做到的。

我們可以從上述七點瞭解品牌具備價值後的各種好處，但是品牌要具備價值，就有賴對商品的設計產生固定的風格，讓消費者對商品具備固定的印象才能創造，因此，設計風格與品牌價值是息息相關的，也是時尚商品設計不可或缺的元素！

第四節　視覺化與創意

什麼是視覺化，視覺化的意思是指商品設計的過程中，能夠將商品以「眼見為憑」的方式表達！舉例來說，做簡報時，一定有人這樣說「文不如表、表不如圖」，這就是一種視覺化的概念，又舉另外一個例子來說，常常有人會這樣說，「如果教科書上面的東西不是文字，而是漫畫，我一定考第一」，因為圖畫比文字容易理解。視覺化是時尚經

營上非常重要的一環，就好像賣預售屋的公司，一定要將預定蓋的房子以模型或「情境圖」做出來給買家參考，不僅解釋容易，也容易讓買家能融入情境，從而「感興趣」購買。

這也是為何時尚商品的廣告往往都是找明星拍攝文宣，因為這會讓消費者投射出「如果我也用了這東西，我也會像她一樣優雅」的感覺，從而產生「模仿」的興趣，進而購買！商品視覺化有幾個好處如下：

一、可以產生直觀的商品概念

商品視覺化就是讓商品有明確的商品印象，除了標誌（如馬蹄標誌）、特定設計（如竹節把手）外，外型的固定設計也可以產生直觀印象，這有助於讓消費者能夠直接辨識商品與預期商品品質！

二、可以降低心理風險

如果是服務業，視覺化服務流程將會是最重要的保證，有人會說「為何保險買了以後明明就在電腦系統裡，出問題了直接查保單就好，幹嘛還要一個精裝盒子裝一張紙，真不環保」，可是實際上，國泰人壽、新光人壽就是靠這個動作讓他們從眾多保險公司中脫穎而出的，因為有了這張紙，大家才安心，雖然「掉了也沒關係」！

餐飲業也一樣，王品的「一頭牛只有六客」，聽起來好像很稀有，實際上他們用語言把餐點視覺化了，「一頭牛」讓大家心裡有聯想到一隻「大牛」，因此產生了稀有性的具體感受。

三、可以橫跨語言障礙

有更多人說，「為何時尚雜誌都是一堆照片，文字很少？」，不要認為時尚雜誌的人因為寫不出這麼多字所以才用這種方式「賴皮」，事實上，時尚雜誌為了創造跨文化的影響力，直接讓雜誌「視覺化」，這樣不管懂不懂英文的人都可以直接看到概念、看到潮流、看到品牌。就跟怪獸電影一樣，你不管懂不懂英文都沒關係，因為「怪獸不講英文」。

四、可以促進情境的融入

如同第一章所提到的，時尚是一個一般族群向主流族群的「模仿」過程，視覺化的商品表達方式，可以讓消費者融入情境，覺得「如果我買了，也可以這樣」的感覺，因此發生購買動機，也因此各種廣告設計，會以視覺化的表達為最重要的設計元素！

但是好的視覺化表達方式是有賴創意作後盾才會有具體效果，Bono (1998) 曾說「創意是一個混亂且令人困惑的主題，從發明新的牙膏蓋到貝多芬寫的第五號交響曲都是創意。而對創意理解的困難，大多直接來自對『創意』和『創造力』這兩個詞的認知上。」，他說創意從最簡單的層次來說，就是「創造前所未有的事物」，並且主張根據這樣的定義，就算創造出來的是一團混亂也算創意。但是他也提到一團混亂並不一定會創造價值，既使他是前所未有的。除此之外，創意的產出不能是簡單或明確的，而必須是獨特和稀有的。舉例來說，如果某個廣告要表達他的商品是「豬肉」做的，而且是最重要的特性，所以為了視覺化表達，在食品旁邊放了一隻

豬舍裡「豬」的照片,你覺得買得下去嗎?如果創意不能創造價值,視覺化往往會帶來反效果!

創意的重點在發想新點子,創新的重點在「執行能執行的創意」,讓一個不能執行的創意去強迫執行,是無法成為創新,而一個不能創新的點子,是沒有價值甚至會干擾到正常營運的。

創新是從某人的「提案」開始,這些「提案」有可能是「餿主意」,那怎麼辦? Levitt(2002,引述自企業八講),提出兩個針對創意人提案的建議:

一、他必須面對並接受現實

創意提案者必須要接受「提了一堆爛案子,是會讓主管討厭的」,所以創意提案者會珍惜每次提案的機會,因為這些機會就像裝在保特瓶裡面,用一個少一個。

二、當他提出點子時,必須順帶提出完整的計畫書

好的點子應該要有一個完整的計畫書,才能讓主管更容易評估這項提案,這樣做的好處是,能讓創意更容易轉化為創新。

其實上述兩個建議的概念很簡單,就是要讓創意的提案人「負起責任」,創意是否有開花結果的潛力,會因為個別產業、組織風氣、創意發想者所處的位階,而有很大的差異,創意收受者會因為日常面對的不同問題、壓力和責任,也會大大影響創意是否會成功。

第五節　怎樣在商品上展現品質?

在談到品質的展現之前,我們要先瞭解品質的兩大基礎概念,第一種品質的概念是以「製造商」的角度思考的品質概念,也就是製造的規格和服務標準的合適度、失敗率與一致性問題。而從消費者角度來看,品質是指「認知品質」,也就是品質的好壞,是應該由消費者對產品優越性或傑出性所做出的偏好判斷,而非用規格或標準所做的計量判斷!

對於時尚商品而言,由於商品設計存在風格、流行等特性,因此消費者層面的認知品質重要性會高過製造商的製造品質概念,總體來說,時尚商品的製造商品質,只是基本的基礎,真正要讓消費者感受到商品的品質,則需要透過一些細節讓消費者體認到其優點,才能真正被消費者認同。

舉例來說,如果你買了一尊木雕的觀音像,什麼叫做品質?是木材的材質,還是雕工?對一個買家來說,木材的材質只是基本要求,雕工才是真正重要的一部分,可是怎麼判斷雕工?如果說最細的部分是零點幾公分,意義其實不大,一般來說,判斷的方法是從每個角度去看觀音的臉部,好的雕工會讓你覺得很均衡,不管你從上下左右看,都好像觀音很慈祥的看著你,這就是好雕工!問題是,「觀音都在看著你」那就是一種感覺,是消費者角度的知覺,並非製造者角度的規格,所以品質的展現,會因為商品特性的不同,消費者看法的不同,而有不同的展現模式!

整體來說,消費者對於商品的認知品質會從偏好、產品與消費者間的互動、與其他商品的相對性以及消費經驗這四個主要方向做最直觀的判斷,對時尚商品而言,有一些通用的品質基準必須在商品上直接展現,因為

這是行家在選購商品時一定會注意到的部分，分別是獨特的手工、精密的細節、均衡的設計、永恆的時代感，分述如下：

一、獨特的手工

手工與自動化機器，差別在哪裡？不少人認為，自動化應該代表著標準化，應該會比手工的參差不齊來得好，實際上，那是指一般標準的商品才是這樣，對於時尚商品，比如精品皮包、衣服、瓷器、金屬用品、塑膠製品、鞋子而言，卻不是這樣，以皮包、衣服或鞋子這些需要車工的商品來說，機器縫線無法呈現微妙的手工差異，因為機器會死板的一直線就縫下去，但是手工縫線卻能依照皮質軟硬、厚薄及造型設計曲線，做出適當的調整，看上去，反而比機器工整非常多，檢視轉折處的縫工、收線，便能看出手工巧妙高低。

又從另外一個角度看，所謂的反縫（用在皮包邊緣或是衣服肩膀處），更可以看出功力大小，因為這是彎曲造型是否硬挺的關鍵，因為功力高的，翻過來時，材料不會受損，但是功力低的，往往會有地方漏洞或是折損，好的皮包甚至會有折縫細條，會比較耐用，不會變形。

如果是皮包把手或是皮帶，也可以看出差距，價值高的皮包把手材質多為純皮，不會輔助其他材質（比如金屬、木材、塑膠），因為這樣才不會黏手，但是為了讓手把或皮帶的曲度能夠對秤而完整，皮匠要受相當長時間的訓練，而且占整個皮包製作時間的30%，最重要的，把手的縫合收邊部分，會進行加工處理，不會出現粗糙的感覺，也不會出現「掉漆」的情況！

又比如瓷器，或是高級精密塑料商品，手繪或是轉印就會有不同的價值，瓷器商品如果是用手繪的，精密度高而且獨特，轉印雖然也很漂亮，但是一樣會有誤差的問題，獨特性也不足，品質一看也知道高低不同！

二、精密的細節

怎樣判斷宜興壺的好壞？基本上就是把熱水加入壺中，然後用手指閉住壺蓋上的透氣孔，熱水不會流出來，這就是好，好的原因在於壺身與壺蓋的圓周接縫沒有瑕疵，所以閉住壺蓋透氣孔後就產生真空狀態，所以水流不出來，這就是精密的細節！

精密的細節代表的是在製作過程中追求完美的極致度！所以皮包或皮帶的金屬配件就成了觀察的重點，好的金屬配件會從皮包內層而外的釘住配件，剪去多餘部分後再重新敲打收邊，而且是四方平整。

這種概念也可以用在觀察歐系高級汽車板金方法或是歐系高級時尚廚具的製作方式，歐系高級汽車如果撞凹了怎麼辦？一般保養廠是從內部逐步敲打回原狀，再用補土修補敲打痕跡，但是幾年後就會看出瑕疵，但是歐系車是用特殊工具焊住凹洞處，然後慢慢用機器緩慢拉出來，再切斷焊接處，這樣就沒有敲打凹洞的問題。而歐系高級廚具就可以看鍋子，鍋子把手部分一定沒有焊接點，因為是透過特殊技術將鍋子做成兩層，把鍋子手把焊接在外層與中間部分，內鍋部分就沒有焊接點，就不用擔心清潔時焊接點永遠是「黏呼呼、黑黑的」。

如果是瓷器呢，不管是馬克杯、咖啡杯或是盤子，請直接對光線照射，透光程度愈好，就代表燒製溫度愈高，代表瓷化程度愈好，

圖 5-4　均衡的差別與質感

也代表泡茶時,溫度、口感會愈綿密,因為導熱愈均勻,而透光觀察還有個好處,可以看出製作商品的均勻程度,當然,愈均勻的商品就愈好!塑膠製品也一樣,如果牽涉到手感、溫度的商品,建議透光看一下,會很容易發現細節問題!

三、均衡的設計

曾經有個自然科學家說過,大自然最特別的地方就是「均衡」,有男生就會有女生,有高山就會有山谷,有左邊就會有右邊,感覺很像是廢話,可是人對美感的感受也一樣,如果一張圖畫左邊畫滿了東西,右邊空空的,就會很怪,可是右邊如果點了一個小點,就平衡回來,一張鬼畫符就變成了藝術品!

依此類推,均衡的設計也是時尚商品的品質觀察重點,比如說衣服的兩邊對稱性,高低對稱性,不要認為有品牌的衣服不會有這種問題,縫製的時候稍微有人扯一下,高低曲線就會不同,或是皮包的底部設計,注意四角是否對稱,如果有金屬配件,承重後是否平穩且受力平均,可以保持皮包外型挺立,隨手一放都能立得瀟灑漂亮!

圖 5-4 是某時尚品牌的相機包照片,公司正版的相機包和盜版的相機包在底部縫線的均衡上就有顯著差異,當然,使用上的順暢度也會不一樣!

四、永恆的時代感

「永恆的時代感」的意義在於,雖然商品的設計會使用當期的各種潮流元素,但是好的商品設計,會讓人在該商品使用了幾年之後,還是具備一定的耐看性!就好像老一輩的人常會說,歐洲車雖然不常改款式,但是很耐看,不會覺得愈看愈老氣!

服飾配件與生活用品的最後品質彰顯處在於,雖然都用了當年度最流行的花色,或是配色,但是幾年後繼續使用還是不退流行,用個白話文來說,愛馬仕所生產的皮包,70多年來基礎原型也不過兩種,但是沒有人敢說他不流行、不時尚,除了具備前面的品質條件外,設計的不退流行是最大重點!

本章從產品與商品的區別、商品設計的、視覺化的概念以及商品品質的表現作了一個基礎的說明,在後續部分將針對商品的調查與電子商務進行說明與分享。

關鍵詞彙

產品、商品、風格、品牌價值、視覺化

自我評量

1. 產品與商品有何差別？試舉例說明之。

2. 商品設計會考慮哪些問題？

3. 時尚商品設計有哪些流程？

4. 創新點子要成功有哪些特性？

5. 商品研究主要在思考哪些問題？

6. 風格是什麼？試說明之。

7. 正向的品牌價值會創造哪些利益？

8. 商品視覺化有什麼好處？

9. 要怎樣做才能避免創意變成「餿主意」？

10. 時尚商品會通過哪些方式表現品質？

參考文獻

李天鐸編著（2011），文化創意產業讀本：創意管理與文化經濟，台北：遠流出版社。

品味專刊編輯部（2012），alive 品味書 叛逆倫敦 2 特刊，英屬蓋曼群島商家庭傳媒城邦分公司。

品味專刊編輯部（2012），alive 品味書 品味巴黎 特刊，英屬蓋曼群島商家庭傳媒城邦分公司。

瘦馬（2011），時尚行業生存手冊，中國：中信出版社。

Armstrong, G., & Kolter, P. (2000). Marketing: An introduction (5th ed.). New Jersey: Prentice Hall.

Brown, C. (2011，張靜怡譯)，時尚力：50 種流行身份深入剖析 X33 位頂尖時尚人現身說法 X120 種求職創業必勝工具，台北：積木文化出版。

Cathy Yeon Choo Lee（2010，博碩文化譯），脫俗的設計經營，台北：博碩文化。

Griffin, J. (1995). Customer loyalty: How to earn it, how to keep it. New York: Simmon & Schuster Inc.

Kapferer, J.-N, & Bastien, V.（2011，洪慧芳譯），精品策略，台北：繁星多媒體。

Kotler, P.（2000），科特勒談行銷－如何創造、贏取並主宰市場，（初版，高登第譯），台北：遠流出版公司。

Percy, L. (2004)，整合行銷傳播策略－從企劃、廣告、促銷、通路到媒體整合（初版，王鏑，洪敏莉譯），台北：遠流出版公司。

Schneider, J. & Yocum, J. (2006)，新產品上市這樣就對了！：10 大策略讓你一炮而紅。（洪瑞璘譯），台北：臉譜出版。

Thorson, E., & Moore, J. (1999)，整合行銷傳播（吳宜蓁，李素卿譯），台北：五南圖書出版股份有限公司。

White, N. & Griffiyhs, I.（2010，許舜青譯），時尚是個好生意 (改版)，台北：佳赫文化行銷。

6

時尚市場資料分析

摘要

時尚商品的種類有很多，然就個別商品市場而言，如何蒐集最有利的訊息並進行整理與分析，達到知己知彼，進而贏得顧客的需求與信任及爭取最佳的市場占有率，則是十分重要的課題。因此，我們需要有效率的進行資料蒐集，再透過統計的相關技巧來處理這些資料，藉以萃取出有用的訊息，提供給行銷決策者進行各項決策。然，統計資料的種類有很多，如依資料的取得方式、依資料的屬性、依資料的發生時間、依資料的對象範圍及依資料的呈現方式等。在此，將以依資料的屬性為例，進行有系統的探討。

學習目標

1. 可以快速地搜尋有用的次級資料。

2. 可以正確地蒐集原始資料及調查方式。

3. 可以有效率的使用統計圖表來描述並呈現資料的樣貌與訊息。

根據前幾個章節對時尚市場的介紹可知，時尚商品的種類有很多，就個別商品市場而言，如何蒐集最有利的訊息並進行整理與分析，達到知己知彼，進而贏得顧客的需求與信任以爭取最佳的市場占有率，則是十分重要的課題。因此，我們需要有效率的進行資料蒐集，再透過統計的相關技巧來處理這些資料，萃取出有用的訊息，提供給行銷決策者進行各項決策。統計資料的種類有很多，如依資料的取得方式、依資料的屬性、依資料的發生時間、依資料的對象範圍及依資料的呈現方式等。而本章將以依資料的屬性為例，進行有系統的探討。

第一節　時尚市場資料分析的基礎概念

在各種研究領域中，若需要藉助統計分析的工作來萃取結論與決策，則所需進行的第一個步驟就是要「蒐集資料」，因為資料是統計的基礎，若沒有利用有效的管道去獲得有用及可信賴的資料，則統計工作將無法順利進行，資料的取得需經過調查、實驗、觀察、描述紀錄來得到具體事實的結果。獲得了這些可貴的資料後，我們必須將其化繁為簡並加以整理，將其歸納成為有系統的訊息，再根據資料的特性採用適當的統計方法進行資料分析，進而利用統計圖表將分析結果提供給相關決策人員做出適當的決策並解決問題。有鑑於此，我們將分別探討如何蒐集次級資料及原始資料的方法，進而利用統計圖表來彙整資料及呈現，最後能正確地分析結果。

第二節　次級資料去哪找？

次級資料顧名思義是別人已蒐集好的資料，因此又稱為「二手資料」，也可說是最常見的一般資料。而這些資料我們常會在電視、網際網路及報章雜誌中看見，當然，也可由政府機關、學術單位或各公司行號的出版品中找到。因此，平時若發現有興趣的資料就可將其影印、抄寫或以下載的方式加以蒐集作為日後處理分析相關問題的現成資料。再者，當我們需要處理某一問題時，而手邊又沒有相關資料，則最快的方法就是引用次級資料。

次級資料係取自於他人的調查資料，相較於原始資料而言，總讓人有比較不可靠的疑慮。但對於研究人員而言，若能夠以相對少的經費與較短的時間取得所需資料，可謂是既方便又可行的好方法。也因為資料取得的便利性，在一般情況下，次級資料是大多數研究人員最重要取得資訊的來源。而這些資料通常來自政府機關、學術機構、公司行號、徵信業者、報章雜誌、媒體業者、各類網站及個人的研究等。所以，為了有效率的尋找相關研究所需的次級資料，茲將取得管道大致分為政府機關、圖書館、企業單位及網際網路，並一一介紹如後。

一、政府機關

國內外政府機關是相當重要與可靠的次級資料來源，因政府機關設有專業的統計調查機構，如行政院主計處、縣市政府統計局、各部會統計科（處）等。這些專責單位每年都會針對所屬業務進行調查，其調查內容除了紀錄執行公務的結果外，也會提供給相關單位做為施政的參考。而這些次級資料除了

可利用其所出版的各類報告外，亦可透過網路取得。

二、圖書館

在早期還未資訊化的年代，因圖書館擁有許多的館藏資料，是最普遍也是最常被用來蒐集資料的場所，但隨著網際網路的普及，加上政府相關單位對數位典藏的積極推動，使得研究人員完全不需出門，就可利用電腦連上圖書館即可取得所需的次級資料。

三、企業單位

由於政府規定企業必須公開部分的資料如公司組織、資產、負債、營收、資本額等。因此，欲取得企業單位部分資料，也可以透過網際網路取得。

四、網際網路

因為網際網路在現今使用上十分普及，許多次級資料都可以透過各種搜尋引擎被快速的找到，如研究者可「YAHOO」或「GOOGLE」等搜尋引擎，進行次級資料的搜尋。另外，如行政院主計處的全國資料網，提供了許多普查資料；全國碩博士論文網，提供給研究者搜尋相關的論文、臺灣證券交易所統計報表網，提供了投資資訊的相關資料等。不過要特別注意的是，當你使用他人資料時，要特別留意著作權法的問題，以避免觸法。

第三節　原始資料怎麼蒐集？

當我們要開始進行研究某一個特定問題之前，若無法或不方便由上節所提到的相關單位獲得次級資料。此時，研究者就必須要親力親為的自己蒐集，如此所得到的資料就是所謂的「原始資料」；又稱為「一手資料」。而資料的蒐集方法在學理上與研究方法息息相關。因此，在準備進行資料蒐集之前，就得先將我們所要提出的問題細分並進行變數定義，然後再著手依照各個變數進行資料蒐集，以下將介紹幾個較常用的蒐集資料方法。

一、觀察法

觀察法是最簡易的資料蒐集方法，也就是研究者在不與研究對象有任何接觸的行為下，利用觀看、觀察與紀錄等方式來蒐集資料。如在某特定時段觀察女性到 SK-Ⅱ專櫃購買口紅的顏色，以做為調整不同顏色口紅進貨的依據；觀察年輕族群到 BaLeNO 專櫃購買印有海賊王相關人物的 T 恤，以了解時下年輕人最喜歡海賊王劇中的人物為何？以上都是利用觀察法蒐集資料。但觀察法在操作過程中，會容易受觀察人員的主觀意識或觀察能力影響。

二、實驗法

當蒐集原始資料時，有時必須控制某些非研究對象的因素（變數），以利獲得所要研究之特定因素（變數）的影響效果，此種將非研究對象的因素加以控制而得到所要研究之特定因素的資料蒐集方法稱之為「實驗法」。實驗法在執行之前需先將實驗對象以隨機之方式，將其分成接受某種處理的實驗組與不接受任何處理的控制組，或稱對照組。然後再比較兩組結果的差異以獲得處理的效用。如想研究卡通片對兒童暴力行為的影響，若以某一幼稚園大班做為研究對象，並利用實驗法進行資料蒐集。實驗的方式是將所有

大班的小朋友，以隨機的方式分成二組，第一組為實驗組，讓該組小朋友觀看有打鬥的暴力卡通；第二組為控制組，讓該組小朋友觀看沒有打鬥的溫馨卡通。看完後利用下課的遊戲時間觀查並紀錄二組小朋友的打鬥行為次數，如果紀錄顯示實驗組的打鬥次數高出控制組很多，那我們就可以針對以下內容做結論：小朋友觀看有打鬥的暴力卡通會讓兒童產生暴力行為。此例中採隨機分組是為了不讓有暴力的小朋友集中在同組而影響實驗結果，觀看是否有打鬥的暴力卡通就是不同的處理，小朋友的打鬥行為次數就是實驗的結果。

三、調查法

當蒐集原始資料時，在無需對研究對象的因素進行控制下，進行研究資料的蒐集方法稱之為調查法。調查法的方式是直接透過問卷、訪問的方式由受訪者處取得資料。因為需要在很短的時間內完成調查並取得大量的資料，而調查的結果深受調查方式與問卷設計影響。因此，研究者在進行調查之前應該充份了解調查方式是否適當、抽樣方法是否客觀、問卷問題是否恰當、名詞定義是否明確、問題語意是否清楚、答案是否含糊不清及是否有符合研究目的精神等，畢竟這些因素都是足以影響並改變調查的結果。

問卷調查法需由研究者自訂研究目的後進行問卷設計，再交由受測者填答並回收資料。例如某研究者想探究某大學女生對於時尚保養品之選擇需求的相關資訊，則研究者必須先制定這些資訊的變數如學生就讀的院別、年級、年齡、使用保養品的品牌及每月購買的金額等。再藉由受測者填答資料後所

得之訊息稱為「調查資料」。有了這些資料，研究者就可以利用它來探究女大學生對於時尚保養品之選擇需求的相關因素。而調查的對象往往是某一個特定的母體，且組成這個母體的每一個個體稱為元素 (element)，若調查對象是母體中的每一元素，則稱為普查 (census)，亦即，普查是將整個母體的所有元素皆納為樣本的調查方法。如某大學的所有女生；若調查對象是母體中的一部分，則稱為抽樣 (sampling)，如自某大學的女生中抽出 200 人當調查對象。以下將分別介紹普查與抽樣：

1. 普查

   普查是針對母體的每一個元素進行資料蒐集的方法，普查是全面性的調查，是蒐集原始資料最好的方法，然因普查的規模大、所需人員多、費用耗費高、時間冗長。所以，一般都是由政府單位承辦。我國的主要普查項目計有：「中華民國戶口及住宅普查」、「台閩地區工商及服務業普查」、「農林漁牧業普查」等。有興趣的讀者可上網至主辦單位行政院主計處網站查詢。而普查需要對母體的所有元素進行調查。因此，當面臨母體太大（海洋中的魚）、破壞性實驗（燈泡的壽命）、經費不夠、人力不足等狀況時，普查往往無法進行，此時只能改以抽樣的方式來進行原始資料的蒐集。

2. 抽樣

   抽樣是自母體中抽取一部分元素進行資料蒐集的方法，藉由抽樣所獲得的資料稱為樣本。日常生活中常見的抽樣調查

如政府施政滿意度調查、失業率調查、收視率調查、商品市場調查及選舉期間的候選人選前民調等。所以，抽樣調查是蒐集原始資料最常用的方法。但是對於如何取得具有代表性的樣本，來降低抽樣誤差，以方便我們進行統計推論，則是一門重要的課題，有興趣的讀者可參閱抽樣理論相關書籍。然在進行原始資料蒐集時，無論是普查或是抽樣，調查之前必須審慎地將調查目的與調查事項編製在問卷中。一般的調查方式較常見的有下列四種：

(1) 實地調查：由研究者或調查人員親自實地訪問調查對象。

(2) 電話訪問：利用打電話的方式訪問調查對象。

(3) 通訊調查：將問卷以郵寄或 E-mail 的方式給調查對象。

(4) 網路調查：將問卷建構在網路上讓網友自行填答。

研究者可依其需要選擇合適的調查方式。

第四節　資料要如何分析才有用？

在一般情況下，對於剛蒐集到的資料幾乎都是雜亂而無法使用的，唯有將資料進行處理方能看出資料的意義。假設某食品公司的銷售主管認為，食品銷售收入會受廣告支出影響。他認為廣告費用支出愈多，除了會增加食品的知名度，也會刺激消費者的購買慾望。因此，他想了解目前公司所投入廣告費用與銷售收入的關係為何？銷售主管請助理蒐集了公司近期的 10 筆廣告費用與銷售收入的資料如表 6-1。若從上面的資料，我們很難判斷廣告費用與銷售收入存在何種關係，但若依廣告費用由少到多重新排列如表 6-2。

則由上表不難發現，銷售收入會隨著增加廣告費用支出而增加，亦即，銷售收入與廣告費用呈現正向的關聯性。為了進一步說明銷售收入與廣告費用的關聯性，我們也可用繪圖的方式將上述的表格資料標示在座標上（圖 6-1）：

表 6-1　廣告費用與銷售收入資料表

廣告費用 (百萬)	11	12	9	7	8	14	5	13	10	15
銷售收入 (百萬)	200	212	164	142	150	231	123	220	183	260

表 6-2　廣告費用與銷售收入資料表

廣告費用 (百萬)	5	7	8	9	10	11	12	13	14	15
銷售收入 (百萬)	123	142	150	164	183	200	212	220	231	260

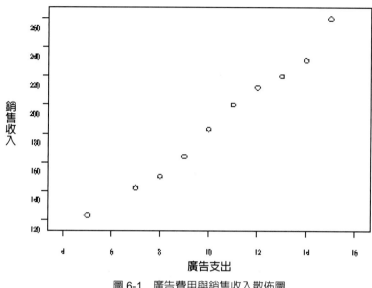

圖 6-1　廣告費用與銷售收入散佈圖

藉由上述的說明可知，資料蒐集完成後必需經過處理，才能抽絲剝繭獲得一些有用的訊息。而統計圖、表是資料呈現不可或缺的利器。在一般情況下，統計表比較適用於資料量不大時；若資料量很大，則統計圖就較為適用。以下我們將分別探討如何使用合適的統計圖、表來描述類別資料與數量資料。

一、類別資料常用的統計圖表

我們曾提到資料的種類有很多，若依資料屬性可區分成類別資料與數量資料，而類別資料又稱為定性資料。類別資料常用的統計表如：次數分配表 (frequencydistributiontable) 與相對次數分配表 (relativefrequencytable)。而常用的統計圖如：長條圖 (barchart)、折線圖 (polygon) 與圓餅圖 (piechart)。於本節中，我們也將操作 EXCEL 套裝軟體來編製統計圖表。

假設某研究者想探究某大學女生對於時尚保養品之選擇需求的相關資訊，自該校女大學生中採隨機抽樣 60 人，得到學生就讀的院別如表 6-3：

表 6-3　女大生就讀學院資料表首先，將介紹如何利用 EXCEL 中之函數來製作次數分配表。

電資	理工	商管	電資	商管	電資	理工	人科	商管	人科
人科	商管	電資	商管	商管	人科	人科	商管	電資	商管
電資	人科	理工	電資	人科	商管	商管	電資	商管	電資
商管	商管	人科	人科	理工	人科	人科	商管	人科	商管
電資	電資	商管	商管	商管	電資	理工	人科	商管	人科
人科	人科	理工	人科	商管	人科	商管	商管	人科	商管

表 6-4　女大生就讀學院資料表

電資	理工	商管	電資	商管	電資	理工	人科	商管	人科
人科	商管	電資	商管	商管	人科	人科	商管	電資	商管
電資	人科	理工	電資	人科	商管	商管	電資	商管	電資
商管	商管	人科	人科	理工	人科	人科	商管	人科	商管
電資	電資	商管	商管	商管	電資	理工	人科	商管	人科
商管	人科	理工	人科	商管	人科	商管	商管	人科	商管
學院別	理工	電資	商管	人科					
次數	6								

步驟 1：開一個新的資料檔並將上表 60 筆資料鍵入檔案中，並在此資料檔中的適當位置建立學院別 (如 :A8) 及次數 (如 :A9) 後存檔。

步驟 2：將游標停在 B9 儲存格的位置上，續在資料編輯列中鍵入函數『=COUNTIF($A$1:$J$6,B8)』後按 Enter 後即可得到理工學院的統計值為 6 人。

步驟 3：將游標移往 B9 儲存格右下角的小黑點處，待游標出現『十』後按住並向右邊拖曳，即可得到其他三個學院的統計人數，而次數分配表編製完成如表 6-5：

表 6-5　女大生就讀學院資料次數分配表

學院別	理工	電資	商管	人科
次數	6	12	24	18

在此，亦可直接將相對次數分配表求出，即在資料編輯列中鍵入『=COUNTIF

($A$1:$J$6,B8)/COUNTA($A$1:$J$6)』後按 Enter 後即可得到理工學院的相對次數為 0.1，再將由標移往 B10 儲存格右下角的小黑點處，待游標出現『十』後按住並向右邊拖

曳，即可得到其他三個學院的相對次數。下表為完成後之表 6-6：

表 6-6　女大生就讀學院資料相對次數分配表

學院別	理工	電資	商管	人科
次數	6	12	24	18
相對次數	0.1	0.2	0.4	0.3

在上述的表格可以清楚地發現，受調查的女大生以商管學院最多，占 40%；其次為人科學院的 30%；最少的則是工學院，僅佔 10%。接下來，將介紹如何呈現類別資料的統計圖，若同樣以某大學女生對於時尚保養品之選擇需求的相關資訊為例。則長條圖、折線圖與圓餅圖分述如下：

1. 長條圖：以類別變數為橫座標，次數為縱座標，繪製相同寬度的不相連矩形，又稱為煙囪圖。在 EXCEL 開啟一個新檔案，將表 6-5 女大學生就讀學院資料次數分配表鍵入檔案中，並標記資料位置後，將功能區切換至插入，選取直條圖按鈕並選取平面直條圖示中的第一個按鈕，即可繪製如圖 6-2 的直條圖。

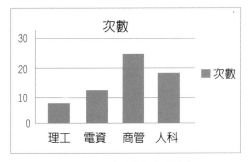

圖 6-2　學院別的次數分配表

2. 折線圖：以類別變數為橫座標，次數為
   縱座標，將資料標記在直角座標上，
   再將點連接起來所形成的圖形。若以
   EXCEL 為繪圖工具，則在 EXCEL 開啓
   一個新檔案，將表 6-5 女大生就讀學院
   資料次數分配表鍵入檔案中，並標記資
   料位置後，將功能區切換至插入，選取
   折線圖按鈕並選取平面折線圖示中的第
   二列第一個按鈕，即可得到如圖 6-3 的
   折線圖。

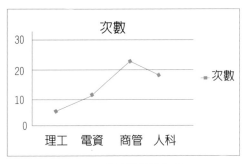

圖 6-3　學院別的折線圖

3. 圓餅圖：圓餅圖又稱為面積圖，在繪製
   圓餅圖時，要先要計算每個分類相對於
   全體所占之比率，再乘以 360 度即為該
   分類占整各圓餅圖之比例。若以 EXCEL
   為繪圖工具，則在 EACEL 開啓一個新
   檔案，將表 6-4-5 女大學生就讀學院資
   料次數分配表鍵入檔案中，並標記資料

位置後，將功能區切換至插入，選取圓
形圖按鈕並選取平面圓形圖示中的第一
個按鈕，即可得到如圖 6-4 的圓餅圖。

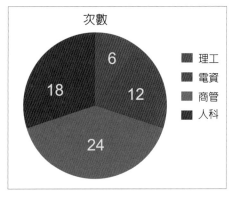

圖 6-4　學院別的圓餅圖

　　由以上 3 種不同的圖形，皆可呈現出不同
的分類在整個資料中所占之多寡。

二、數量資料常用的統計圖表

　　若資料為非類別資料，則稱為數量資料。
數量資料觀察值的個數通常都很多，並且
大都是未分組。對於數量資料的整理可依
其大小分組，將數值較接近的歸為一組，將
其整理成次數分配表的形態。再以此次數
分配表為基準，延伸並編製各種所需之圖
表。數量資料常用的統計表有：次數分配表
(frequencydistributiontable) 與累加次數分配
表 (cumulativefrequencytable)。而數量資料
常用的統計圖如：直方圖 (barchart) 與以下累
加折線圖 (polygon)。於本節中，我們也將操
作 EXCEL 套裝軟體來編製統計圖表。

　　假設某化妝品行銷經理想探究該公司設立
在某百貨公司專櫃的營業額，經蒐集 120 個
營業額的資料如上表。

　　由上述資料可知，資料雜亂無章無法表達

10	5	14	11	12	14	11	16	10	3
14	8	12	15	10	19	14	12	17	19
8	13	12	21	11	16	11	16	13	23
20	14	16	10	14	4	15	17	16	13
13	10	11	16	12	18	12	10	17	19
16	14	6	3	17	13	17	18	8	21
9	17	5	16	12	9	7	10	16	20
13	14	13	12	7	13	14	19	22	7
20	9	17	10	9	6	6	15	11	19
13	11	12	13	18	13	12	17	9	19
7	15	7	13	12	8	15	10	18	12
20	12	17	12	17	11	9	18	12	6

出資料的訊息。因此，對於這類數量資料必須進行資料分組並歸類各組的次數，才能獲得數量資料的次數分配表，有關數量資料的次數分配表的建立，可分成下列 5 步驟並簡述如下：

1. 求資料全距：找出整組資料中的最大值與最小值並相減，即可求得全距 (R)。

2. 決定組數：一般決定組數 (k) 常用的公式為 2k≧ n；其中 n 為資料個數。

3. 決定組距：組距是組與組間的距離；計算上以全距除以組數來決定，若未能整除則無條件進位。有時為了計算上方便，一般採用 2、5 或 10 的倍數。

4. 選擇上下界：一般以資料的最小值往前推二分之一最小計數單位為第一組的下組界，再依組距的距離選取上組界，依此類推，即可完成各組所對應之座標。

唯要注意的是前一組的下阻界等於下一組的上組界；最小值要落在第一組，最大值要落在最後一組。

5. 計算各組次數：以「劃記法」統計各組的次數。

根據上述的描述，我們使用 EXCEL 中之函數來製作數量資料的次數分配表。

步驟 1：開一個新的資料檔並將上表 120 筆資料鍵入檔案中，並在此資料檔中的適當位置建立組別 (如 :A15) 及次數 (如 :A16) 後存檔。

步驟 2： 將游標停在 B16 儲存格上，續在資料編輯列中輸入『=COUNTIF(A1:J12,"<=5.5")』 後 按 Enter 後即可得到資料介在 2.5~5.5 的統計值為 5。

表 6-7　某化妝品專櫃營業額的分組資料次數分配表單位：萬

組別	2.5~5.5	5.5~8.5	8.5~11.5	11.5~14.5	14.5~17.5	17.5~20.5	20.5~23.5
次數	5						

表 6-8　某化妝品專櫃營業額的分組資料次數分配表單位：萬

組別	2.5~5.5	5.5~8.5	8.5~11.5	11.5~14.5	14.5~17.5	17.5~20.5	20.5~23.5
次數	5	13	23	36	24	15	4

表 6-9　某化妝品專櫃營業額的以下累加次數分配表單位：萬

組別	2.5~5.5	5.5~8.5	8.5~11.5	11.5~14.5	14.5~17.5	17.5~20.5	20.5~23.5
次數	5	13	23	36	24	15	4
累加次數	5						

表 6-10 某化妝品專櫃營業額的以下累加次數分配表　單位：萬

組別	2.5~5.5	5.5~8.5	8.5~11.5	11.5~14.5	14.5~17.5	17.5~20.5	20.5~23.5
次數	5	13	23	36	24	15	4
累加次數	5	18	43	79	101	116	120

步驟 3：將游標移往 C16 儲存格，在資料編輯列中輸入『=COUNTIF(A1:J12,"<=8.5"-COUNTIF(A1:J12,"<=5.5")』後按 Enter 後即可得到資料介在 5.5~8.5 的統計值為 13 人。依此步驟，即可完成表表 6-8 的分組資料次數分配表。

由表 6-8 這張次數分配表可知，資料大部分集中在 8.5~17.5 之間，愈往兩側資料個數愈少。數量資料除了次數分配表外，還有一個重要的表格是累加次數分配表，這張表的精神是要將資料的次數依照資料大小由小到大或由大到小依序累加的統計表。故，累加次數分配表可分成以下累加次數分配表或以上累加次數分配表。因此，累加次數分配表可以幫助我們快速地得到某範圍內的資料次數，至於要用以上累加次數分配表或已下累加次數分配表，端看使用者的用途及需要而定。以下將使用 EXCEL 套裝軟體來編製以下累加次數分配表。

步驟 1：開一個新的資料檔並複製表 6-8 成表 6-9，並將游標移到第一組次數

下方的儲存格 (B3) 中，在資料編輯列中輸入『=B2』後按下 Enter 鍵，則 B3 儲存格會出現次數為 5。

步驟 2：將游標移到 C3 儲存格中，續在資料編輯列中輸入『=B3+C2』後按 Enter，即可得到資料的統計值為 18。最後將游標移到 C3 儲存格右下方的小黑點後往右方拖曳，即可完成以下累加次數分配表如表 6-10。

由上述的表格可以發現，有 18 天的業績在 8 萬元以下。再者，對於數量資料統計圖的呈

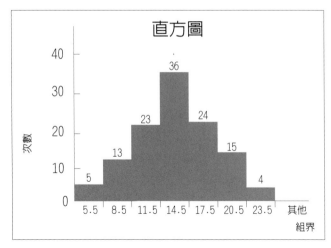

圖 6-5　某化妝品專櫃營業額

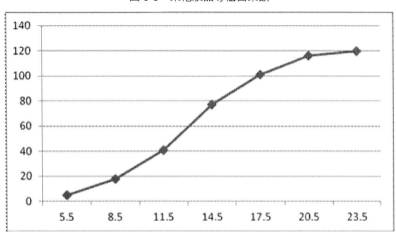

圖 6-6　某化妝品專櫃營業額累加次數圖

現，若以某化妝品專櫃營業額的資料為例。則直方圖的繪製與以下累加折線圖分述如下：

(1) 直方圖：以每一組的組距為橫座標，對應各組的次數為縱座標，將每一組的矩形資料連接而成的圖形。在 EXCEL 開啟一個新檔案，將表 6-4-10 某化妝品的營業額次數分配表鍵入檔案中，並標記資料位置後，將功能區切換至資料，點選並按下資料分析鈕，在資料分析鈕分析紐項

下選擇質方圖後按確定即可編製如圖 6-5 的直方圖。

(2) 以下累加折線圖：作法與折線圖相同，但需將次數改為如圖 6-6 的累加次數。

以上是針對不同的資料型態給於正確與不同的統計圖表來呈現，至於統計測量數、統計推論及一些應用統計方法等，有興趣的讀者可自行查閱相關的統計書籍。

關鍵字

次級資料、原始資料、普查、抽樣

自我評量

1. 何謂次級資料？次級資料的主要來源有哪些？

2. 何謂原始資料？原始資料的蒐集方法有哪些？

3. 何謂普查？何謂抽樣？是舉一個例子說明兩者之關係。

4. 在進行原始資料蒐集時，一般較常見的調查方式有哪四種？

5. 請簡述建立數量資料次數分配表的 5 個步驟。

參考文獻

方世榮、張文賢著 (2012)，基礎統計學，華泰出版社。

王文中編著 (2004)，統計學與 Excel 資料分析之實習應用，博碩文化。

林惠玲、陳正倉編著 (2009)，應用統計學，雙葉書廊。

陳淼勝、李德治著 (2010)，統計學概論，前程文化。

戴久永編著 (2010)，統計學方法與實務，新月圖書。

7

電子商務與
服務品質

摘要

本章主要在介紹時尚產業電子商務中，因時尚產業的特色，而不同於傳統電子商務的內容；在第一節中就說明了一些差異。

在第二節部分講述時尚品牌在經營上，如何把品牌的情感性融入企業網站中。

有很多時尚品牌走精品路線，在第三節中例舉一些精品行銷上的特性，這是在建立精品時尚產業網站時所必須注意的項目。

在第四節說明了人類感官六感的重要性及如何呈現在網站上。

第五節則以實例講解時尚產業的服務品質。

學習目標

研讀本章內容後，學習者應能：

1. 瞭解時尚電子商務與傳統電子商務的差異

2. 瞭解時尚電子商務上的品牌經營重點

3. 瞭解精品策略在時尚電子商務之應用

4. 瞭解人類感官六感在網站上的呈現形式

5. 例舉時尚業的服務品質與形式

第一節　時尚電子商務大不同

當時尚產業遇上電子商務，會迸出什麼樣的火花呢？

傳統的電子商務理論，是經營時尚產業網站的必要基礎；但若只照理論去設計網站，卻不知如何融入時尚業的特色，不知如何配合時尚業的特性的話，那麼可能無法收到預期的效果，甚至可能造成反效果。

您不相信？那就請你想像一下：如果你在 CHANEL 的官方網站，逛到討論區，網友在裡面熱烈討論某人要出國，大家一起來團購，請他在國外免稅店帶回本季香水數箱，你會不會覺得遜掉了？如果你一進入 LOUIS VUITTON 的官方網站，就看到斗大的「LV 上季包包打折出清，只限今天」，你會不會搖頭？如果你是 CHANEL、LOUIS VUITTON 的老闆，你一定不會允許上面的事情發生；如果你是消費者，你也會覺得那樣做，整個格調降低了，CHANEL、LOUIS VUITTON 已配不上有風格有品味的你，不是嗎？

所以，不是一般網站能做的事，在時尚產業網站也能跟著做。例如，時下最盛行的電子商務理論 Web 2.0，在精品時尚網站就避之唯恐不及；一般企業架設電子商務網站是為了要想辦法賣出更多的商品，而精品時尚網站上則反而不把促銷商品（或是推銷商品）當做主要目標。因此，弄清楚「時尚電子商務」與「一般電子商務」的差異，是件很重要的事。

要弄清楚兩者的差異之前，要先清楚消費者為什麼需要「時尚」？

時尚，是與別人有不同的展現；

時尚，是要呈現時代朝流，是流行；

時尚，是我有不錯的審美觀；

時尚，是我在忙於工作之外，我也會寵愛自己；

時尚，是一種讓人羨慕的生活品味；

時尚，是我在嚴肅的生活氛圍下，我也有顆奇幻的心；

時尚，是一種會引領別人追隨的生活方式；

時尚，就是活在令人嚮往的故事中，融入這個傳奇；

時尚，是我使用的東西及品牌，就說明了我的風格與品味。

時尚，就是……，太多了講不完，不過光是說了這幾項，你應該已能感受到那個差異的大方向了。這個大方向，可以朝「時尚品牌」與「消費者」兩個方向去說明。

時尚品牌要充分做好「說故事」的角色，藉由說出一個又一個的精彩故事，把品牌的風格、個性、傳奇營造好，讓時尚產品穿戴在身上就彷彿會說故事一樣。

消費者要由時尚產品來呈現出自己的品味個性，要找到適合自己的時尚品牌來讓自己投入那個嚮往的意境，消費者會因為那個時尚品牌說的故事，符合自己的心境，或嚮往的意境，而去選擇它。

從產品的角度去看，時尚產品非常重視差異性，產品本身必須有充足的個性，獨特的品味，可是又不能大量生產，一旦大量生產全力促銷，那麼走在路上隨便就和路人撞衫，和同事撞鞋，這還得了！也就失去產品的個性與獨特性。

表 7-1　時尚產業網站經營特質比較表

	一般產業網站	時尚產業網站
產品定位	能吸引愈多人愈好	• 特定族群 產品風格、個性很重要，只能吸引特定的族群；若想吸引所有的人，反而會失去現有客戶。
為品牌說故事	普通	• 很重要 消費者會關心品牌背後的故事，希望有能符合自己心境或意境投射的故事，或是符合自己的品味特質。
為產品說故事	較少	• 能有會更好 某款產品若能被賦予傳奇故事，就能由季度商品晉升為經典精品，例如 Hermès 的 Kelly 包。
視覺美感	普通	• 很重要 缺乏美感的產品不易打入時尚圈；動人的美感亦能促成衝動性購買。
衝動性購買	理性購買較多	• 衝動性購買較多 時尚消費常有衝動性購買，例如流行因素，限量因素，或是產品的感性特質符合自己心情等。
流行性	較少	時尚產業普遍有流行現象，也注重流行；另一方面，有流行性的商品，往往也能和時尚產業搭上邊。
產品生命週期短	多發生在科技業，其他產業較少	時尚產業普遍有這種情形，精品時尚產業強調季度新品，快速時尚產業的生命週期甚至以週來計算。
不會隨便大量生產促銷	以大量生產促銷為第一要務	大量生產促銷會使產品失去獨特性，轉為普遍大眾化，這會折損品牌價值。
品牌格調	較少重視	在精品時尚品牌非常重視，一但經營行為出現低格調的行徑，例如打折促銷，會損害品牌價值。
過時產品處理	打折做法最常見，3C 產品全是打折再打折	精品時尚品牌的官網，對於打折處理非常謹慎儘量避免；打折較常見於平價流行時尚品牌。

另外 Chrisopher，Lowson 及 Peck 三位學者[1]對時尚產業提出以下三個明顯的現象：

(1) 產品的生命週期很短；

(2) 低預測性和高度變異性；

(3) 高度的衝動性購買。

綜合以上分析，可以將時尚產業網站的經營特質整理出如表 7-1 的比較表。

因本章篇幅有限，無法討論到所有的電子商務的主題；本章的重點是關注在實體性的時尚企業，要如何運用電子商務來幫助公司營運成長，讓品牌價值壯大。所以，會集中討論實體時尚企業的 B2C（企業對消費者）類型的網站經營，是要討論時尚產業網站所特有的經營方針。我們重視的，是要利用那些不同的觀點或角度，把它們套用在企業網站的規劃與營運時，而可以充份展現出時尚產業網站的不同特質。

1　張寶薇 (2009)，時尚產業之經營模式－以 LVMH 和 ZARA 為例，臺大商研所碩士論文

表 7-2　三個概念與時尚產業網站經營特質的涵蓋情形

	品牌經營	精品策略	感官享受
產品定位	○	○	
為品牌說故事	○	○	
為產品說故事	○	○	
視覺美感	○	○	○
衝動性購買		○	○
流行性			○
產品生命週期短			○
不會隨便大量生產促銷	○	○	
品牌格調	○	○	
過時產品處理	○	○	

在觀察表 7-1 的時尚產業網站經營特質後，我們可以採用三個不同的角度去探討，分別是「品牌經營」、「精品策略」、「感官享受」這三個概念。會用這三個概念去探討時尚產業網站經營特質，是因為本章篇幅有限，這三個概念的涵蓋度較有代表性。它們約略可以包含表 7-1 中的特質項目分別如表 7-2。

你規劃經營時尚產業網站時，若能拿這三個概念去檢驗並做適當調整，便可以讓你的時尚品牌網站大大加分，使消費者眼睛為之一亮，為你的時尚品牌如癡如醉，為你的時尚產品怦然心動。

您準備好了沒？

第二節　給我時尚名牌，其餘免談

你會對時尚產品說「買貴退差價」嗎？你會連跑數個大賣場、菜市場，去找功能和時尚產品一樣但價格一半還不到的便宜商品嗎？有些人會這樣做，有些人不會。如果你

是「不會」的那一類朋友，那我要恭喜您，你已經開始具備欣賞時尚產品的品味了，你已經一腳跨入時尚生活圈了。而時尚品牌，就是為這些人而設立；他們明知有更便宜的東西可以買，但他們懂得品牌所帶來的價值，所以不會只在乎實用的價值。

品牌除了保證產品品質這種最基本的工作之外，在時尚品牌經營上，他們經心設計產品，如藝術創作如夢如畫，把美感風格打包注入，你是藝術上身的人；他們數年如一日的為品牌塑造個性，如作家寫作如賦如詩，把故事傳奇與你共鳴，你是散發品味的人。穿上不同的時尚品牌，就能表現出你今天的心情心境，就能帶你飄向不同的想像氛圍，讓你的氣質加分。這些就是時尚品牌的魅力價值，為產品帶來溢價加值，而消費者也願意被貴得心甘情願。

時尚電子商務所要扮演的角色，就是強化品牌的個性，由此增加品牌的價值。而且強

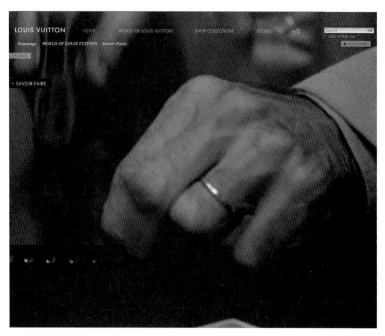

圖 7-1　Louis Vuitton 官網拍攝師傅認真的手藝，打造出不朽的品牌傳奇

圖片來源：Louis Vuitton 官網

化品牌的個性，往往比推銷商品還重要。因為唯有品牌的故事性夠感動消費者，他才願意付較高的溢價去買觸動他的時尚產品，而那個高出來的價錢，貴出來的價值是什麼呢？朋友，這就是心動的感覺啊。

　　會願意花時間上網站看的人，就是願意對品牌有更深入的瞭解，就是他已經坐下來打開耳朵聆聽等你說書講故事，他一直在等待你開口闡述，他想知道你講的故事值不值得他多付那些價格來買你的商品。然而此時，他若聽不到你講故事，只知道你一直重覆「買就對了，你一定不會悔」，那麼，會後悔的人應該是你，因為消費者已經跑去隔壁聽故事了，不只故事聽得津津有味，還因為太投入劇情，而多買了幾件周邊商品呢！所以，經營時尚品牌網站，首重經營品牌，強化品牌印象，其他都是次之。所以，網站規劃重點是要能提升品牌價值因素的辦法，而不要

考慮僅能拉高短期營業額的因素，若是只考慮僅能拉高短期營業額的因素，這種行為將是對品牌價值做殺雞取卵的動作。

　　品牌經營，是時尚品牌網站經營的重點，而消費者又重視時尚品牌所傳遞的感覺與品味，所以在時尚品牌網站的規劃方向，可以參考 Marc Gobe 所提出來的「情感化品牌行銷十大法則」[2]：

(1) 從消費者變成朋友

(2) 從商品變成經驗

(3) 從正直變成信任

(4) 從高品質變成喜好

(5) 從聲名狼藉變成有理想抱負

(6) 從身份到個性

2　Marc Gobe(2011)，感動：創造「情感品牌」的關鍵法則 (吳孟穎譯)

(7) 從功能到感受

(8) 從無所不在變成實際存在

(9) 從宣傳到對話

(10) 從服務到關係的建立

在「情感化品牌行銷十大法則」中，第 (1)、(4)、(6)、(7) 是適合應用在時尚電子商務上的，以下分別來看實務上，知名時尚品牌是如何情感化自家品牌印象，產生差異性，以強化消費者的品牌忠誠度。

一、從消費者變成朋友

不只你玩 facebook，有不少時尚品牌也開始經營自己的 facebook 粉絲團，這是和消費者拉近距離的好管道。

在定位上，官方網站是被設定屬於正式場合，須嚴謹且代表公司形象；而 facebook 粉絲團則被定位為同好俱樂部，輕鬆又可自在發表意見，目的上除了傳達品牌故事及發布最新消息外，也讓粉絲們可以表達看法或交流。

不過雖然定位屬輕鬆導向，有一些時尚精品品牌的粉絲團，是不開放粉絲在塗鴉牆貼文，而採由公司貼文讓粉絲回應及按讚，一切貼文風格由公司主導，避免破壞品牌格調。

圖 7-2 Manolo Blahnik 的高跟鞋，是多少女性夢寐以求的逸品

圖片來源：Manolo Blahnik 官網

二、從高品質變成喜好

時尚精品，就是高品質的優質良品，由於有愉快的使用經驗，會讓這種愉快使用經驗轉化投射成對產品的喜好，對品牌的癡狂。

Manolo Blahnik，幾乎已成為高跟鞋的代名詞，多少女性以期待能有擁一雙為願望。這是由多年工夫專注細節所打造出來的頂級品質，女性愛好者對於 Manolo Blahnik 品牌印象如癡如醉。

時尚品牌網站，就是要讓消費者對產品擁有愉快使用的經驗，可以轉變成品牌忠誠度，在透過名人的事蹟或有趣的粉絲逸事，漸漸地迷化自己也成為死忠粉絲。例如「慾望城市」女主角凱莉，她愛鞋如癡的精神，在遭遇搶匪之際，寧可被搶走的是錢，也不願意失去心愛的 Manolo Blahnik 高跟鞋；男主角向凱莉求婚時，手上拿的不是傳統鑽戒，而是一雙藍色的 Manolo Blahnik 高跟鞋。

好的時尚品牌網站，就是要這樣包裝品牌，想辦法設計出讓消費者墜入情網的橋段，和我們的品牌談戀愛，讓粉絲愛到半夜作夢也會偷笑。

三、從身份到個性

許多人使用時尚品牌產品，初期是為了提升自己的身份，有些女生就是這樣買了生平的第一個 Louis Vuitton 包包。一個好的時尚品牌，就利用這次品牌體驗的機會，轉而讓顧客愛上產品的故事，變成由產品來突顯自己的個性。

例如 PRADA 的香水系列，官網上為不同香水說了產品的故事，讓每種香水都有屬於自己的個性，有些女生就會因為認同嚮往那

個個性，而購買那款香水，成為品牌忠實愛好者。

時尚產業網站要做好為產品及品牌塑造個性的角色，時尚人會因為品牌個性定位鮮明清楚，符合自己的特質，而喜歡上這個品牌。

圖 7-3　PRADA 訴說他們香水的故事
圖片來源：PRADA 官網

四、從功能到感受

購買時尚品牌的人，除了接受產品功能性的價值外，也因為認同時尚品牌的價值，而願意付出更高的情感溢價。在歷史悠久的品牌，往往有一些令人津津樂道的傳奇故事，會帶給時尚人許多回味陶醉，就吸引了喜歡名人故事的顧客去購買。

圖 7-4　Hermès 重繪了 Kelly 王妃提包下車的經典畫面
圖片來源：Hermès 官網

Hermès 的 Kelly 包，就是因為 Kelly 王妃愛用而命名，王妃以 Kelly 包抵擋狗仔隊的影像獵取，感動了有相同遭遇的名媛，Hermès 官網為此畫下了這個故事，讓粉絲們再三回味。

就是因為品牌的傳奇故事是這麼樣的迷人，很多時尚品牌網站花了大篇幅著墨他們的歷史故事。

第三節　結合電子商務的精品策略

現在請閉上眼睛，想像一下時尚之都巴黎米蘭，你愉快的逛著時尚名店，你會想到什麼？舉凡你現在想到的品牌，幾乎都屬於精品品牌，這是奢華頂級的優質圈，大家往往把精品品牌就當成是時尚品牌，講時尚品牌就等於是在講精品品牌。是這樣的嗎？

時尚不是只有精品，精品不等於時尚，只能說，精品與時尚有很大的重疊度而已。例如，Hermès 的精品包是時尚，軍用級的耐磨防水精品包就不是時尚；三宅一生的衣服是精品，是時尚，而 UNIQLO 的衣服不是精品，也是時尚。時尚的範圍很廣，走奢華高價的，有精品時尚；走大眾平價的，有快速時尚、流行時尚或酷潮時尚等。由於精品時尚的性質特殊，所以本節專門來講精品時尚這個領域，看看精品時尚網站的經營要領有那些。

精品的特質與一般商品不同，有些精品的行銷方式是迥異於傳統思維。Jean-Noël Kapferer 與 Vincent Bastien 就為精品的行銷，提出了「精品特有的反傳統行銷法則」[3]，共十八條，其中有部分可以應用在精品時尚電子商務上的：

3　Jean-Noël Kapferer & Vincent Bastien(2009)，精品策略 (洪慧芳譯)

表 7-3 「精品特有的反傳統行銷法則」應用在時尚電子商務

	可應用於精品時尚電子商務
別管定位，精品是無從比較的	
你的產品有夠多的缺陷嗎？	
不要迎合顧客的希望	○
把非熱衷者隔離在外	
別因應增加的需求	
支配顧客	
讓顧客難以買到	○
讓客戶遠離非客戶，讓大客戶遠離小客戶	
廣告的目的不是為了銷售	○
向非目標客群溝通	○
推測的價格應該永遠比實際的價格高	
精品界定價格，而不是價格界定精品	
逐漸調高價格以刺激需求	○
持續提升系列產品的價格	
不要推銷	○
廣告中不用明星	
為入門者培養藝術氣息	
別搬遷工廠	

一、「不要迎合顧客的希望」

在一般產業網站，為了能充分滿足消費者的需求與意見，常會在網站上建置留言板討論區，讓消費者表達他們的想法與建議，這是好方法，不少好企業是這樣做。不過，這在精品網站是個大禁忌，沒有精品網站有設討論區，精品網站都不是開放性的網站。為何會如此？因為精品是少量限量的商品，精品不會迎合大眾的喜好，精品是為了少數的目標顧客而設計，眾多網友的意見是很難比

得上設計總監的創意，融入眾多網友的意見會破壞品牌的格調。討論區是 Web 2.0 代表性的東西，Web 2.0 的精神，是由網站使用參與創造內容，但這卻是精品網站最不需要的。

不過還是要說明一下，在精品時尚網站不能走 Web 2.0 路線，但是時尚並不是只有精品，在酷潮時尚，是屬於年輕人次文化的表現，反應了街頭時尚，是可以走 Web 2.0 路線；在快速時尚，要精準及時掌握社會流行脈動，也是可以走 Web 2.0 路線。

二、「讓顧客難以買到」

精品行銷上，不時可以看到「限量發行」這種做法。限量的好處除了可以以量制價外，從心理層面的角度來看，限量可以刺激心中的好奇心與佔有它的慾望；從獲得過程的角度來看，限量商品不容易買到且購買手續也會複雜，這又會增強追求它且珍惜它的心理因素。

透過觀察瞭解限量發行的好處，我們就不難瞭解時尚精品網站所應該扮演的角色了。時尚精品網站應該讓顧客很容易買到喜歡的精品嗎？當然不！購物絕不能列為時尚精品網站的首要功能，作者統計百大時尚精品網站，購物功能全部都沒有出現在首頁，往往是放在底下幾層的頁面，有 36% 的精品網站沒有購物功能，更別說從網站上購買限量商品了。

讓顧客經由網站的吸引轉而走進專賣店，接受專員服務來享受購買儀式，會在心裡留下更深刻的印象；這過程好比談戀愛，不容易追求到的情人才會更加珍惜。時尚精品的

購買服務，也是它的價值鏈之一，購買程序應由專人來完成，網站則是要專注於傳遞產品價值及表現品牌風格特色。

三、「廣告的目的不是為了銷售」與「不要推銷」

觀察時尚精品網站，你會發現很少廣告，你很難看到大刺刺地直接叫你買商品，更別說出現促銷折扣訊息。取而代之的，是網站上鋪陳再鋪陳，以影片照片，文字詩篇，慢慢地讓你看到精品的美與好，讓你嚮往品牌的情境並受到感動。咦？這聽起來有沒有像談戀愛的過程？

時尚精品網站的重要目的之一，就是要和消費者談戀愛，廣告並不是不存在，而是化身成一封封的情書。你是消費者，從網站上接收到產品的優異質感，發現品牌的氣質風格和你相吻合，公司的身家故事讓你感動認同，曾發生的軼事傳奇又使你會意嚮往，這時，你還沒有戀愛的感覺嗎？你還不愛上她嗎？

在時尚精品網站，若出現太明顯的廣告，是會降低品牌的格調，破壞尊貴的氣質，讓顧客反感。所以，你還會想在時尚精品網站上擺放直接推銷的廣告嗎？太不解風情了吧！

四、「向非目標客群溝通」

「向非目標客群溝通」這項法則，是對比於「把非熱衷者隔離在外」、「讓客戶遠離非客戶，讓大客戶遠離小客戶」這兩個法則的做法。在實體店鋪，空間上有專屬的 VIP 室，也會依時節舉辦封店 VIP 之夜的活動，讓大客戶因隔離突顯出尊貴受寵的感覺；可

是在虛擬店鋪，精品網站上做法則不是隔離性的，反而是開放又好客。有這樣不同的服務差異，就是因為「向非目標客群溝通」是精品網站的最大目的之一。

非目標客群分成兩種，一種是潛在客群，他們是尚待開發的客戶。面對這類客群，網站要做的，就是前面所講的，和他們談戀愛，假以時日，他們就會愛上這個精品品牌。

另一種客群，則是不會購買的客群，這些客群也不容忽視。如果說會來購買奢華精品的顧客是黑夜中的明月，那麼，也是要有眾星來拱月，才能襯托出明月的雍容華貴吧；而那些眾星，就是不會購買的客群。講白一點，你應該不會想買個完全沒有人聽過的精品來穿戴吧？所以時尚精品網站也要充份向不會購買的客群溝通，傳遞品牌價值，這樣明月才能看到眾星對他投射出羨慕的目光。

五、「逐漸調高價格以刺激需求」

調高價格，可以展現精品的自信與自豪，讓消費者發現他的好，而更願意去買他。這點是精品企業的定價策略，是屬於整體企業的營運方針，在網站上僅是配合的一環而已。

不過，反過來說，既然是精品，精品是無從比較的，在價格上也是無從比擬的，一旦精品出現打折降價的事情發生，這可是會讓消費者的信心動搖，會開始懷疑那個精品是否還夠格稱為精品，進而造成購買意願降低。另一方面，打折降價會損害精品的尊貴地位，也進而損害到顧客的尊榮感，這會使頂級消費者放棄這個精品品牌。所以，在時尚精品網站上，打折是個禁忌，不應採用。

六、小結

過去，精品時尚與臺灣無緣，臺灣很難打入精品市場。可是現在局面不同了，臺灣在文創產業抬頭，在業者願意深耕投資品牌永續經營企業之後，已開始跨入精品時尚圈，在服飾業有「夏姿」，在陶藝業有「法藍瓷」。隨著臺灣的時尚精品企業開始闖出一片天地，精品時尚電子商務在臺灣的重要性將日漸提升。

第四節　感官饗宴的電子商務

愛好時尚的人，一般都有一些共同的特性，他們都會喜歡有美感的東西，喜歡生活過得舒服，生活用品要有質感，不只使用上要滿足功能性的需求，還要滿足心靈層次的需求。如果你是位時尚人，應該會同意這樣的說法。作者一位重視生活品味的朋友去餐具店買一個切蛋器，她拿了一個僅是品質好的切蛋器說：「怎麼這麼醜！」，最後她選擇了外型設計得美觀卻貴上幾成的產品。

所以，重視感官享受，是時尚人所共有的特性。一個不重視感官表現的網站，會讓時尚人覺得不自在；如果你為時尚企業建構網站，而感官傳達沒列為優先考慮的重點的話，你的網站恐怕很快就被時尚人所退貨，立刻轉台到競爭對手了，時尚人愛美的心靈穿上晚禮服，悠雅步入競爭品牌所營造的藝術感官饗宴。這時候，你只能怪自己了。

即然時尚企業網站必須做好感官感受，那我們要來看看必須注意到那些感官呈現形式。感官知覺分成「視覺」、「聽覺」、「味覺」、「嗅覺」、「觸覺」與「心靈感覺」等六感；呈現形式分成「直接呈現」與「間接呈現」，「直接呈現」是指能由已普遍使用的電腦科技來呈現，而「間接呈現」提指那項科技仍在研究室研發中而不普及，目前只能靠「直接呈現」去協助形成那項感受，請看下面表7-4 的六感呈現表。

下面將詳細說明這六感在時尚產業網站的應用。

表 7-4　六感呈現表

	直接呈現	由視覺協助形成間接呈現	由聽覺協助形成間接呈現
視　　覺	○	-	-
聽　　覺	○	-	-
味　　覺	×	視覺去表現形成口味之動作，來間接產生味覺聯想	聽覺去表現形成口味之動作，來間接產生味覺聯想
嗅　　覺	×	視覺去表現形成氣味之動作，來間接產生嗅覺聯想	聽覺去表現形成氣味之動作，來間接產生嗅覺聯想
觸　　覺	×	拍攝出材質細節 拍攝出觸摸材質時的形狀變化 拍攝出觸摸者的表情	播出材質發出的聲音 播出觸摸材質時的聲音 播出觸摸者的讚歎聲
心靈感覺	×	以文學闡述、攝影主題、影片導演執導風格來塑造	以音樂風格營造出心靈感覺

一、視覺

一個時尚產業網站如果不重視視覺感受，那麼這個網站已失敗一半。視覺感受是時尚產業最重要的元素，時尚產品一定要表現出良好的視覺享受，可能是美好外型，可能是亮麗顏色，可能是迷人設計等的美麗產品，才能得到時尚人的接納。同樣的，時尚產業網站，也必須讓消費者眼睛一亮，才能算合格，如果能夠讓他們發出「哇！」一聲讚歎，那更是成功。

要做好時尚產業網站的視覺感受，要考慮的細節很多，像色彩、造形、圖像、空間配置等，這些都是大學問，例如色彩學上，就有色相、明度及彩度要探討。因為本章篇幅有限，所以不去解說這些實作的細節。我們將關注重點放在決策大方向。

第一個決策方向是多媒體互動。在時尚企業對消費者的各種宣傳管道中，就是網站最能發揮多媒體優勢了。多媒體互動做得好，可以催化加快視覺判斷的決定。在選購時尚商品時，穿搭非常重要，不少女性消費者因為無法進行全身整體穿搭比較，而延遲了購買決定。如果網站能夠提供模擬穿搭功能，讓抽換穿搭的衣鞋包包配飾變成輕鬆簡單的事，使得消費者簡單就能看出顏色搭不搭，外型配不配，整體視覺好不好看的話，那麼這個功能一定大受消費者歡迎。這種模擬穿搭的功能，算是時尚網站的新寵，已開始有些網站導入，例如 Burberry、HUGO BOSS、H&M 等品牌就有此功能。

目前，有模擬穿搭的網站不多，能夠提供試穿的衣服有限，僅是一小部分而已，但是卻能給消費者留下良好的深刻印象。而且這

圖 7-5　HUGO BOSS 官網的模擬穿搭功能

圖片來源：HUGO BOSS 官網

種好用的功能已開始受到時尚產業網站注意及採用，將是日益重要的明日明星功能。

第二個決策方向是建構網站預算比率。一般產業網站，比較重視功能性，大部分網站建構經費是花在設備、程式撰寫、資訊安全等方面，視覺感受是次要不受重視的。但是，在時尚產業網站，這種情形是不被允許的。這並不是說資訊安全等不重要，而是說，除了前述的功能性功能都要做到之外，還要多花額外的預算在視覺設計上，甚至視覺設計的花費直逼其他總額都不算誇張。

大家都知道建構時尚產業網站必須重視視覺設計，但是資訊主管在企業內部通常都地位不夠高，很難再爭取額外預算去做美觀方面的設計。因此在建構時尚產業網站時，建站主持人的地位層級要高。建議最好是能賦予資訊主管夠高的地位，這是有必要的，例如在蘋果公司就是因為賈伯斯授予設計長享有最大權力，才能設計出那些大受歡迎的時尚級產品[4]，所以，由品牌設計總監來直接管轄網站建構團隊，也許是個不錯的方式。

4　Walter Isaacson(2011)，賈伯斯傳（廖月娟譯）

二、聽覺

在呈現時尚品牌風格上，聽覺的重要性次於視覺與心靈感覺，算是有影響力的一個環節。音樂曲風是很能傳達品牌風格的媒介，所以有些時尚品牌就特別請了作曲家專為他們創作符合風格的樂曲。好的音樂，能夠強化顧客對品牌的認同。

雖然聽覺在時尚產業網站是重要表達元素，不過，若在網站建置預算有限的情況下，視覺與心靈感覺這兩項表達元素是不能被刪除的，只能犧牲聽覺。在作者統計時尚精品網站中，只有 36% 的網站有出現聽覺效果，而有 69% 的網站是重視視覺效果。

再來要談的是聲音使用時機。雖然有音樂能為品牌印象加分，不過若使用不當，也許會為網站使用者帶來困擾。怎樣叫做困擾？你如果是在上班時間偷個閒，上網看看下一季的時尚新品風格，結果電腦音樂大作，身旁同事的目光全都轉向你，你還能有好心情繼續看下去嗎？只要是逛網站的使用者在還沒有心理準備下就聽到網頁發出聲音，對部分族群來說是會有困擾的。通常使用者可以預期網站內那些連結按下去是有聲或無聲，不過若網站的首頁出現聲音，就是超出了使用者的預期。在有使用音樂的時尚網站，把音樂放在首頁比例不到一半，為 48%。當然，意料外的音樂驚喜，也是呈現風格的好方法，所以，困擾與驚喜要怎麼拿捏，就要靠主事者的藝術智慧了。

三、味覺與嗅覺

不是拿 Louis Vuitton 包包才是時尚，不是用 CHANEL 香水才是時尚，在高雄街頭排隊買吳寶春限量麵包也是時尚，吃王品連鎖餐廳也是時尚，聞福壽山茶的香氣也是時尚。但要為時尚餐飲業建立網站時，如何幫他們呈現味覺與嗅覺之美，是個難題。

受科技限制，目前只能靠視覺及聽覺去協助形成味覺與嗅覺的感受。雖然味覺與嗅覺無法呈現，但是味覺與嗅覺常常是伴隨著一些動作產生的，只要影片與聲音能夠詳實表示出那些動作，就能夠在心中聯想出那個美味與香氣。如果能搭配享用者的愉悅表情，效果更佳。

具體說明的例子如下，拍出即將帶出味道的動作，例如剛出爐的麵包散發出熱氣，這飄動的熱氣讓你從照片中感覺到香味；剛開瓶的啤酒，由清晰的氣泡影像及輕酥的氣泡聲音，彷彿啤酒的味道已流入你的喉嚨。看到肉包的爆漿出汁照片，可以讓消費者對味道充滿美麗的幻想。所以，由影片與聲音去形成口味之動作，來間接產生味覺聯想，是建構時尚餐飲業網站的要訣。

四、觸覺

在時尚精品網站，觸覺的呈現非常重要，精品之所以貴為精品，質感是很重要的一環。要呈現材質的觸感，首先要讓消費者能夠看到材質細節，有些精品網站就能讓產品放大數倍看出質感織法或車工等，這點只是該具備的最基本功能而已。

再來，是要由材質發生的變化來呈現觸感。有些影片拍攝出撫摸絲綢時的形狀變化，有些播出觸摸材質時所發出的的聲音，有些則是播出使用精品時由材質所發出的聲音，例如 S.T. Dupont（都彭）打火機點火時的清脆噹聲，就充滿厚實用料的想像。

除了從材質直接的觀察外，在間接呈現方面，也是能由代替體驗這個方向去形成觸覺想像。例如觸摸者的表情及發出的讚歎聲，就能讓人們間接感受到材質觸感。

五、心靈感覺

在呈現時尚品牌風格上，心靈感覺的重要性僅次於視覺，是主導品牌風格上最重要的元素。心靈感覺聽起來有點抽象，這裡做個簡單比喻來說明，把網站的視覺效果做到很美，把聽覺效果做到很優雅，就好比一位天生麗質的女生，雖然美麗對女生是重要的，但如果光只有美麗而毫無氣質，那麼這個女生只能短期引吸男生，卻不易讓男生和她長期相愛相守；而那個能讓男生長期愛她的氣質，就是「心靈感覺」。

心靈感覺，就是一個時尚品牌呈現出來的個性，這些個性，是由眼睛、耳朵去接收，但卻不是由眼睛、耳朵的層級去感受，而是要深入到心靈的層級去感受。如果你看哈利波特或是村上春樹的小說，那些構成的單字人人會寫，但文字組合起來的情境空間與故事張力，就是無可取代的魅力，這魅力就是吸引哈利波特粉絲，吸引村上春樹粉絲的最基本動力，這魅力，就是時尚品牌要給消費者的心靈感覺，讓消費者成為忠實愛好者。

心靈感覺的塑造方式，可以是由音樂曲風、文學闡述、攝影主題、影片導演執導風格來塑造，擅長這種工作的心靈感覺溝通師，就是音樂作曲家，就是電影導演，特別是電影導演，更是掌控融合這些元素於一身的高手。同樣的故事，每個人都會講，但講得好壞會差很多；故事交給好的導演來講，可以呈現得比別人更好，令觀眾印象深刻，對故事念念不忘。這裡要講的是，時尚產業網站與一般產業網站有個很重要的差別，就是時尚產業網站必須要很會講故事，講出品牌的故事，說出品牌的風格定位，讓顧客聽得如沐心靈享宴。所以，當在建構時尚產業網站時，最好是能由導演來協調指揮前面的五感創作與設計，才能讓網站的說故事能力更棒更好。知名時尚品牌在建構網站時，是有必要請導演來做總指揮，但是這個預算對小品牌是個很重的負擔，在品牌初創階段也只能捨棄；不過等多年後公司獲利穩定欲求突破成長，還是要重新回頭請導演來操刀，改造網站。

第五節　時尚業的 VIP 服務品質

在經營時尚產業，有些營運考量要素是重要的，例如流行性、視覺設計感、差異性個性化等，除了這些，還有一項要素也很重要，就是客戶服務。客戶服務在各種行業都重要，但在時尚產業更重要。我們必須知道，時尚業的商品是以溢價方式在訂價並銷售，這句話的意思是說，時尚業商品的售價都是超過它的實用性價值很多，而消費者會願意多花那個價錢的原因大家應該不難想像，可能是因為它的流行性，或是因好看有設計性等因素；現在要講的重點是，因為消費者清楚知道自己付了高額溢價去買時尚商品，所以對時尚業的服務品質要求當然會更高。換另外一種角度來看，若能把客戶服務做得非常好，那麼消費者也會對於購買高價時尚商品時，去合理化地說服自己這東西買得值得。

「服務」，可以分成兩個構面來看。從服務滿意與否的構面，可以有服務滿意度調查及客戶申訴處理這些議題；從服務種類的構面，可以有服務涵蓋範圍的廣度方向，及該

種服務可做到如何極致的深度方向。服務滿意這個構面適用於所有產業，所以探討的相關書籍很多；本節因為篇幅有限，會以服務種類這個構面為重心，例舉時尚產業有那些類型的服務，以及能做到怎樣的程度。

雖然說精品不等於時尚，精品只是時尚的其中一部分，不過因為精品時尚業主要是服務高收入的客群，所以服務種類較多較豐富，服務的深度也會更紮實，本節所例舉的服務也就以精品時尚業為主。精品時尚業的客群是屬於 M 型社會右端的高所得人士。真正很有錢的人，他們的消費思維是不同於一般人的花錢習慣，對真正很有錢的人來說，他們並不太在意價格，他們在意的是能不能買到與眾不同的東西，在意的是能不能滿足他們特殊的偏好，他們以買到最新款別人沒有的時尚精品為成就感，他們最怕的就是「撞衫」或是「撞包」。所以在探討精品時尚業的服務之前，我們要先認知這些富有客群的消費思維，才能容易理解精品時尚業的獨特服務。

時尚服務的種類，約略可以歸納為「時間性」、「空間性」、「購買過程」、「VIP 回饋」及「品牌形象」這五個大類。

一、「時間性」的服務

首先來看「時間性」的服務。時尚商品有流行性，每季定時會有新品上市，對於最頂級的客人，精品店會把限量獨特款或他們偏愛款，直接送到家中挑選試穿；再來是通知 VIP 級重要客人優先到店挑選，或是為他們先留下偏愛款式。這樣做可以滿足頂級客群的尊榮感，他們也會以超高消費力來回報店家。

二、「空間性」的服務

「空間性」的服務，多是為了提升 VIP 客人的空間區隔及服務區隔而設計的。有的精品店會舉行封館服務，只有受邀的 VIP 才能參加；封館服務時，精品店會為 VIP 辦時尚展示秀，也可能從總公司調最貴重稀有的商品來展示，有的 VIP 就會利用這個難得的機會買回去典藏。另外，為 VIP 開設專屬的服務空間也是常見的方式，有些商品在展示時須小心保護，像是寬大精緻的晚禮服，就會放在 VIP 室；VIP 室提供了很好的餐點飲品，有造型師做專業穿搭建議，這些專屬空間的優質服務，是給消費能力高的 VIP 預約使用。時尚精品業很清楚一件事，你若愈能把一般客群以時間性或空間性區隔掉，那麼那些頂級 VIP 到精品店消費的意願就更高，因為這些頂級客群會很在意個人隱私或是不想曝光怕被打擾。

三、「購買過程」的服務

「購買過程」的服務是重要的一環。優良的精品店店員，會記得重要客人的偏好需求，當有適合的新品到店就會通知他們，當下次他們進店參觀時，也能遞上適合的商品；雖然這不是訓練店員的標準要求，不過好的店員都會自我期許能夠做到這樣的服務品質。能夠記得顧客的需求，是建立顧客忠誠度的施力點，像 John Lobb 在這點就做得不錯，只要你是他們的訂製客戶，就會製作你的腳模型，而且包括尺寸這些資料是永久保存的。為了提供良好售後服務，有些精品品牌會在國內設立產品保養部門，專門為自家產品提供優質的付費性保養，因為一般品牌不接受

處理鞋子商品，在台灣對於高價鞋子的使用者來說，專業的保養鞋子服務很難找，若要送回國外原廠保養又要花兩三個月的時間，所以這類高級的付費保養服務有其必要性。奢侈品客層不少人因為是社會菁英，工作上的責任與壓力都比較常人來得大，可藉由消費行為來享受售貨人員的服務與關懷，這也是為什麼「購買過程」的服務是不容忽視的環節。其他一般性的購物服務，有快遞送到家，或是協助提貨至停車場等；有些購物服務是情境式的，像 UNIQLO 在雨天的時候，會貼心地幫顧客的購物袋再套上遮雨套。有個比較有意思的個案，Zappos 這家網路鞋店，因為網購無法試穿，所以買一雙鞋，他們會同時寄送三雙同款不同尺寸的鞋供試穿，免運費退回，而且退貨期竟給三百六十五天 [5]。

時尚品牌在退貨或換貨方面，也有一些貼體消費者的服務。快速時尚品牌 ZARA，就提供了不錯的退貨服務，只要衣服完好未洗，吊牌保留未剪，30 天內可以退貨；UNIQLO 的退換貨服務更友善，除了提供與 ZARA 一樣的 30 天可退貨服務之外，UNIQLO 還把退換貨規則明文印給消費者，成為該品牌的標準作業流程，讓消費者去退換貨時不用擔心遇到不同店員有差別待遇要看人臉色。精品時尚品牌 LOUIS VUITTON，他們的退貨標準就因國因店因人而異，有的可退有的不行，但他們有個標準一致的全球換貨服務，就被消費者津津樂道，購買 LOUIS VUITTON 商品後，一個月內可以在全球各專櫃換貨，只要商品保持完好，消費者一併提供購買證明單據，在扣除相關稅負後即能更換該品牌等值其他商品。

5 郭奕伶 (2010)，36 歲鞋王傳奇，商業周刊第 1184 期

四、「VIP 回饋」的服務

「VIP 回饋」的服務須做到能讓 VIP 滿意，品質一定要高。像送生日蛋糕僅是很普通的層級，好一點的是訂了五星飯店的總統套房招待 VIP 喝下午茶，更好的有招待頂級 VIP 去法國總部看時裝秀或參觀酒莊。要成為 VIP，有一些條件，有些是名媛知名聞人，較常見的是消費要達一定金額，一次消費達數百萬元者還能成為永久 VIP。能成為 VIP，就有機會得到專屬服務的機會。

五、「品牌形象」的服務

在「品牌形象」服務方面，時尚品牌為了塑造品牌風格品味，常有一些提升品牌形象的活動，例如贊助藝術活動，像 BENZ，就多次贊助國外知名交響樂團來臺表演或各種藝術活動，會贈票給 VIP 邀請來參加的服務。另外有的則是贊助藝術家，訂製限量的品牌風格藝術品來贈送 VIP。

六、小結

以上是時尚業的一些服務實例講解。雖然例子是以精品品牌為主，能適用在臺灣目前的時尚業者較少。不過臺灣漸漸在走產業升級轉型，這些服務項目，可做為提升服務品質的努力目標。

凡是有規則就可能有例外，並不是前述的服務就必定是不可打破的法則。以國際快速時尚的兩家大品牌 UNIQLO 與 ZARA 來說，就是兩種不同的服務典型。日本企業向來就是以良好服務著稱，在 UNIQLO 店面就很有日式服務該有的品質，服務人員眾多，隨時在你附近待命；而 ZARA 則是另一個極端，在 ZARA 店裡選購衣服，是不會有服務人員理你的，服務人員都集中在結帳櫃台，商品

區能看到的店員只是為了補貨而已。你不要以為 ZARA 這麼做，你可以不明就裡跟著學，ZARA 並不是表示客戶服務不重要，他們仍有做好基本的客戶服務，只是沒做主動性的服務而已，你可要想想你的商品有 ZARA 的流行度與品質嗎？ ZARA 是把額外服務的花費節省下來，去提供良好的產品品質[6]。所以，服務種類與品質的取捨，請依實務狀況拿捏！

---

6 曠文琪 (2011)，老把戲玩徹底 也能變第一！，商業周刊第 1248 期

關鍵詞彙

電子商務、情感化品牌、精品策略、感官知覺、服務品質

自我評量

1. 一般產業網站與時尚產業網站有哪些差異？請例舉五個。

2. 為什麼時尚品牌，常喜歡向消費者講他們的故事？

3. 精品特有的反傳統行銷法則共有十八條，請例舉其中六條。

4. 為什麼在時尚精品網站上，看不到留言板討論區？試說明之！

5. 你覺得在時尚網站上看到促銷廣告，總是醒目提醒你購買的訊息，消費者會有什麼樣的感受？

6. 為什麼在時尚精品網站上，不應該出現打折？試說明之！

7. 多媒體互動功能，在時尚網站上可以有怎樣的運用？可以達到什麼效果？

8. 在網站上，可以用哪些方式來間接呈現味覺或嗅覺？

9. 在時尚服務的五大種類中，請選三類，列舉服務實例。

10. 請找一個時尚網站，分析看看它符合情感化品牌行銷十大法則中的哪幾條？

11. 請找一個時尚網站，分析看看它有哪些優點值得學習？有哪些缺點要怎麼去改進？

張寶蕥 (2009)，時尚產業之經營模式－以 LVMH 和 ZARA 為例，國立臺灣大學商學研究所碩士論文

郭奕伶 (2010)，36 歲鞋王傳奇，臺北：商業周刊第 1184 期

曠文琪 (2011)，老把戲玩徹底 也能變第一！，臺北：商業周刊第 1248 期

Chrisopher, M., Lowson, R., & Peck, H. (2004)， Creating agile supply chain in fashion industry. International Journal of Retail & Distribution Management

Jean-Noël Kapferer & Vincent Bastien(2009)，精品策略 (洪慧芳譯)，臺北：繁星出版

Marc Gobe(2011)，感動：創造「情感品牌」的關鍵法則 (吳孟穎譯)，臺北：日月文化出版股份有限公司

Walter Isaacson(2011)，賈伯斯傳 (廖月娟譯)，臺北：天下文化

致謝：

　　本章第五節「時尚業的 VIP 服務品質」內容，感謝 Dazzling 集團楊秀容總監接受訪談，提供實務案例與建議

品牌建構篇

打造時尚品牌

摘要

　　品牌是企業最重要的資產之一，在時尚產業當中，品牌建立是各項行銷業務中最基礎、最核心的工作，也是在市場競爭下強有力的手段。對消費者而言，品牌具有許多功能，除了可以簡化決策、降低風險，更可以透過品牌個性、品牌聯想與表徵，從而滿足消費者自我實現的需要。有價值的品牌代表一種承諾，這個承諾帶給消費者意義、實現夢想。要成功打造一個時尚品牌，必須先教導消費者這個品牌是什麼，進一步要讓消費者認同它、信賴它、需要它，建立長遠的關係。

　　本章共分四個小節，將對於如何打造時尚品牌做一概要性的探討。首先介紹時尚品牌的意義、品牌的功能以及品牌權益等重要的概念；接著針對打造時尚品牌的重要方法做說明與討論，例如品牌要素的選擇、設計整體行銷活動、體驗行銷等；再來介紹故事行銷，闡述如何以說故事的方式來打造品牌；最後，則是針對打造品牌的長期後續發展，提出應特別注意的事項。

學習目標

1. 能認識打造品牌的意義與品牌權益的價值

2. 認識打造品牌的基本概念與流程

3. 習得打造品牌的基本技能

4. 培養對於打造品牌的正面觀點

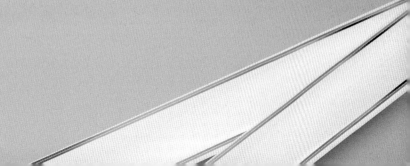

在《LV 時尚王國》一書中敘述一個有趣的故事，當 LVMH 總裁 Bernard Arnault 於 1970 年代造訪美國紐約，在下飛機後搭乘一輛計程車時，詢問司機是否知道法國總統是誰？司機回答「不知道！但我知道 Christian Dior！」。一件 Hugo Boss 的 T-shirt，品牌廠商賺走 60% 的毛利，通路商賺走 30% 中國代工廠只有 10% 利潤。在經濟部國際貿易局委託品牌顧問公司 Interbrand 承辦的「2011 年臺灣國際品牌價值調查」中，顯示前 20 大品牌及前 10 大品牌總價值首度雙雙突破百億美元大關，成長率更分別高達 40% 及 43.9%，為歷年品牌價值調查最優異之一年。

全球知名的市場調研公司明略行 (Millward Brown Optimor) 在 2010 年公布世界上最具有影響力品牌的年度名單中，路易・威登 (LouisVuitton) 的品牌價值達 197.8 億美元，愛馬仕 (Hermes) 的品牌價值 84.6 億美元，古馳 (Gucci) 品牌價值則 75.9 億美元。由以上幾個事件可知，建立品牌實為非常具有價值的企業活動，在消費概念日益由理性消費轉向感性消費的時代，時尚品牌的建設尤其重要。

本章節即針對如何建立時尚品牌做一概要性的探討。第一節主要是介紹時尚品牌的意義、功能與價值；第二節則是介紹打造時尚品牌的幾個重要方法；第三節則特別介紹如何透過品牌故事來創造、突顯品牌的價值，以期在消費者心中留下更深刻的品牌聯想與意義；第四節則是說明，在打造時尚品牌的長期歷程中，要特別注意的幾點事項，以建立一個可長可久的品牌聲譽。

第一節　什麼是時尚品牌

一、時尚品牌的意義

品牌是一個名稱或記號，用來代表企業所生產的商品，或是企業本身。美國行銷協會 (American Marketing Association) 定義品牌為：「一個名稱、術語、標誌、符號、設計或上述的結合使用，可用來識別某一銷售者或某一群銷售者的產品或服務，並與競爭者有所區隔。」

因此，建立品牌是企業確保競爭優勢的工具，同時也是非常重要的資產之一。如何塑造出一個好的品牌，樹立一個好的口碑，是每個企業所要關心及要去研究的最大課題。現代行銷學之父柯特勒 (Philip Kolter) 即強調「行銷品牌是一種藝術，現代的品牌建立方式是創造並傳遞價值給主要的客戶，為企業帶來利潤。」

就時尚品牌而言，義大利班尼頓 (Benetton) 品牌的創始人魯西諾 (Luciano) 的看法是「品牌必須象徵一種生活態度、一種世界觀，而此態度與世界觀必須貼近消費者。」法國香奈兒的名言也提到「時尚，不僅是身上的華服，它是一種創意，更是一種生活態度」。因此，時尚品牌可以幫助消費者表現自我、彰顯思想、價值觀、偏好、生活型態，還有夢想等。

二、時尚品牌的功能

學者 Chernatony 與 McWilliam(1989) 指出，品牌可以從四個角度來說明其涵義與功能：(1) 品牌是一個可辨識的圖案，用來顯示出與競爭者有所差異。(2) 品牌是品質一致的承諾與保證，使消費者在購買或使用產品前，

即受到所關心的品質或附加價值。(3) 品牌是自我形象投射的方式，是消費者用來看自己與看別人的象徵物，可傳達品牌個性。(4) 品牌是一組有關產品的相對定位，提供品質保證及功能屬性資訊，是消費者購買決策的輔助工具。因此，品牌可以說是一個名稱或標誌，除了用以區隔競爭者之外，更可以傳遞銷售者對消費者的承諾及產品的特性及其他價值。

消費者可以透過品牌來評估商品的差異性，並判斷何者可以滿足其個別的需求。不同品牌之間的差異性，大抵可以分成兩種。第一種差異主要來自於品牌或是產品本身的功能或是實用性質的部分，例如有些皮包強調輕巧、耐磨，有些衣服強調其透氣、排汗；有些汽車強調其安全或省油的功能。這些功能上的訴求，可以滿足消費者對產品本身的實用性需要；另外一種差異則主要是強調象徵性、感性、或是無形的訴求，可以帶給消費者心理上的滿足與需要。就時尚品牌而言，更重視後者所帶來的象徵性意義。例如 LV 的皮包強調其經典、時尚品味，Mini Cooper 汽車強調其年輕、自我風格。卡文克萊的牛仔褲比起 Hang Teng 而言，更突顯其流行性。時尚品牌之所以被消費者需要，不僅是所指涉的實體商品，而更在於時尚品牌在行銷的溝通過程之中，喚起消費者與該時尚品牌之間互相連結的各種形象與聯想。

三、品牌個性 (brand charater)

時尚品牌和人一樣具有某些特徵，所謂品牌個性，即當消費者看到某公司的品牌時，可能會聯想到什麼人？什麼性別、價值觀，外觀、甚至是教育程度？這些聯想會將品牌深入到消費者的生活。品牌個性反映出消費者對該品牌的感受，以及品牌如何在情感上給消費者回饋。通常，消費者會傾向使用與本身個性相仿的品牌，或是與自己理想中的個性相同的品牌，透過使用該品牌的產品，來表達自我的感覺、或是提升自我的形象。

就時尚品牌而言，品牌個性的塑造特別重要，因為時尚品牌與消費者的聯結主要並不在於所指涉的實體物品，而是透過喚起消費者與該品牌之間相連結的象徵、聯想，身分認同，從而滿足消費者的自我實現的需要。就時尚品牌而言，打造品牌的目的就是在與消費者建立關係與心理認同。

許多時尚產業的企業，都致力於塑造品牌獨特的個性，透過包裝、廣告、代言人等行銷方式，傳遞給消費者不同的個性認知。例如：哈雷機車致力於營造出其是男性、豪邁的感覺；百事可樂的廣告以突顯年輕、有活力的形象；Nike 則透過「Just Do It」建立起奮勇向前的運動員精神，在時尚運動產業獨領風騷。而目前全世界品牌價值最高的蘋果電腦，則是強調專屬、獨特、勇於創新的形象，引領著時尚科技業的發展。

四、時尚品牌權益 (brand equity)

品牌權益是指品牌名稱的價值。此價值會反應在產品的價格、市佔率，甚至是獲利率。品牌的價值，並不是由企業自己認定，必須由消費者的角度來看。知名的品牌行銷學者 Aaker 認為，品牌權益的產生可從圖 7-1 中的四種因素來探討。

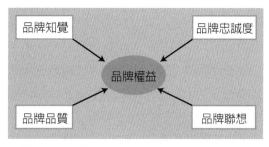

圖 8-1　資料來源：D.A. Aaker, Managing Brand Equity: Capitalizing on the Value of a Brand Name, New York: The Free Press, 1991, p270

1. 品牌知覺

指消費者能否回憶與認識該品牌。如果品牌知名度愈高，則消費者在進行購買決策時，該品牌愈容易進入考慮購買的名單之中，被購買的機率就愈高。例如，想到名牌，臺灣 Yahoo! 奇摩的拍賣關鍵字輸入的前三名，分別為法國的 LV、美國的 Coach，以及義大利的 Gucci。這些高知名度的品牌，都擁有非常高的品牌權益。

2. 品牌忠誠度

指消費者是否會重複購買某個品牌。如果消費者對於某品牌忠誠度很高，代表企業成功的留住消費者的心。例如許多死忠的蘋果迷，對於蘋果推出的系列產品，即使價值較高，總是願意灑錢去搶購。

3. 知覺品牌品質

指消費者對於該品牌的產品與服務品質的看法。例如，消費者認為 BMW 的轎車在安全性、加速性以及造型等方面，都非常的優異。

4. 品牌聯想

指任何與該品牌有關的特質，如名稱、標誌、包裝、產品利益、形象等，能否帶給消費者正向的感覺、態度與想像。

品牌聯想愈正向、愈豐富，顯示消費者愈偏好該品牌。除了對消費者的購買意願有助益以外，也有助於企業進行品牌延伸。品牌聯想是消費者進行品牌價值判斷的最重要因素，對於時尚品牌更是如此。例如想到 Prada，讓人容易想到摩登、時尚、內斂。看到賓士車，就會想到沉穩、富貴、社經地位。

想要成為好的時尚品牌，除了具備高品質的基本條件以外，在消費者心中也需要具備高知名度，更重要的是，要能對消費者有強大的品牌感召力。企業必須透過積極、主動不斷的傳播、不斷的豐富其品牌的聯想，來營造品牌個性以及獨特文化，例如透過清楚、獨特而長期一致的定位，細心刻畫品牌的歷程，加上不斷與消費者互動，營造心理認同與心理連結，將這些細節留在消費者的記憶深處，建立品牌與消費者的關係，從而創造高度的品牌忠誠度。最終則能帶來消費者滿足與企業獲利的雙贏局面。

第二節　打造時尚品牌 (Branding)

打造時尚品牌，或稱為品牌建構，泛指企業建立品牌 (brand building)、發展品牌 (barnd development)，以及管理品牌 (brand management) 一種持續性的過程。打造時尚品牌的目的，則在於藉由品牌的名稱、符號、包裝、代言人，以及圍繞品牌的各種訊息，去影響消費者對於品牌的認知、誘發消費者對品牌的聯想，進而塑造其對品牌的形象，最終建立消費者對品牌的忠誠，建立良好而長遠的交換關係。從行銷管理的觀點來看，可以透過以下的活動來打造時尚品牌：一、選擇組成品牌元素；二、設計整體的行銷組合方案。

一、選擇品牌元素

品牌元素是指識別品牌的標記，藉此創造品牌的獨特性。美國行銷協會定義品牌的元素有以下五點：分別為 1. 名稱 (name)；2. 詞彙 (term)；3. 識別 (sign)；4. 符號 (symbol)；5. 設計 (design)。通俗來看，諸凡品牌的名稱、商標、象徵符號、角色人物、代言人、口號標語、廣告詞、包裝、招牌，甚至網址等，都屬於品牌元素的範疇之中。大部分的強勢時尚品牌都同時利用多樣的品牌元素。例如耐吉 (Nike) 除了以勝利女神（象徵諸神的美以及人類英雄的形象）命名為 Nike 之外，搭配獨特的小刀標誌，廣告則是以 Just Do It 的口號，再選擇以知名運動員做為代言人，建立起獨特的品牌個性。

（一）時尚品牌的名稱 (brand anme)

名稱是指品牌可被發聲的部分，如文字、字母，甚至是數字。例如 Prada、Gucci、Chanel、Zara 等。一個好的時尚品牌名稱，應經具有以下幾點特質：

1. 易於記憶

品牌名稱宜簡短、如夏姿、Zara、Aamani 等。一般以中文品牌來命名，以 3 個字以內較佳。若以英文命名，也是以 3 個音節以內比較好。

2. 容易發音

名稱好唸，還要避免不當諧音，特別是跨國行銷時，應特別注意原有品牌在其他國家的語言或文化中，是否有不當的負面涵義。

3. 能產生正向的聯想

必須能夠讓消費者聯想到產品的特性、利益；品牌名稱是否暗示何種類型的消費者會使用這個品牌，或暗示可能來自哪個來源國。就時尚精品而言，許多品牌就喜歡以義大利文或是法文來命名。

4. 配合目標市場的特性

因為目標消費者的性別、年齡、教育程度、生活型態、價值觀等不同，會形成不同的語言習慣，對於圖像的理解方式也不同。因此，品牌名稱的設計、命名乃至代言人的選擇都應該配合目標消費者。例如，目標消費者是年輕人，就應該年輕活潑、富色彩性，如 Swatch 手錶以及班尼頓 (Benetton) 的服裝色彩王國。

5. 道德與合法性

應避免侵犯現有的註冊商標，也不應誤導消費者。除此也應顧及道德性。2001 年，上海一生產女性內衣的臺資企業打出了「玩美女人」的廣告口號，受到公眾和媒體的指責，並引發官司。結果，廠家被責令停止發佈此廣告，公開更正。

（二）時尚品牌的品牌符號 / 品標 (brand mark)

品牌符號又稱為 logo，指品牌中無法發生的部分，通常是符號或圖案的設計。這是品牌形象傳遞過程中，運用最廣泛、最常出的要素，同時也是企業綜合訊息傳遞的媒介。好的時尚品標的設計必能傳遞品牌的文化意涵、獨特精神，能夠讓消費者在看到品牌的 logo 時，產生正向的聯想與認同，並與其他品牌有效區隔。以下是一些時尚品牌的品標及其特色。

表 8-1　時尚品牌之品牌符號

品牌名稱	國籍	品牌符號 (logo)
D'urban	義大利	D'URBAN 標誌下緣，有著兩道～水流曲線，象徵著實用功能與個性化的設計
Herme's	法國	「馬車」圖案表現出傳統、經典的精神
Gieves & Hawkes	英國	標誌中有三個皇家徽章，象徵英國皇家典範以及紳士風格
Guess?	美國	倒三角的布標象徵品牌，問號則是代表新美國
Prada	義大利	倒三角鐵皮標誌，除了有 Prada 字體，下方有一行標名其品牌出生地 Malano，以及創立年份 1913 的小字
Starbuck	美國	綠色美人魚圖騰。取材自 16 世紀的斯堪地那維亞雙尾美人魚木雕圖案，意義是希望星巴克的咖啡就像這美人魚一般充滿魅力令人神迷。綠色則是放鬆、休閒的顏色。
Trussadi	義大利	以獵兔犬為標誌，象徵的領先、完美、高貴的品牌形象。
Tommy Hilfiger	美國	以紅、藍、白三色旗象徵自信、活力、健康的品牌形象。

資料來源：盧繡梅 2008。本研究整理

(三) 口號 (Slogan)

口號又稱廣告標語，是指為了加強消費者對企業的商品或服務的印象而在廣告中長期、反覆使用的一種簡明扼要的口號性語句。口號除了傳播產品的獨特利益和品牌精髓外，還可以帶給消費者美好的享受，打動消費者的心。

例如世界最大的鑽石商戴比爾斯創作的廣告語 "DeBeers A diamond is forever" 一鑽石恆久遠，一顆永留傳)。這個口號極富感染性，使一顆小鑽石的價值得以升華到永恆的愛情。另外，中國第一個時尚羊絨品牌古納斯 (Gulass)，在推出時尚羊絨褲時，它採用的廣告口號是「美腿魅力，愛盡一生」。這個口號從美腿，到魅力，到贏得一生的愛情，將產品功能與時尚流行、幸福愛情完美的結合起來，讓許多女性消費者期望能夠擁有它。百事可樂在與可口可樂的競爭中，從年輕人身上發現市場，抓住了戰後出生的年輕一代反叛、不羈、崇尚自我的心理特點，提出了「新一代的選擇！」這個口號，把自己定位為新生代的可樂，並邀請新生代喜歡的超級歌星作為品牌代言人，最終贏得青年人青睞，成功打開市場。

一般說來，時尚品牌的廣告口號創作，應該遵循以下幾個原則：

1. 簡短易記：太長、太複雜的口號不利記憶，宜簡短有力；

2. 注意用詞：不要太拗口，太過文言化，但也不要太通俗；

3. 突顯價值：突顯品牌的特色、風格；

4. 打動人心：激發消費者內心的情感與共鳴；

5. 保持一致：不要經常性的改變，即使有變化也應保持一致性的基調，才能深植人心。

二、設計整體行銷活動

除了上述的品牌元素的選擇，透過廣告來讓消費者認識品牌、認同品牌廣告以外，消費者也透過實質上與品牌的接觸來建立與品牌之間的關係。企業界已經發展出許多行銷活動來營造與消費者之間的互動。其中又以成立消費者社群、事件行銷、體驗行銷特別受到重視。分述如下。

1. 消費者社群

隨著網際網路的興起，許多公司在自己的網站中設立留言板，藉此增加顧客與公司、甚至是顧客與顧客之間的互動。除此之外，也有一些公司成立俱樂部或是舉辦時裝秀，讓消費者可以參與其中。

2. 事件行銷

所謂事件，是指能夠引起社會關注的焦點、大眾關心的話題、議題。而事件行銷即是企業利用這些事件的社會專注度，將品牌和事件進行某種關聯，透過公眾媒體報導與消費者參與事件的時候，達到提升企業形象以及銷售產品的目的。事件行銷可作為品牌行銷利器，也日益受到許多時尚產業的企業所關注。以下幾個標準可做為事件行銷的依據：

(1) 相關性：包含品牌相關、產品相關、對象相關三種角度。品牌相關指的是要與品牌定位的內涵有關，產品相關指的是活動的內容要與所販賣的產品有關，對象相關指的是事件的參與者或關心者，是產品的消費對象或潛在消費對象。例如 Lorea 是每年舉辦校園創意競賽，一方面藉此進行校園徵才，更是推廣該品牌引領時尚潮流的形象。

(2) 創新性：是指議題內容要有原創性。相對的不能炒冷飯，否則易被認為是「老梗」，品牌好感度就會降低，無法替品牌注入活力，失去小兵立大功的機會。例如 ESPRIT 旗下副牌「edc by esprit」和 MTV 合作贊助亞洲音樂大獎，透過年輕人喜愛的音樂活動來彰顯不受限制的品牌精神，並打入亞洲時尚服飾市場。

(3) 話題性：是指議題選擇要有足夠的「亮點」，如此才能抓住社會大眾的目光，並引起媒體的報導。例如服裝品牌公司邀請明星作為品牌代言人在業內已經司空見慣，但是只有利用明星帶來足夠的新聞效應才能算作真正的事件行銷。例如這幾年在中國大陸迅速崛起的時尚休閒品牌美特斯邦威 (Meters/bonwe) 在上海的旗艦店開業時，除了請來周杰倫、張韶涵出席以外，更在現場和到場觀眾談論自己的穿衣心得，並且還親自「量體裁衣」，在現場當起了著裝「顧問」。不但當天數千名粉絲將現場堵得水泄不通，也引起公眾媒體的報導。此外，美特斯邦威更是將周杰倫、張韶涵的影響力轉移到網路上，在該公司的網站中，這些明星的虛擬形象分別為網上挑選服裝的顧客提供虛擬的顧問服務。

3. 體驗行銷

體驗行銷是指消費者經由觀察或參與事件後,感受到某些刺激而誘發出動機,並產生思想上的認同或是購買行為。這種體驗行銷的概念是由美國哥倫比亞大學商學院教授史密特 (Schmitt) 率先提出,因為他認為只是強調品牌的特性與利益無法在眾多相似產品中獨佔鰲頭,唯有提供顧客真正渴望的經驗,才能在市場中勝出。許多研究都已經證實,透過體驗行銷,能提供消費者愉悅的消費經驗,從而對於企業提昇品牌形象、品牌忠誠度有正向的助益。

就時尚品牌而言,體驗行銷重視的是顧客的經驗體會、情緒感受、興趣等,而非談實質的產品功能、品質,最適合不過了。因此,如何透過不同媒介與手法,讓消費者真正感受產品魅力,甚至發現自己與產品間的共同經驗,讓品牌直接走入消費者的心裡、生活裡,便成為時尚品牌經營者至為重要的課題。

體驗行銷的基礎,在於提供消費者以下 5 方面的體驗模組,(1) 感官上的刺激 (sense):透過視覺、聽覺、觸覺、嗅覺、味覺等刺激,提供消費者感官上的愉悅與滿足、(2) 情感上的知覺 (feel)、(3) 心智上的思考 (think)、(4) 身體的體驗 (act)、以及 (5) 與消費者自我價值的關連 (relate)。從而引發消費者對品牌的認同、愛好,甚至是購買行為。

企業可以透過以下 7 種體驗媒介,來作為創造消費者實質上體驗感受的工具,包含 (1) 溝通工具:如廣告、新聞稿、產品目錄、公共關係活動等;(2) 口語與視覺的識別:如產品名稱、標誌、商標等;(3) 產品:如產品的設計、包裝等;(4) 共同建立品牌:如公益贊助、與其他業者同盟與合作,授權、設法在影集中出現等;(5) 空間環境:如建築物、展售空間、辦公室、商展攤位等;(6) 電子媒介:如公司網站、留言板、線上聊天;(7) 人:如銷售人員、客服人員、代言人等。

透過這些媒介供消費者直接去體驗,可以傳遞更豐富、多元的品牌知識,甚至是品牌聯想給消費者。結合體驗模組與體驗媒介,可以建立體驗矩陣,行銷人員便可以依其訴求加以運用,以獲得並檢驗目前的組合方式。

以西班牙知名品牌 ZARA 為例,ZARA 在品牌宣傳上:一方面是創造產品結構的特點,以時尚、現代且豐富的款式結構,並配合較親切的價格來吸引消費者,更以快捷的更新速度抓住消費者「一旦看中而不購買,很快就會沒有貨」的購買心理;除此之外,ZARA 並沒有花費許多廣告預算,而是用心營造店面空間視覺。在地點的選擇上,它都盡量挑選在具代表性的購物地段,例如紐約的第五大道、巴黎的香榭麗舍大街、上海南京路等,如此可以與全球知名時尚精品如 Gucci、Chanel、LV 等連結在一起,營造出精品時尚的氛圍。除此,ZARA 會在店裡留出寬敞的空間,為顧客營造一種寬鬆愉快的購物環境,並以其挑高的門面、時尚精緻的裝潢(參見圖 8-2),讓消費者去滿足自我的想像。在店內佈置方面:ZARA 店裡的服飾並不是按貨品種類堆放,而是上衣、褲子、皮包、配飾搭配放在一起,讓顧客很容易體驗服裝的整體搭配感,更讓消費者心動而下手購買。

圖 8-2　ZARA 專門店面及空間擺設
資料來源：http://www.moso-bamboo.com/references/zara-store

第三節　為品牌說個好故事

一、故事的功能

　　故事是人類歷史的發展中，一種非常古老而具有深刻影響力的共同生活經驗。故事幫助人們理解事物，也能幫助人們體會、評價與處理情感。也因故事賦予人一種感同身受的經驗，也是極具有說服力的溝通工具。在這個充滿品牌消費的社會裡，一個精采而能打動消費者的品牌故事，不但可以打動消費者的心，更讓消費者產生認同，提供消費者投射自我形象的想像空間，滿足消費者的回憶與渴望。因此，說故事是一種有效打造品牌的手段，透過敘說品牌故事，就如同與消費者分享情感經驗、傳遞品牌個性，如此能將品牌與消費者的經驗連接起來，從而產生對品牌的認同與情感連結。

二、幾個經典的時尚品牌故事

　　1837 年以手工旅行箱起家的 LV，以其卓越技術與獨特布料，成為貴族們旅行愛用的高級品牌，它就有許多傳奇流傳於世。如1911 年時，豪華郵輪鐵達尼號沉沒海底後，一件從海底打撈上岸的 LV 硬型皮箱，竟然沒有滲進任何海水。另外，傳聞曾有個 LV 的顧客家中失火，許多衣物都付之一炬，但是卻有一只 LV 的 Monogram Glace 包包，雖然外表被薰黑變形，但裡頭的物品卻完整無缺。

　　1935年由 Armand Petitjean 創立於法國巴黎的蘭蔻 (LANCOME)，名稱是來自法國中部的一座城堡，城堡的周圍種滿玫瑰花，非常的浪漫、美麗，而 Petitjean 特別鍾愛玫瑰，認為女人就如同花朵般美麗，各有其姿態與特色，因此就以該城堡為品牌名稱，城堡裡的玫瑰花就成了蘭蔻的品牌標幟。

　　1850 年，因公出差的紳士 Carl Bally，在巴黎發現一家鞋店，櫥窗內的某款皮鞋深深吸引他的目光，因而決定買來送給其愛妻，但因為忘記愛妻的尺寸，因而將同款式不同尺寸的皮鞋全部買下。這一段 Carl Bally 與皮鞋的浪漫邂逅，引發他想要創造高級皮鞋的構想，隔年第一雙 Bally 的皮鞋遂正式誕生。

　　日本科學家偶然在一次參觀米酒釀造廠的過程中，發現老邁龍鐘的釀酒婆婆臉上布滿皺紋，雙手卻白嫩細滑，猶如少女肌膚一般細緻。好奇的科學家開始研究，赫然發現在米酒提煉的過程中，會產生一種透明的液體代謝物，有助於肌膚恢復正常的代謝週期，SK-II PITERA 天然活酵母精華於焉產生。

三、故事題材的選擇

時尚品牌所要傳達給消費者的利益與價值、品牌的個性、獨特性等，都可能成為品牌故事的主題，因為她們最能傳遞品牌的本質與精隨。其中，品牌在長期發展中的歷史過程，特別是具有戲劇性或傳奇特質的部分，更能引發消費者對該品牌的想像與連結，進一步對品牌的整體價值產生共鳴。學者研究指出，可以用來打造品牌的故事題材有以下幾種：

1. 關於品牌誕生的故事：指包含企業創造者與品牌之間的故事、品牌名稱來源的源由。

2. 關於品牌沿革與創新的故事：指關於品牌如何演變，例如第一代產品、第二代產品、…一直到目前各階段的演變與創新的歷程。

3. 關於品牌成功事蹟的故事：諸如品牌獲獎的光榮事蹟、或是打敗競爭對手的故事。

4. 關於品牌價值與利益的故事：指關於品牌提供的象徵性或是品牌承諾的故事。

5. 關於品牌身分認同的故事：主要指關於品牌的獨特性、品牌人格的故事。

6. 關於品牌遠景的故事：指品牌的希望帶領消費者與社會往何種理想境界的長遠目標。

7. 關於品牌與消費者的故事：是指諸如消費者使用該品牌的經驗，消費者如何信賴與被品牌改變的故事。

在塑造品牌故事時，很重要的思考點是，該編寫什麼樣的故事，可以讓消費者感覺到買我們的品牌產品是有意義的，並與消費者自身的經驗產生關聯。而這些故事所要呈現的核心意義或是中心概念，可以從人生追求的理想、人類文化的重要價值等切入，例如美麗、幸福、愛情、自我實現、獨特性、感官享受、經典、尊榮、創新等。這些主題的選擇可以有許多種，重要的是能被消費者內化，因此就必須預想目標消費者的觀點為何，才能激發消費者的情感、進而引起消費者的共鳴，達到故事行銷的目的。

第四節　打造品牌是長期的努力

時尚品牌的建立是長時期且全面性的企業活動，以下幾點是建立品牌的歷程中必須特別留意的事項，以免只是一時風光、曇花一現，但無法建立持續長久的強勢品牌權益。

一、不要忘記為目標消費者創造真實的價值

現代行銷學之父柯特勒 (Philip Kolter) 強調，品牌發展不是一開始就想著作品牌，而是第一步要先定義自己的市場，創造價值，並傳遞給主要客戶。除此之外，就時尚產業的消費而言，必須是把心理、生活型態與使用經驗放在中心思考。許多屹立不搖的國際知名品牌，並非純然依靠產品本身的功能性，來吸引與留住消費者，更是憑藉著品牌文化的力量，吸引消費者的認同、累積消費者對品牌的忠誠度。例如美國的蘋果公司，就是創新、時尚、與自我獨特的品牌文化為品牌定位，凝聚大批死忠蘋果迷的認同。

二、不要忽略品質

如果沒有高品質的產品為基礎，只是一味主打品牌，這是不夠紮實且危險的行為。愛瑪士 (Herme's) 或是 LV 的產品，不但提供消費者時尚與尊貴的象徵性利益，在產品本身的功能，材質、精緻度等功能性利益也要面面俱到。

三、不要一味迷信廣告

很多人認為做品牌就是燒錢，因為媒體的廣告費很貴。這也是一種迷思，例如，星巴克行銷費用很低，卻也打出品牌（零售業廣告佔營收約 10%，星巴克每年僅花費營收的約 1% 行銷費用）；星巴克的策略是利用社群網站，來吸引與凝聚消費者的注意，並透過網際網路來傳遞品牌文化，從而以較少的預算來打造國際品牌。

四、避免過度品牌延伸

有一些成功的品牌，在成功的建立起聲譽與市場地位後，往往會趁勢推出一群新產品、或是想要吸引更多不同層次的消費者。如此雖然可以增加市場涵蓋面，但也可以危及原有品牌的定位與消費者的認同。比較可行的方法是針對不同的市場區隔，發展不同的品牌與產品。例如亞曼尼 (Armani)，針對不同客層的消費群，分別提供差異化的產品組合。在最高階的客層，販售客製化的商品 Giorgio Amani Prive；針對中間的客層，則提供 Emporia Amani，產品風格較為年輕，定價也比較低一些。另外，又提供 A/X Armani Exchange，以更低的價位在更大眾化的通路搶攻更多的消費族群。

五、謹慎授權

有些成功的品牌會授權其他的公司使用其品牌名稱，甚至生產、銷售不同類型的商品。如此雖然可以擴張企業在市場的曝光率，以及從授權的權利金獲得收入。但要避免淪為過度授權，一旦過度授權，碰到不良合作夥伴的機率會提高，若將品牌授權到生產品質較差的合作廠商，將會傷害到原有品牌得來不易的形象與聲譽。除此之外，有些合作廠商會擴大解釋授權範圍，造成產品不符品牌形象或通路不當。如此將造成負面的品牌聯想，更將失去原本品牌對於消費者的獨特形象，反而得不償失。

六、在公司內部打造品牌

品牌是對顧客內外一致的承諾，因此打造品牌不是只有行銷部門的事情，全體員工對品牌以及品牌承諾的了解與認同，也是很重要的一環。每一名員工就像是公司的「品牌大使」，他們能讓顧客與供應商相信你的品牌如假包換，絕對是貨真價實。可以在企業內部成立品牌網站、新人品牌訓練、定期舉辦品牌研討會，將品牌代表的價值內化到每一個員工，甚至也必須將經銷商納入。訓練不良的公司人員或是經銷商，將可能摧毀企業得之不易的品牌形象。

最後值得一提的是，響亮又好的品牌名稱、廣告口號，固然是建構時尚品牌的重要因素，確實有一些企業憑藉著廣告攻勢在短期內迅速提升知名度與形象，但由於產品品質、技術創新、服務等未能及時跟進，品牌生命力極為短暫。品牌的建立是長時期、全面性的企業活動歷程，還需要其他行銷活動的整體

性配合，例如持續性的深入了解目標消費者的需求及變化、持續的創新、研發，明確的產品定位、以及整體推廣活動的配合，才能持續不斷的為品牌發展建立一個又一個的傳奇故事、建立消費者長期的忠誠與熱愛，維續並不斷提升品牌權益。

關鍵詞彙

時尚品牌、品牌權益、品牌個性、品牌聯想、故事行銷、體驗行銷

自我評量

1. 請說明時尚品牌的意義、功能？

2. 請說明品牌權益中四個要素的內涵？你認為其中何者對於時尚品牌最為重要？

3. 請舉一個時尚品牌為例，說明何謂品牌要素？

4. 何謂體驗行銷？與傳統的行銷有何不同？

5. 體驗行銷的模組、媒介有哪些？並請舉一生活中實際的時尚品牌的實際案例來說明

6. 何謂故事行銷？對於時尚品牌建立有何幫助？

7. 故事行銷的題材有哪幾類？

8. 請在報章、網路上摘舉 2-3 個時尚品牌的故事？這些故事感動你嗎？為什麼？

9. 請說明在建立時尚品牌的過程中，應注意的事項？

10. 有人說，建立品牌就是花大錢拍廣告、找大明星來代言。你認為如何？

參考文獻

林建煌，2011，行銷學，華泰文化。

林建煌，2010，消費者行為，華泰文化。

吳昭怡，2003，給產品說個好故事，天下雜誌，286 期，160-162。

黃光玉，2006，說故事打造品牌：一個分析的架構。廣告學研究，第 26 集，1-26。

邱志聖，2010，策略行銷分析 - 架構與理論應用。智勝文化。

高端訓，2009，事件行銷的金鑰匙，天下雜誌。

陳怡萍，2004，體驗行銷挑逗消費神經，遠見雜誌，207-277。

彭建彰、呂坤旺，2011，品牌行銷與管理，華泰文化

長澤申也，2004。劉錦秀、鄭雅云譯，LV 時尚王國，商周出版。

曾光華、饒怡雲，2010，行銷學原理，前程文化。

郭美懿，2005，行銷，就是說個好故事。Career 就業情報，351 期，92-95。

戴國良，2010，品牌行銷與管理，五南出版社

盧繕梅，2008，時尚品牌行銷模式之研究，國立臺灣師範大學設計研究所。

Aaker, D.A., 1991, Managing Brand Equity: Capitalizing on the Value of a Brand Name, New York: The Free Press。

Chernatony, L. & McWilliam, G., 1989, The Varying Natures of Brands as Assets, Theory and Practice Compared, International Journal of Advertising, 8(4), 339-350.

Kolter, P. & Keller, K. 2010，駱少東編譯。行銷管理學：理論與實務的精粹 (Marketing Management)。臺灣培生教育出版股份有限公司。

Kolter, P., 2006，「邁向品牌之路」演講，臺灣國貿局主辦。

Schmitt, B. H., 1999. Experiecing Marketing: How to Get Customers to Sense, Feel, Think, Act, and Relate to Your Company and Brand, New York: The Free Press.

9

品牌形象推手
——媒體公關

摘要

你對品牌的印象是什麼？ LV 的皮包？ NIKE 運動鞋？ ARMANI 西裝？ LA NEW 皮鞋？ HANG TENG 服飾？ SONY 數位相機？黑橋牌香腸？ IKEA 傢俱？卡地亞珠寶？沛納海機械錶？ 85 度 C 蛋糕？新東陽肉鬆？王品牛排？鬍鬚張魯肉飯？三商巧福牛肉麵？三井日本料理？上述各種商品的品牌會讓你聯想到什麼？奢華？精緻？時髦？物超所值？還是講究品質？這些商品本身都很平常，到處都有販售，但是一與品牌掛鉤之後，就會產生不同的印象，只要是你能聯想得到的形容詞，那就是品牌的形象了。

因此，良好而正向的品牌形象，是商品在市場中最有利的競爭武器了，靠這個無形的感受來吸引消費者。這種印象多半是經營者所賦予的，透過宣傳方式把訊息傳遞給消費者，這就是公共關係 (public relation, PR)。做得恰到好處就是包裝，做過頭了就變成不實宣傳，會有法律責任，所以拿捏箇中分寸是一大藝術。

學習目標

1. 瞭解媒體公關的正確概念

2. 學習進行媒體公關活動

3. 學習如何扮演一個公關人員的角色

4. 能瞭解如何進行成功的公關活動

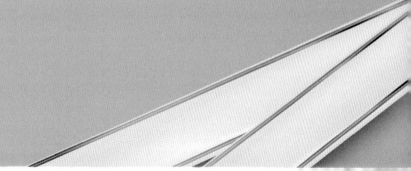

一個成功的媒體公關可以把產品成功的推薦給顧客，甚至形塑消費者的購買慣性，以及對品牌的印象。很多人以為媒體公關只是寫寫新聞稿，跟記者搏感情，有新聞爆光即可。其實不然，媒體公關的內涵是很豐富的。

所謂公共關係是組織與社會公眾的溝通，是雙向傳播、行銷工具，活動須經計劃、執行、評估的過程。一般來說，媒體公關在當代社會，舉凡政府、企業、非營利組織社團都戮力經營，建立一個好的品牌獲得社會信譽，媒體公關的經營需要新聞議題的企劃與公關活動累積，從宣傳造勢到塑造形象兩者相輔相成，缺一不可，媒體公關是一門靈活有趣又充滿創意的學問。我們一起來了解一下吧！

第一節　你會利用媒體做公關嗎？

從上述的說明，相信你已經了解到，一個成功的媒體公關可以把產品成功的推薦給顧客，甚至形塑消費者的購買慣性，以及對品牌的印象。很多人以為媒體公關只是寫寫新聞稿，跟記者搏感情，有新聞爆光即可。其實不然，媒體公關的內涵是很豐富的。

一、好的媒體公關帶你上天堂

蘋果 (Apple) 的產品就成功塑造人性化、雅痞、簡潔的形象，成功地把蘋果的各種商品推銷給自認為跟得上潮流並且有足夠消費能力的消費者。

臺灣產茶世界聞名，品種繁多，唯獨阿里山高山茶被塑造成臺灣高級茶葉的代名詞，以致許多大陸觀光客來臺灣買茶葉時，必須看到「阿里山高山茶」才會有購買的意願（圖 9-1）。

圖 9-1　阿里山高山茶不僅行銷茶葉，也行銷臺灣意象（資料來源：阿里山農會網路商城 http://www.alishanfm.com.tw/）

當消費者購買這些商品並使用滿意後，這個滿意度不見得來自於商品本身的功能或品質的實質上滿意，有時也會來自於別人羨慕的眼光或者送禮對象的回饋反應，感覺有面子的形式上滿意，從此可能就會變成這種商品的忠實顧客，除非有比上述品牌形象更強烈的產品問世，否則消費習慣也不容易再做改變。

公關的運作與媒體關係極為密切，因為媒體可以有影音、聲光、文字、圖片等各種方式去形塑給人的印象。由於一般人對事物多有刻板印象，媒體公關可以強化或是反轉這些意象，透過圖文及影音讓閱聽人迅速接收，甚至幾秒鐘就能讓人印象深刻。

媒體運用的方式可能是局部突顯特定性質，或是用話術讓你能接受新的印象。例如：日立的冷氣機就刻意強調是使用日本原裝進口的壓縮機，就是利用國人對日本商品耐用高品質的印象，進而延伸出該廠牌的冷氣也很耐用的形象；大金冷氣乾脆直接以日文在廣告中唱出他們的 Slogan：「日本一番——大金！」告訴臺灣的消費者：他們是日本國內市場的冷氣第一品牌，這樣的訴求完全擊中消費者崇尚日貨的心理（圖 9-2）。

除了商業場域,其他場域像政治圈、文教圈、演藝圈也都需要媒體公關去包裝與行銷。例如在政治場域中,候選人本身也是一種商品,競選團隊透過各種話術來包裝候選人形象,讓選民產生共鳴,進而投票支持,一如將商品推銷給顧客。有的候選人可以因為在本人出場時喊的口號被塑造成「衝、衝、衝」的形象,有的候選人可以被塑造成「永遠的第一名」,有的候選人被塑造成「理性問政」,有的被形塑成「臺灣之子」。

各種商品都有其市場區隔,也有其顧客群。因此媒體公關可以創造出產品形象,也可以區隔市場,甚至可以創造新市場。

圖 9-2　大金冷氣的歷年平面廣告強調日本一番的形象(資料來源:大金空調臺灣總代理和泰興業官方網站 http://www.hotaidev.com.tw/)

二、掌握媒體的特性與尺度

展現創意的同時,也要注意表達是否得體與妥適,因為媒體有很多種,有電子媒體也有平面媒體,媒體屬性不同,操作方式也不一樣。平面媒體著重照片與文字,因此一張動人的照片與響亮的新聞標題可以左右成敗,而電子媒體著重的是聲光與影音,視覺刺激成為成敗關鍵。

此外,不同時段有不同的尺度與標準,這會影響到播出的方式與內容。例如,早報頭版頭條的標準就是「要能上得了早餐餐桌」,過度血腥或暴力的畫面都不適合。如果是成人的表現手法(例如某電玩蜘蛛精的廣告),就必須在晚上十一點以後,等小朋友們上床睡覺了才能播出。這些規則如果沒被遵守,對於社會風氣都會有不良影響,媒體也有其社會責任,那道防線還是必須配合與遵守。

三、利用品牌故事打造品牌形象

2002 年突破雜誌以「故事行銷」為封面故事;2003 年天下雜誌也刊登了「讓產品說一個故事」的專題報導;2005 年 7 月號的 Career 就業情報雜誌也以「故事行銷」為主題大篇幅報導;2009 年 5 月份的遠見雜誌 275 號,封面標題就是「溝通新顯學 — 說故事就能說出 CASH」;2010 年 1 月號的天下雜誌再以「故事行銷風」為專題報導的主題,探討品牌故事在產品行銷上發揮的影響力,管理學界及企業界紛紛提導「故事管理」。

為什麼這些專業性雜誌一直在討論故事行銷呢?說故事真的可以打造品牌嗎?事實上,打造品牌的目的就是在與消費者建立關係,透過品牌故事來宣揚品牌價值,淺顯易懂的故事,能夠在很短的時間內讓消費者理解業者所要傳達的概念,如此一來,也能快速地建立品牌形象。舉例來說,LV 運用 1912 年沉沒的鐵達尼號打撈上來的 LV 硬殼行李箱滴水未進的品牌故事,帶出來幾個重點:

1. LV 在以行李箱聞名全球，是法國品牌，鐵達尼號是英國籍，從英國出發經法國、愛爾蘭到美國紐約；

2. LV 的產品用料實在，做工精良，車工密合度驚人，即使沉入海底都不怕進水；

3. LV 是二十世紀初上流社會人士愛用的品牌，因為鐵達尼號的乘客都是有錢人。

由上述簡短的故事就可以連結「LV 是名流愛用的高檔貨」的概念，這樣一來，LV「奢華」、「耐用」、「時尚」的品牌形象就出來了。真正好的品牌故事不必太長，「簡短」、「有梗」才是王道。

這些品牌故事形成後，一般都是經由公關活動、記者會或新聞稿發散出去的，說故事的人通常是發稿或策劃活動的公關人員，如發言人、公關經理或品牌經理，不然就是活動當中為該品牌站台或造勢的來賓，如代言人、到場致詞的貴賓等。還有，公司的官方網站也是一個不錯的宣傳媒介。

第二節　與媒體打交道

保持媒體良好的關係是指專業關係良好、私人情誼良好，同時透過新聞稿或辦記者會方式，使正面新聞上報。一般來說，要登媒體的報導都有一些規則可以遵守。媒體與其他產業一樣，都有它運行的規則，其中包括媒體的運作潛規則、刊登稿件的運作流程、甚至媒體的思維方式都必須要有所認識，不然就很難跟媒體有好的關係。

一、了解媒體的運作

如前所述，不同媒體有不同屬性，展現方式也不同。平面媒體所要的是將歷史時刻定格在一張照片中，電子媒體則是要在一到兩分鐘內的影片展現出臨場感，或是把氛圍展現出來。因此兩種媒體在思維邏輯上會有很大的差異，這點是在運用媒體公關時必須要知道的。

（一）注意訊息的時效

所謂時效性，是指發稿的時間壓力。一般來說，電子媒體從事發到採訪時間間距不到一小時，如果是災變更是在半小時以內；平面媒體的截稿時間，晚報是在中午十一點以前，早報地方新聞是在下午五點，全國性新聞是在六點以前。換句話說，如果沒在前述時間內發出新聞稿，要刊登就是要等到隔天，甚至永遠不會刊登。因此公司部門在內部擬新聞稿時必須注意截稿時間，主管也必須對此一時間點有所認識。

處理新聞稿要快，但是不能跑在事件前面，過猶不及。有些主管喜歡叫公關人員發預告的新聞稿，這其實是很不符合媒體特性的。新聞必須是即時的，也就是一發生大家就立刻知道，才叫做「新聞」。一般廠商在辦活動時，很怕到時候沒人來捧場，就想利用新聞來當做活動宣傳廣告用，這是犯了新聞業的大忌——「新聞廣告化」，主管官大學問大，亂下指導棋的結果，會造成公關人員不知如何撰稿，收到預告性新聞稿的記者，也會一頭霧水，覺得這個機構的公關人員非常狀況外，媒體關係建立因而產生障礙。

（二）利用新聞淡季發新聞稿

一般來說，新聞有淡季和旺季。所謂淡季是指周末與假日，因為線上記者有一半在休假，因此在周末與假日的新聞通常比較軟性，例如消費新聞或名人軼事。如果你的新聞稿屬於比較軟性的，可以選在上述時段發稿，比較容易刊登。

另外一個時段是議會或立法院休會。由於國會與議會休會，因此政治新聞較少，需要大量軟性新聞填補版面。在這兩個時段發稿調性較軟的新聞，刊出機會較平時大許多。但有一點也必須注意，如果臨時有重大新聞發生致使被擠掉稿件，也必須默默吞下，期待下次機會。同一個單位儘量不要同時間舉辦兩場的公關活動，因為報社收到同單位同時發稿時都會擇一刊登，這樣另一個沒上版面的活動就很可惜了。

值得注意的是，如果前一天已發新聞稿但沒登出，隔天千萬不要再發。因為媒體是登新聞不是登歷史，請記住一句諺語：「世界上貶值最快的東西叫報紙。」早上也許你願意花十五元去買新報紙看新聞，但過了中午也許送給你都不要。

（三）影片與照片的發送技巧

不論是電子媒體、網路媒體或平面媒體，光有文字敘述是不夠的，引不起閱聽人的注意。像許多新聞台都很歡迎民眾提供爆料影片，現在手機都有錄影及上網功能，可以隨時拍攝，隨時上傳，這樣先撥出的電視台才能在第一時間搶到獨家畫面。

企業辦活動發新聞稿時，跟前面的即時爆料不同，公關活動或記者會都是事先規劃好的，所以公關人員必須做好充份準備，給來不及在第一時間到現場採訪的記者方便，也能建立良好的媒體關係。若是電子媒體，建議在活動開始時就先錄製一至二分鐘的短片，配合新聞稿上傳，平面媒體的話，每家至少提供二張至三張照片，網路媒體則是影片照片都附，這些影片及照片，最好是從各種不同角度拍攝，發給各家媒體都不要重複，否則，到時萬一所有媒體刊出的都是同一張照片，原本想讓記者省事卻變成給他們添麻煩。

二、與媒體跳探戈

跳探戈雙人舞時，二人之中有一位是負責引導，這位引導的人也要巧妙地配合舞伴的舞步，否則會明顯暴露出舞伴的缺點，這舞就不美了。與媒體互動時，要爭取站在主導的地位，不要被動接受媒體詢問，因為媒體不可能配合你，讓媒體主導，你就只有被拖著跑的份了。再者，在了解媒體的特質之後，就要努力配合媒體的步調，像跳探戈一樣，有時帶領你的舞伴，有時要配合你的舞伴，舞姿才會美妙。如何做到呢？

（一）要設計媒體有興趣且符合商品特性的消息

既然與媒體打交道必須了解媒體運作的邏輯，因此我們必須知道媒體如何思考。對媒體來說，由於篇幅與時間有限，因此，如何在一個新聞或報導當中尋找到一個亮點，便是首要關鍵。而這個亮點必須是閱聽人覺得有趣，或是覺得新鮮。這些所謂有趣、新鮮可能是他過去完全沒有的經歷，或是植基於過去經驗都有可能。例如很多刑案的報導可能植基於過去不愉快的經驗或記憶，以引起閱聽人的氣憤或關注；八卦媒體追逐藝人的種種行為，是因為一般人並無法全天候追星，但又對明星生活充滿好奇。因此，這個亮點的最核心概念就是：「讓閱聽人想看」。也就是說在撰寫報導或媒體文案時，如果不是一則想吸引人看的文案時，基本上已經失敗了一半。

每一種產品都有其特性，不同商品有其不同特性。有的商品注重時尚，有的商品注重休閒，只要能突顯出它的特性，就容易被媒體接受，才會願意提供版面。舉例來說，黛安娜王妃成功塑造品味與時尚兼具的印象，她所使用的商品或是穿過的服裝經過媒體播出後，馬上就會成為時尚的焦點，時尚名牌克麗斯汀·迪奧

(CD)，就專為她設計一系列的「黛妃包」，銷量歷久不衰。而所謂特性主要是指異於他人或其他商品的特質。它可以是「高貴」、「神秘」、「有趣」、「美麗」、「神奇」，甚至或是「恐怖」都可以。唯一的關鍵就是在於能吸引住閱聽人的目光，有興趣繼續閱讀下去，就成功掌握了新聞的主導地位。

(二) 配合媒體的篇幅與特性

由於電子媒體播出時間都很短，平均在兩分鐘以內；平面媒體一篇報導最多在五百字左右。如果是被動接受媒體的詢問或訪問，恐怕很難在這麼短的時間與篇幅內達到預期目標。因此，每一次報導都需要完整詳細規劃，才能達到預期效果。如果是電子媒體的稿子，會比平面媒體更短，總字數甚至不會超過 150 個字，這充分考驗文字工作者的能力與功力。

不同的媒體，調性差異也很大，在提供消息前，必須先對各種媒體的屬性先進行研究與分析，等到要舉辦大型活動或發新聞稿時，再依據活動的屬性選擇適合的媒體做為宣傳媒介，不能用「撒網捕魚」的方式發稿。

三、名人代言的利弊

名人代言最容易引起媒體關注，因為名人本身有知名度、故事性及話題性，運用得宜的話就能搭上順風車，對產品形成加乘效果。

(一) 優點一：吸睛

名人代言最主要的功能就是「吸睛」。許多新興的商品在初售時由於知名度不高，需要名人代言增加消費者對產品的信心，藉以打響其知名度，例如知名造型師鄭健國 (Roger 老師) 自創新品牌 citta by Roger 保養彩妝產品，雖然 Roger 老師在媒體已經小有知名度，也經常爆光，在節目中常常介紹各種品牌的保養彩妝品時，也可以順便為自家產品宣傳，但效果畢竟有限，為了吸引更多消費者的關注，就延請影星舒淇為產品代言，理由無他，就是名氣大，舒淇的知名度遠遠大過於 Roger 老師，吸睛程度就不言可喻。

知名品牌也要名人加持，以 LV 為例，連結了品牌故事以「品牌旅人」為主題，請名人拍攝核心價值廣告，均成功創造話題。2007 年的前蘇聯總理戈巴契夫擔綱，2008 年請到英國老牌演員史恩‧康納萊，2010 年由曾被提名諾貝爾和平獎的愛爾蘭搖滾樂團 U2 主唱波諾 (Bono) 與妻子一同拍攝，2011 年請美國女演員安潔莉娜‧裘莉代言，她同時也是聯合國難民署的親善大使，以慈善公益的形象著稱 (圖 9-3)，2012 年就請到美國拳王阿里 (圖 9-4)、奧運金牌得主最高記錄保持人麥可‧菲爾普斯與世界體操皇后拉莉莎‧拉提尼娜擔任廣告代言人 (圖 9-5)。

圖 9-3　安潔莉娜‧裘莉以聯合國難民署親善大使的公
　　　　益形象為 LV 代言。（資料來源：LV 官方網站）

圖 9-4　美國拳王阿里為 LV 代言，與愛孫一同入鏡。
　　　　（資料來源：LV 官方網站）

圖 9-5　「飛魚」菲爾普斯（右）為 LV 拍核心價值廣告，
左為世界體操皇后拉莉莎‧拉提尼娜，二位同為九面奧
運金牌得主的記錄保持人。（資料來源：LV 官方網站）

圖 9-6　法國皇室珠寶品牌 CHAUMET 由蘇菲·瑪索擔任品牌代言人 Bee My Love Bijoux 戒指（資料來源：CHAUMET 官方網站）

（二）優點二：打開市場

即使在國內已是知名品牌，企圖想打開海外市場的產品，也會請名人代言，特別是國際知名人士，例如法國皇室珠寶品牌CHAUMET（尚美巴黎）就請了國際知名的法國女明星——蘇菲·瑪索擔任品牌代言人（圖 9-6）。

許多已經成名的老品牌商品，也需要符合商品特質的代言人重新包裝形象，例如佳麗寶是老字號的保養品及彩妝品牌，2008 年發表 DEW SUPERIOR 潤活極緻系列保養品時，就請侯佩岑代言，主打輕熟女市場；2012 年發表新系列 Impress 保養品時，產品訴求是頂極保養及尊貴奢華，就請歌壇天后江蕙來代言。

（三）缺點：名人的形象會產生變化

用名人代言還有一項重點，就是要注意代言人的形象，基本上以形象正面，符合商品特性為主，像上面的幾位女明星都是貌美形象佳，專業能力也強，對於女性消費者極具說服力，在美妝及珠寶等以女性為主訴求的產品行銷上，有正面的助力。

然而，名人形象牌也不是完全沒有缺點或風險，名人的形象要建立很辛苦，要毀壞卻是一瞬間的。素以臺灣之光之稱的旅美棒球投手王建民，自從在美國大聯盟展露頭角後，一直是媒體寵兒，不論是勝投、負傷休養、結婚、生子，一舉一動都能讓廠商藉題發揮，成為商品的賣點，好男人與好爸爸的形象，讓王建民代言活動應接不暇，銀行、速食店、運動用品、筆記型電腦、鮮乳、臍帶血銀行等廠商紛紛找上王建民，希望他的好形象能為產品加持，全盛時期曾同時有 5 家代言廣告。不料，2012 年 4 月王建民爆出婚外情醜聞，重創良好形象，雖然在第一時間坦承犯錯，做好危機處理，但是當初捧著大把鈔票找王建民代言的廠商，都栽了大跟斗，那些代言的廣告再也沒出現過了。

政治場域的例子更是屢見不鮮，原本有「臺灣之子」美譽的前總統陳水扁，早年跑遍大大小小選舉造勢活動，替候選人站台，當選總統後，聲勢也達到顛峰，候選人無不競相爭取總統為自己背書，然而貪污醜聞爆發後，同黨的同志紛紛走避，陳前總統儼然成為票房毒藥，之後的選舉，各候選人對「扁案」都儘量保持沈默，雖不致於挑明宣告劃清界線，但也不想與貪腐形象有所連結。

文教品牌首重代言人形象，國立中央大學運

用影星張鈞甯代言，就是看中她清新正面的形象。國立彰化師範大學本想運用楊宗緯的高知名度為其代言，楊宗緯素人歌手的形象，讓人覺得有為者亦若是，非常振奮人心，不料，後來爆出變造身份證謊報年齡參賽的醜聞，遭星光大道歌唱比賽的舉辦單位除名而無法進入決賽，還遭舉發以致被判服勞役，當年彰化師大校內畢業典禮邀校友楊宗緯到場表演，雖然人氣絲毫不減，甚至把體育館都差點擠爆，但對外招生宣傳的話，這種毀譽參半的形象，恐怕效果就沒有預期那麼好了，儘管他個人名氣及歌藝俱佳，彰化師大至今仍未延請楊宗緯擔任學校的形象大使。

第三節　公關人員的角色

公關人員主要的工作就是面對媒體，因此作為一個成功的公關人員必須要對自身的工作內容有所認知，方能克盡其功。

一、公關人員都在做些什麼？

一般來說公關人員的工作大致有下列諸項：

1. 發布新聞；
2. 提供事件背景資料；
3. 加強與記者的人際接觸；
4. 舉行記者招待會；
5. 舉辦民意調查；
6. 了解民意動向。

二、對公關人員的基本要求

一個成功的公關人員不僅必須了解媒體生態，甚至必須要能二十四小時待命，手機全天不關機以因應媒體採訪的需求。同時在媒體來電後，必須要能即時有所回應；若是因資料或資訊不足無法立刻回應，最遲也要在一小時內回覆。

其次作為一個成功的公關人員，也必須在授權範圍內發言，切不可按照自己的意思任意詮釋，或是發言超過授權範圍，這些都會給機關團體帶來困擾。而且作為一個公關人員或是發言人在發言或是發佈新聞稿時，必須要對自身的工作內容有所認知，否則就無法成為一個稱職的公關人員。作為一個發言人可以學習美國白宮的發言人，端莊、穩重且言簡意賅。公關人員或發言人可以根據本身單位的屬性在發言風格上有所彈性，但有些原則仍須加以注意。

三、做個稱職的發言人

首先作為一個發言人的服裝要端莊穩重，切不可過於花俏或流於不莊重。男性身著黑色或藏青色西裝都是不錯的選擇，女性則以深色套裝為主，髮飾或配件不適合過度花俏，過大的耳環或胸針也都不適合，水晶指甲或明顯的刺青更是敬謝不敏，因為過度的裝飾不僅會分散大家的注意力，同時也有損其專業性。

其次是發言人咬字必須清晰，講話速度也不可過快，以免讓人聽不清楚。一般來說發言速度以每分鐘講話不超過 120 字為宜。聲音在語言情感的表達上相當重要，最好在講話時要用富有魅力的聲音，讓人聽得舒服，進而接受談話內容。

要使自己說話的聲音充滿魅力，起碼要做到幾點：第一，音量大小適中。講話時聲音不宜過高，音量大到讓人聽清即可，明朗、低沉、愉快的語調最吸引人，放低聲音比提高嗓門聲嘶力竭地喊聽起來讓人感到舒適，但聲音太低太輕

也不易讓人聽清楚,那也不好。第二、語調柔和。在社交場合中,一般以柔言談吐為宜。第三、抑揚頓挫。講話時應注意音調的高低起伏以增強講話效果。避免平鋪直敘或過於呆板的音調,這種音調讓人聽著乏味,達不到預期的效果。第四、正確發音,訓練自己一口標準流利的國語,有口吃、口齒不清晰的人,要下決心糾正此缺點,較好的方法是練習大聲的朗讀。

以上所說的,都是基本的應對進退之道,但是,這樣還不夠,如果要讓人印象深刻,就必須在人文素養上多下功夫,例如前立法委員黃義交於 1995 年至 1998 年擔任臺灣省政府發言人,就是發言人的代表人物(本案例純粹為舉例,無政治立場),當時的黃義交除了外型俊美,聲音富有磁性的卓越外在條件之外,代表省政府發言時,每每都能引經據典,妙語如珠,是許多政府及民間機構發言人難望其項背的。

民國 86 年 7 月中央修憲凍省時,黃義交以省府發言人的立場評論連宋與李宋關係,說到宋楚瑜以平常心看待連宋關係,宋楚瑜只跟自己競爭,而形容李連關係時,黃義交引用了《紅樓夢》裡講王熙鳳的一段話「機關算盡太聰明,反誤了卿卿性命」,頓時成為各大報的頭版標題。

正因為他內外兼具,表現得體,從此展開從政之路,1998 年、2001 年、2005 年、2008 年分別以無黨籍、親民黨及國民黨候選人身分參選成功,即使情史豐富,但卻絲毫未減溫文儒雅的翩翩風度,2012 年尋求立法委員五連霸時甚至以關懷女性為主要政見(圖9-7),雖未能當選連任,但他操作媒體的功力不容小覷。

圖 9-7　2012 年黃義交參選立委時,文宣當中主打關懷女性的溫情攻勢,爭取婦女選票。(資料來源:何澄祥的部落格,http://chenseanho.blogspot.tw/2012/01/blog-post_2438.html)

四、妥善操作記者會

記者會的舉辦是公關人員的主要重點工作,透過記者會的召開,達到與媒體互動的目標。一場完美的記者會必須具足以下條件:

(一)清楚簡潔的目的

訴求與說明務必清楚,愈簡單愈好,便於記者掌握重點,也能將記者提問的方向鎖定在特定的範圍,比較不容易有脫序的提問,或者產生因沒有準備而無法回答的窘態。

(二)恰當的時間

配合平面媒體發稿及截稿時間,記者會的時間以上午十時到十一時、下午二到三時為佳,時間也不宜冗長,一小時以內務必結束,而以 30 至 40 分鐘最佳。

(三)適宜的地點

為了讓記者都能準時到場,記者會舉辦的地點,以都市中心交通便利處為佳,如果牽涉集會遊行法,需提前一週申請,以免舉行到一半被迫取消。

(四)明顯的訴求或賣點

如果在記者會進行當中有規劃造勢活動,例

如行動劇，創意性一定要夠強，才能滿足平面拍照與電子媒體攝影需求。

（五）精確的分工與執行

參與的工作人員必須瞭解活動型態及流程，執行分工明確，新聞聯絡人不要太多，一至二位就好，以免產生橫向聯繫上的疏漏。

第四節　成功的公關活動

一、公關活動該如何策劃？

公關活動策劃有常規的方法可供遵循，但也有不少技巧。

（一）將目標量化

策劃公關活動首先要注意的就是：目標一定要能夠量化。由於大型公關活動往往耗費很多人力、物力、財力資源。因此，首要釐清的就是為什麼要進行這樣大的公關投入？為了企業的傳播需要，還是為了建立品牌的知名度、認知度？這就是新產品上市公關活動的目標。沒有目標而耗費鉅資做活動是不可取的，目標不明確是不值得的。有的企業做公關活動，設定了不少目標，比如提高知名度、促進銷售等，但是沒有量化（提高知名度、促進銷售的貨幣額度），方向模糊，錯把目的當目標。目標一定要能量化，這樣才能掌握預算與目標，也才能進行事後評估。也只有量化目標，公關活動策劃與實施才能夠明確方向，才不會走錯路。或是平白浪費時間與金錢。

（二）集中傳播一個賣點

公關活動不是一般的促銷活動，要能確定活動賣點（主題），並以賣點作為策劃的依據和主線。很多公關活動，花了不少錢都不知是什麼活動，無法留下深刻的印象。一個鮮明的賣點才能把相關資源整合起來，從而完成活動目標。這個賣點必須是公關活動環節設計中最精彩、最傳神的地方，公關活動策劃需要創造一個非常精彩的高潮，把這個高潮環節設計得更有唯一性、相關性、易於傳播性。舉例來說，每次蘋果有新產品問世，已故執行長賈伯斯對新產品的詮釋，往往會形成 3C 商品的一股新風潮，甚至提高買氣讓產品暢銷。

（三）公關活動本身就是一個媒體

隨著網路等新興媒體大量被應用於公關活動，使得公關活動的影響力無遠弗屆。公關活動本身就是一個傳播媒體，它具備大眾媒體的很多特點，其作用和大眾傳媒相比，只是公關活動實施前不發生傳播作用，一旦活動開展起來，它就能產生傳播效應。公關活動因其組織利益與公眾利益並重的特點，具有廣泛的社會傳播性，本身就能吸引公眾與媒體的參與。在策劃與實施公關活動時，必須配備相應的會刊、通訊錄、內刊、宣傳資料、影片、新聞稿、照片等，實現傳播資源整合，能提升公關活動的價值與效果。

（四）沒有調查就沒有發言權

「知己知彼，百戰百勝」，只有摸清自己的優劣勢，洞悉公眾心理與需求，掌握競爭對手的市場動態，進行綜合分析與預測，才能贏得公關活動的成功。公關實踐表明，公關活動的可行性、經費預算、公眾分佈、場地交通情況、相關政策法規等都應進行詳細調查，然後進行比較，形成分析報告，最後作出客觀決策。客觀的說如果市場並不存在這種產品需求，你的公關活動必然因為無法吸引民眾興趣而招致失敗。舉例來說，臺灣的手機大廠 HTC 在迎戰蘋果系列手機時，往往就是針對蘋果愛用者的一些

關切點去出擊,並在公關上去將這些特點刻意放大,以贏得市場。

(五)策劃要周全,操作要嚴密

每次公關活動在舉辦前都必須不斷的反覆演練。因為公關活動不是拍電影、電視,不能重來,每一次都是現場直播,一旦出現失誤無法彌補,絕不能掉以輕心。舉例來說,2008年馬英九總統去法鼓山參加撞鐘祈福活動發生繩子斷裂事件,就是因為工作人員事前沒有檢查而使活動失色的一個明證。

(六)要有備案並修正之前的錯誤

大型公關活動有一定的不可確定性,為了杜絕意外事件發生,公關人員在策劃與實施的過程中要抱有強烈的危機意識,充分預測到有可能發生的各種風險,並制定出相應的備案。只有排除了所有風險,制訂出的策劃方案才有實現的保障。如果發生緊急事件時,要隨機應變,不要手忙腳亂,保持頭腦清醒,要冷靜。例如辦活動時都要有雨天備案就是一例。已造成負面影響的,一種方法是立刻向公眾道歉,以避免負面報導蔓延擴大。2006年陳水扁總統在檢閱軍隊時發生軍旗旗桿折斷事件,就引起軍方很大的不安(傳聞軍旗旗桿折斷是凶兆,代表會打敗仗,有人陣亡)。後來所有的閱兵的軍旗旗桿都採用金屬材質,就是來自此次的經驗。

(七)全方位評估

我們在對公關活動進行評估時,往往只針對實施效果,不夠全面。如能在評估時,除實施效果外再加上活動目標是否正確、賣點是否鮮明、經費投入是否合理、投入與產出是否成正比、公眾資料搜集是否完整、社會資源是否增加、各方滿意度是否量化等,公關活動的整體效果才能體現出來。這種全方位評估有利於活動績效考核及責任歸屬,更能增加經驗,為下一次公關活動的策劃與實施打好基礎。

(八)善用公關手段解決公關問題

近年來,大眾對公關的認識又有了新的認知錯誤,把公關活動等同於促銷活動。實際上兩者的目的、重心、手段不同。公關活動的目標是提高知名,提升親和力;促銷活動的目標是提高銷售額、市場佔有率。公關活動的重心是公眾、媒體、政府,促銷活動的重心是消費者。企業同時需要行銷、公關兩種職能,兩種職能不能通用。公關是社會行為,行銷是經濟行為,公關活動關注公眾,促銷活動關注消費者,公關與市場區別較大,行銷的手段不適用於解決公關問題。

1995年,美國名主播與主持人宗毓華(Connie Chung)專訪了共和黨政治家金瑞契(Newt Gingrich)的母親凱瑟琳·金瑞契(Kathleen Gingrich)。專訪中,金瑞契夫人原本不願說出她的兒子對於第一夫人希拉蕊(Hillary Clinton)的評價。宗毓華對金瑞契夫人說,「那就悄悄告訴我,只有我們倆知道」(just whisper it to me, just between you and me.),金瑞契夫人因而說出她的兒子評價希拉蕊·柯林頓是「bitch」,節目播出後來引起喧然大波。後來柯林頓夫婦主動邀請金瑞契母子白宮作客並過夜,第二天金瑞契母子離開白宮時,又巧妙地安排記者訪問金瑞契母子。由於金瑞契母子甫在白宮接受高規格的國宴款待,因此神情愉悅的在媒體面前盛讚希拉蕊是一個優雅高貴的第一夫人。這就是成功地運用公關手段解決公關問題的經典案例。

圖 9-8　柯林頓夫婦與金瑞契（右一）（資料來源：http://thespeechatimeforchoosing.wordpress.com/2011/11/04/reminder-newt-gingrich-teamed-up-with-hillary-clinton-wanted-government-mandated-health-care/）

圖 9-9　金瑞契夫人事件惡搞紀念章（資料來源：http://www.loriferber.com/gingrich-newts-mom-is-right-hillary-is-a-bitch-button.html）

簡單的說，公關活動策劃與實施需要經驗的積累，公關活動要在事前詳盡的策劃，實施後更要深刻檢討缺失，以作為後來的參考。公關活動策劃與實施，還有很多技巧可以利用，只要不斷總結經驗並應用於實踐中去，一定能策劃與實施出更多、更有影響力、更成功的公關活動。

二、公關活動的時程規劃

以下提供簡單的時程規劃項目，提供參考：

（一）前兩天

1. 演練彩排；

2. 完成道具製作；

3. 發布新聞採訪通知；

4. 與記者電話確認。

（二）前一天

1. 出席名單確認；

2. 完成活動流程表；

3. 正式新聞稿出爐；

4. 活動器材檢核。

（三）結束後

1. 感謝所有參與人員、工作人員；

2. 提供記者新聞稿電子檔（包括照片、影片）；

3. 傍晚發最新活動新聞稿，如有需要照片補傳給記者，對於未出席的媒體要追蹤，提供服務；

4. 當天注意蒐集晚報、電視台、廣播、網路報導；

5. 隔天蒐集各報新聞，剪報、歸檔、提供出席來賓。

關鍵詞彙

品牌形象、品牌故事、公關活動、記者會、新聞稿、名人代言

自我評量

1. 媒體公關能為產品帶來什麼助益？

2. 媒體有哪些特性？

3. 名人代言有何優缺點？

4. 公關人員與發言人應該具備哪些條件？

5. 公關活動的策劃要領為何？

参考文獻

大金空調臺灣總代理和泰興業股份有限公司，http://www.hotaidev.com.tw/，最後瀏覽日：2012年9月1日。

何澄祥，2012年，「競選廣告」，何澄祥的部落格，http://chenseanho.blogspot.tw/2012/01/blog-post_2438.html，最後瀏覽日：2012年9月19日。

阿里山農會網路商城，http://www.alishanfm.com.tw/，最後瀏覽日：2012年8月1日。

尚美巴黎官方網站，http://cht.chaumet.com/，最後瀏覽日：2012年9月1日。

佳麗寶化妝品集團東方美企業股份有限公司，http://www.kanebo-tw.net/index.asp，最後瀏覽日：2012年9月1日。

訊聯生物科技・訊聯臍帶血銀行，「給小王子的第一份禮物」，http://www.babybanks.com/2009/SC/VIP/share2-073a.asp，最後瀏覽日：2012年9月19日。

孫秀蕙、黎明珍著，2004年，公關大有為，臺北：揚智文化。

彭蕙珍，2011年，「行銷線上／名人代言 強打認同牌」，經濟日報，http://udn.com/NEWS/FINANCE/FIN11/6506871.shtml#ixzz1UAZzpXTr，最後瀏覽日：2012年8月1日。

黃光玉，2006年，「說故事打造品牌：一個分析的架構」，廣告學研究，第二十六集，頁1-26。

路易威登（Louis Vuitton）臺灣官方網站，http://www.louisvuitton.tw/front/#/zht_TW/%E9%A6%96%E9%A0%81，最後瀏覽日：2012年9月1日。

蘋果電腦，http://www.apple.com/tw/macbook-pro/，最後瀏覽日：2012年9月1日。

Citta by Roger，http://www.cittabyroger.com/，最後瀏覽日：2012年9月1日。

10

流行趨勢與時尚展演

摘要

　　流行是一種時尚的款式或做法的總稱，特別是服裝，鞋類，配件，化妝品，家具等，是一種生活的態度與品味。流行時尚通常代表的是獨特，但是獨特的品味中顯示其適合一般大眾的切適範圍內。本章節中介紹流行趨勢預測的流程包括色彩的認識、資訊蒐集與分析、流行看板衍義、終端產品製作與展現、市場回饋與改進等五大循環。時尚展演是商品行銷慣用的方式之一，尤其是現代的時尚精品。本章節中亦介紹舉辦一場成功的時尚展演所必須考慮的因素，包括場地、燈光、模特兒、秀導等十三項。

學習目標

1. 瞭解流行時尚所衍義的內涵。

2. 瞭解流行趨勢預測的基本方式。

3. 瞭解可以由不同的管道來獲取流行時尚的資訊。

4. 瞭解如何成功舉辦一場時尚展演。

第一節　流行趨勢與潮流

一、何謂時尚潮流

　　時尚和流行趨勢，主要指的是在任何的時間內所流行的任何事物，包含服飾，美食，文學，藝術，建築，時尚潮流和許多其他流行的領域。時尚潮流變化十分的快，而時尚這個字就是用來描述這個快速變化的潮流。「時尚」這個詞經常被用來在一個積極的風格，魅力和美麗的代名詞。然而，「時尚」的字眼也可能會有負面的含義，如拜金主義。全球目前所公認的時尚潮流中心，包括紐約，倫敦，米蘭和巴黎等地，台灣雖然在過去十年裡一直想擠身全球時尚潮流之列，不過從主觀與客觀的條件來說，仍有很大的努力空間。

　　依據目前全球對時尚的定義為：時尚是一種流行的款式或做法的總稱，特別是服裝，鞋類，配件，化妝品，家具等，也是一種生活的態度與品味。時尚通常代表的是獨特，但是獨特的品味中顯示其適合一般大眾的切適範圍內。時尚通常也是一種屬於設計師最新的創作，只適合小眾的消費市場，但是時常會被轉換成一般大眾所能負擔的市場產品。所以，時尚代表的是一種大眾所可以追求的一種品味價值，其涵蓋範圍包括物質層面與精神層面的自我享受或是顯世功能。也就是說，時尚概念發展至今早已遠遠不僅限於在衣著打扮上突破傳統陳規，其實應該是一種全新的生活信念與品味來引導人們去追求更美好更具品質的生活（見圖 10-1）。

二、何謂流行

　　中野香織 (Nakano Kaori) 在其著作《時尚方程式》中提到流行永遠沒有新鮮事，就是不同的時代與不同主題的相互交替或是混搭而成。百變多元的時尚舞台上，怪異但很美麗，俗氣卻很新鮮；時髦看似優雅，低調反而搶眼，就是流行的最好寫照，不同的流行元素或是訴求，還是會有一堆的追求者，清楚的描述了何謂流行。書中並提到舊元素中找到新花樣，審度未來、尋找靈感，創意乘上創意，立即展現與眾不同的時尚流行新魅力。所以流行就是今日的時尚舞台，錯綜交織著過去曾經陸續登場的各種時尚元素。所以作者對時尚的定義就是「（復古＋未來）× 無限創意」，就是一個流行的方程式。在另一本《時尚是個好生意》的書中提到有很多的時尚觀察者認為二十一世紀「時尚已死」，其實時尚本身是生生不息的，永遠有新鮮事、也永遠在改變。在時尚的過去、現在與未來，都是在不同的全球環境與氛圍中，經由不同的形態展現在世人面前，任由消費者追逐。

　　流行決不是特異獨行，而是眾人心中所可以接受的品味價值觀。流行時尚也有可能是某些前衛的概念，但是不為現代人所接受，因為已超出世人對於事物的既有看法。例如車商每年都會推出一些概念車，時尚又新穎，但卻又不切實際，但是誰知道十年後就會有

圖 10-1　時尚帶來的品質與生活

相同車款，誰又知道去年英國設計師所推出的 Nubrella 時尚傘，被大眾媒體批評的一無是處，但是十年後會不會變成人人所要的時尚休閒雨傘。

日本每幾年都會在東京現代美術館舉辦名為「Future Beauty 時尚之未來性」的展覽，該展是為日本流行設計師的創作提供一個顯示的場所。展覽共有三個主題，第一個主題為「陰翳禮讚」，第二個展覽的主題為「平面性」，第三個主題為「傳統與革新」，根據京都服飾文化研究財團主任深井晃子表示「設計的多樣性，是日本時尚在歷經三十年後尋找到的一大特性。但願這能推動整個時尚界走出混沌並向前邁進」。所以個人對事物的認知與表達，可以經由創作來展示，並傳達一些信息，最終能帶動時尚巨輪的轉動。

流行有其區域性與影響性，某些流行時尚是屬於全球性的，有些則是區域性的，流行於全球性最明顯的例子就是 iPhone 的問市，從第一代到第五代，因為有效益的操作，讓 iPhone 不僅是智慧型的手機，而是流行時尚的產物，因為它代表的是提高擁有者的時尚優越感，而非它的功能，因為其他牌子的手機，其功能有更勝之的，但是卻沒有給予消費者「潛意識時尚優越感」，而對於追求時尚感的消費者而言，此點是關鍵的購買力。

三、流行時尚就是要大眾化

中國走秀網副總裁馬曉輝先生曾在專訪中提到，其企業就是要讓時尚大眾化讓時尚全球化。在文中提到 2007 年有一次到歐洲市場考察，看到一款在歐洲剛開始流行的時尚運動鞋，但在中國市場卻沒有銷售，更沒有人穿著這麼時尚的鞋子，他也發現很多全球知名的品牌，在國外的價格遠遠低於中國專櫃的售價，一般的消費者是沒有機會去享受和消費全球各地的時尚商品的。於是他搭建一個平臺，讓國際最流行、最時尚的商品，以最適合的價格傳遞到中國消費者的手中。當時的想法就是想用最高的性價比，將全球時尚帶給每一個中國人。在 2008 年 3 月創建了定位於帶動全中國時尚消費的電子商務平臺——走秀網，並在短短一年多的時間內，他與另外兩位夥伴將走秀網打造成為中國最大的時尚類 B2C 網站。走秀網的經營管理概念就是打造「買得起的時尚」與「人人時尚、天天時尚、隨手可及的時尚」消費理念，將流行的概念帶入平價的商品內，讓消費者擁有與世界同步的流行趨勢。

流行時尚，無論是以那一種形貌出現，一種產品、一種概念、一種思想，都必須是大眾能接受、享受、擁有的，這是一種必要的元素，也是流行基本構成的需求。最近台灣有很多的流行產物，其一是遊艇遊憩。包括學習如何駕駛遊艇，或是購買遊艇，其二是學習衝浪，其三是韓劇。三者中，學習衝浪與追逐韓風，可以符合上述三個基本要求，那就是大眾能接受、享受並擁有，不過遊艇遊憩就是另一種的小眾時尚，雖然不能說這不是目前的流行，但是卻不是一般人可以消費的，所以只能說是一種高調的奢華時尚，而不是一般的高調平價時尚，或是低調奢華的概念。

四、流行趨勢預測

預測一個流行趨勢，所牽涉到的元素很多，要從不知、眾多的社會因素、環境因素、社

會因素、自然因素中，歸納出一個，或是數個主題結構，並由設計師自由意識的解釋，最後產生終端產品問世。這樣的過程十分的複雜與簡單，複雜的是如何從很多的因素中，融合成數個不同層面的趨勢，簡單的是這些趨勢所代表的內涵是任人解釋的，沒有任何的對錯，只有消費者是否買單而已。色彩，絕對不簡單，呈現的是亮麗、柔和、灰暗、溫暖、寒冷，可以有很多的心靈感覺，每一個顏色給人的感受是不一樣的。但是一個簡單的白色，所包涵的可能是數百種的白色，

而其所牽涉的科學也是不容易瞭解的，也因此，色彩的預測並不是一件簡單的事，跟預測流行趨勢一樣，複雜又簡單（見圖 10-2 及圖 10-3）。

流行預測可以歸納成下列幾個步驟：

1. 色彩的認識

對於色彩的認識是一項基本工作。色彩，可以由個人自由的衍繹，也可以用科學的方式來定義。全球目前所公認的色彩標準是使用 Pantone 色票，分為紙張型

圖 10-2　2012 年春夏的流行趨勢預測（圖片來源：PV 網站）

圖 10-3　色彩帶來的感受之二

的與布料型的。Pantone 色票的運用讓全球產品有了一個顏色標準，每個顏色的號碼可以讓全球任何的設計師與供應商進行無障礙的溝通，各國語言不同，但是色彩卻是全球統一（見圖 10-4）。

圖 10-4　PANTONE 色票

色棋排列是一位想要從事時尚相關行業的人必須要通過的一項測試。在 100 個不同濃度、色彩與明暗的棋子中，必須要依個人對顏色的認知，從淺排到深，而不能有 7 個以上的錯誤。若是超過此數，則表示個人對顏色的認知感覺與一般人不同，此時就必須考慮是否適合從事與色彩相關的行業（見圖 10-5）。

圖 10-5　色棋

2. 資訊蒐集與分析

　資訊蒐集的目的是提供設計師及品牌業者更快掌握流行相關資訊，包含最新流行款式、材料、設計、風格、主題等等，並從中可以蒐集到有效的資訊。資訊的來源可分為三種，以服飾業來說，第一類的資訊是屬於最新的材料來源，可以

從上游的各專業協會或是纖維製造業而來；第二類的資訊來自國內外相關的製造商或是設計師的一些看法等等；第三類的資訊就是各行各業的流行刊物、國內外發表會與展覽、趨勢發表的刊物等等，例如 WWD (women wears daily)、VIEW、Vouge、Fashion Color、ELLE，台灣的例如紡拓會的流行快訊雙週刊、芙蓉坊，或是國外的展覽例如 Interstoff、Premier Vision、Hong Kong Fashion Week，而網路的流行資訊網站有 WGSN、紡拓會設計情報網站、日本流行協會等，都有許多的流行資訊供設計師參考，但部分資訊需要付費。

　至於分析的方式則是依產業別而有所不同。紡織服飾產業一般會以法國的 Premier Vision 展為出發點，包括季節性主題與顏色，再依各公司產品的不同，由設計師自行衍繹出不同的主題與顏色來介紹給客戶。圖 10-6、圖 10-7 是 2012 年 Premier Vision 所發表的季節性主題與顏色範圍，各公司的設計師或是商品企劃人員可以由此衍生出更多的連想，並將此流行概念用於終端產品的設計或是概念上面。

3. 流行看板衍繹

　設計師或是商品企劃師依據自行衍繹的主題與顏色，一般會製作流行看板來表達主題，並藉由此看板來讓客戶瞭解產品的流行性、主題性或是產品的特性。看板呈現的方式不一，大小亦不同，最主要的是能清楚的表達季節性的主題。圖 10-8 與圖 10-9 分別表示 2013 年的主題與色彩。

圖 10-6　2012 年 Premier Vision 所發表的 2013 年季節性主題預測（圖片來源：PV 網站）

圖 10-7　2012 年 Premier Vision 所發表的 2013 年季節性顏色預測（圖片來源：PV 網站）

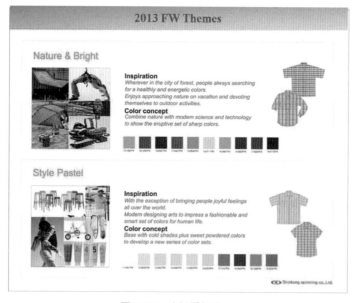

圖 10-8　流行看板之一

圖 10-9 流行看板之二

4. 終端產品製作與展現

流行趨勢經過蒐集與分析後,產品的開發就可以有一些方向,對於比較流行的紡織服飾產業來說,在季節性流行趨勢的資訊引導下,循此可以開發一系列的服飾商品。不同的時尚商品亦可以經由此流程,開發符合流行時尚的商品以饗消費者。

5. 市場回饋與改進

消費者的反應就是驗證流行趨勢分析的正確與否。一般公司會以此來評估商品企劃部門或是設計師的績效。若是時尚精品的採購人員 (Fashion Merchandising),則是評估當季銷售的情況,如銷售成績不理想,則必須加以深入的檢討,尋求可能的因素,包括商品企劃方向錯誤、產品設計不良、行銷方式不對、服務方式不對等方面進行探討,討論出可能的原因,再依上述的流程,進行下一個季節的開發。

第二節　流行時尚展演

一、時尚展演的必要性

時尚展演是一個傳播新的時尚和流行趨勢的重要方式之一,在實際的展演中已經成為企業或是品牌表現任何新的時尚潮流商品的一個管道。展演所呈現的方式,最常見到的就是服裝秀、精品秀等,廣義來說,展演也包括了一般性的商展,也就是類似家具展,或是電子展之類的活動,兩者所欲呈現的效果是截然不同。一般的精品秀、服裝秀大都是要表現年度的新產品、新創意,呈現出設計師的概念,透過一場 20～30 分鐘的走秀來展示,現場可以安排進行訂購商品,也或許只是發表新的作品而已,商務的活動不會在現場產生。一般的商展,雖然歸類於展演的一類,不過展現的形式則是不同。有部分展覽的對象是消費大眾,而部分展覽是給企業買主商務洽談之用。本章節所談的是第一類的展演,也就是新產品的發表會,並透過走秀的方式來達成。

時尚展演對一家公司或是設計師是十分重要的活動，透過此類的活動來吸引大眾的目光，新的品牌或是設計師可以快速獲得知名度，而既有的品牌，也可以經由此方式來增加營收、維繫知名度與品牌的生命力，所以時尚展演一直都是被重用的宣傳方式。以服裝秀的歷史來說最早的時裝秀已不清楚何時開始。在十九世紀，「時裝表演」週期性地發生在巴黎高級定制時裝沙龍。美國零售商進口的時裝秀的概念在二十世紀初，而美國第一個時尚秀發生在 1903 年的紐約市艾氏兄弟店。到了 1910 年，大型商店如沃納梅克 (Wanamaker's) 的紐約店和費城店也舉行時裝秀。

巴黎高級定制時裝禮服或一般商店，他們的目的就是捕捉女性消費者的關注，並進而增加營收。到了上個世紀 20 年代，美國零售商在各地舉行時裝秀，藉由舞台的展示，有時會吸引數千個買主的光臨。在 20 世紀的 70 年代和 80 年代，美國設計師開始舉辦自己的時裝秀，經由一些時尚的展演來擴大個人的知名度。大眾媒體的發展，也直接的帶動時尚展演的視覺舞台，讓更多的民眾可以揭開時尚表演的隱密面紗，更親切的接觸到時尚的脈動。

二、成功時尚展演的元素

舉辦一場時裝秀確實是一個具有挑戰性的任務，需要一個完整的團隊工作。這個過程包括許多事情要安排處理，如燈光，場地，裝飾，背景音樂等地點都是必要的元素。其中最重要的考量點包括：周圍環境必須完全反映主題、觀賞視覺的舒適感等，當然也包括了展出品的好壞、音樂的選擇、模特兒的時間安排等，每一個細節都關係到展演的品質，而展出品質正是代表了成敗。時尚秀，也被稱為走秀。以時裝秀來說，精細的視覺安排與空間的展示設計，代表展演品質的關鍵因素之一。有時一個時裝秀的目的是傳達設計師個人創作的方格，不在於進行商務的活動，而有些時尚秀則是給通路商、品牌商來採購下單，因此端看其所要達到的目的為何來舉辦，所以必須要先考慮外在的主要因素，再來計畫展出的方式與內容、舞台的設計、座位的安排、展後的酒會等，方不至於發生錯誤的解讀，而這是舉辦展演最主要也是第一個考量點。

主要考量方向	次要考量方向
時尚秀的觀賞對象與動機	模特兒經紀公司
地點與觀眾動線的安排	餐點的安排
展前記者招待會	音樂的選擇安排
走秀流暢度	座位的安排
現場氣氛的掌握	燈光的安排
展後的效益評估	餐點的安牌

三、如何舉辦一場時尚秀

舉辦一場時尚秀所需要規劃的內容十分的多，所有的細節都必須環環相扣。從初期的規劃，到現場展出的掌控，都是一項煩瑣與困難的行政技術。一場時尚秀的時間一般不會超過 30 分鐘，但是前置作業卻是勞師動眾。本章節將舉辦一場時尚秀所必須考慮的因素歸納如下：

重點一：場地的選擇

確保有足夠的空間走道和休息區，選擇時間和日期，確定活動的主題，並發出邀請。請記住時裝秀不應該超過 30 分鐘，所以必須讓觀眾持續享有時尚的食慾。一般來說，場地至少要有 30 坪以上的空間，才會有較好的視覺感受，當然有時展前記者會的場所不需要太大，不過仍是需要有足夠的空間讓模特兒走秀。場所的選擇也必須考慮到主題，例如要有舊時代神秘但是低調奢華，可以選擇台北紅樓戲院、華山藝文中心；若是強調時尚調性，可以安排在 W Hotel 或是其他五星級飯店內；若是以文化調性為主，可以考慮在故宮博物院廣場或是美術館廣場；若是在地文化，則可以選擇台北龍山寺、鹿港天后宮或是大甲鎮瀾宮等地方，由場所的特色來帶動時尚秀的主題。

重點二：音樂的選擇

音樂的選擇通常是設計師的決定，也是時尚秀的重要因素之一。時尚秀必須是視覺與聽覺的完美結合，藉由音樂來增加時尚產品的價值感或是讓觀眾融入情境中，這是音樂必須發揮的功能。音樂的選擇，雖然大部分都是設計師或是廠商的想法，不過在音樂的起始點，與下段音樂的接點，都必須是有轉合的默契，時常可以聽到的是時尚秀的音樂跟產品並沒有太多的契合，或是接點不完美，造成有時間差的空檔，也因此會影響模特兒走秀的流暢性。通常音樂的選擇是以背景音樂為主，不能夠太過突出而搶到產品的風頭，最好是全背景音樂而不是有歌聲的。

重點三：秀導的選擇

秀導是整個時尚展演最重要的人物，他或是她必須要掌握現場所有的一切，包括模特兒在後台換裝的速度、穿衣員 (dresser) 的安排、模特兒上台與音樂在時間上的配合、模特兒的來回走位與時間、模特兒的台步、燈光師的配合、DJ 的配合、模特兒的整體造型等，串起每一個細節，不容有一點的誤差。所以選擇一位好的秀導，對於時尚秀的成敗，有絕對的關係。以服裝秀來說，通常一位模特兒要換 6-8 套衣服，若是以每場 12 位模特兒來說，總共會展出 70-90 套的衣服，而每套衣服在台上展出的時間都必須嚴格控制，所以絕非易事。台灣目前有經驗的秀導不多，不過市場也並不是如此大。

重點四：時間的安排

一場時尚秀大約的時間是 15-25 分不等，要看產品的多寡與安排，因為超過 25 分鐘，觀眾會失去觀賞的耐性，而參加時尚秀的觀眾，有時會希望焦點應該是在他們身上，讓他們有展示行頭的機會，所以時間太長會失去時尚秀的部分重點。不過，一般的時尚秀的重點還是在設計的產品上面，時間上的安排必須要適當，不能讓產品失焦，時間太長，產品過多，都會讓時尚秀的效益頓失。

重點五：舞台的設計

舞台的設計與視覺效果是直接的關係。一般舞台的設計不能太過複雜，或是搭配太多的設計，因為會搶走產品的目光，所以舞台的顏色大多是以白色為主色系，舞台的設計以簡約為主，最好是一面白牆，打上特定的標誌或是主題就可以了。從正面來說，至少要有 10 公尺以上的正面牆，因為還要包括模特兒進與出的空間。舞台後方必須要給模特兒換衣之處，通常男女生模特兒更衣處並不需要隔開，最主要是節省空間。空間部分如要容納 6 位以上的模特兒至少要有 18 平方米的空間，規模愈大，所需要的空間則是等比的增加。舞台後方的隱密性也必須要考慮，免得後方舞台有走光之虞。許多的時尚秀，由於是臨時搭建，會有空間的細縫，有時會造成主辦單位與模特兒的困擾（見圖 10-10）。

圖 10-10　秀場的舞台設計基本版（照片來源：2012 年設計師新人獎）

重點六：觀眾的邀請

時尚秀的成敗，觀眾是最重要的關鍵之一。來賓的邀請要看時尚秀的主題以及欲達成的目地而定。若是設計師或是品牌想要提高知名度，則媒體是邀請的重點，國內某一品牌推出新一季的服裝，在飯店內舉辦時尚秀，透過公關公司邀請國內平面、立體媒體共五十幾家，當二十台攝影機排開時，時尚秀的目的就達到了，而當場邀請的觀眾則是比媒體還少。國內另一個品牌則是選擇在台北市西門町的紅樓戲院舉辦，對象是名媛，與重要的買主，所以現場則是來了數百位的來賓，透過模特兒的走秀帶給現場來賓一場時尚的饗宴，也為公司後續帶來龐大的效益。來賓邀請的方式很多，可以自行邀請，或是透過公關公司，端看時尚秀的性質與預算而言。若是學校自行舉辦的時尚成果發表會，則是不同的方式。

重點七：燈光設備

設備包括燈光與音響部分，絕大部分都是委外專業公司來負責。燈光部分會依產品的性質來進行調整，有時也必須屈就現場的空間。音響亦然，不過音量大小必須隨時注意，經常會因為音樂的轉換而有音量過大過小的問題。燈光部分，要特別注意瓦數與角度，不然現場太熱或是燈光直射某些地方的問題。有些時尚秀會運用五彩霓虹燈，讓現場類似夜店的感覺，雖然是很熱鬧的氣氛，不過還是要跟產品有所搭配，方不至於失焦（見圖 10-11）。

重點八：走道的設計 (Cat Walk)

時尚秀需要一個長型的走道區讓模特兒可以展示產品。走道可以是一般的地板，或是搭配長型高台。走道寬道至少要 2.5 公尺以上，至少可以讓 2 位模特兒可以錯身，也能避免模特兒與觀眾的距離不至於太近。所以從正面來看，包括長型走道與兩側觀眾的距離，至少必須要有 4 公尺以上的寬度才不至

於有視覺上的問題。長型走道一般來說,無論是搭起來的高台或是地板,都必須要有 10 公尺以上的長度,讓模特兒有足夠的空間、距離與時間來展出產品。舞台的高度,以視覺角度來看,必須高於 1 公尺以上,不過有些時尚秀因為經費,或是其他視覺角度的原因,也有 15 公分高的貓道。一切都必須要由現場空間的因素來決定。歐洲的服裝秀大都是在地板上走秀的,俗稱 Floor Show(見圖 10-12)。

重點九:後台的安排

　　時尚秀的後台必須要有周全的準備方不會出錯,而通常出錯的機率很高。一場時尚秀所需展示的商品,以服裝來說,至少 70 套衣服,所以每一套衣服出場的次序十分的重要,所以通常後台會有一排排的衣架將衣服依次序掛好,模特兒藉由助穿衣助理 (dresser) 的幫忙以最快的速度穿著完成。所以後台秀導都會有一份程序表,依表操作,而模特兒也必須事先都已試穿完成,才算是準備好上台。也是因為時間很緊湊,包括衣服、配件、鞋子等,都必須即時的完成,增加許多的困難度(見圖 10-13)。

圖 10-11　秀場的燈光設備（照片來源：西園 29 服飾創作基地）

圖 10-12　15 公分高的走秀貓道（照片來源：西園 29 服飾創作基地）

重點十：模特兒的選擇

　　產品展示人員也是時尚秀成敗關鍵的因素之一。模特兒的選擇要視產品而定，不一定是要高挑或是外貌姣好的。服裝秀一般講求的是能襯托出衣服的美觀與剪裁，所以選擇身材高挑一些的模特兒。若是 3C 產品，因為產品體積不大，焦點是集中在某一個區域，所以在選擇上模特兒不需要很高挑，以手部能展出美感的姿態為主，或是因為鏡頭要拉近拍攝產品，模特兒的臉部必須要有所要求。當走秀時，不能因為模特兒的外表或是穿著而影響到產品的展示效果。國內目前兩大模特兒經紀公司為凱渥與伊林，其他較不具知名度的大約有 30 家左右。模特兒走秀的費用依公司與模特兒本身的知名度而有所不同。一般一場服裝秀的費用大約是新台幣 7000 ～ 9000 元，要穿 6 ～ 8 套的衣服。高知名度的模特兒，是依經紀公司的標準而定，從新台幣 3 萬元到 20 萬元都是範圍內（圖 10-14）。

重點十一：預算編列

　　一般的時尚秀所需要的經費大致分為六部分：舞台裝潢、音響燈光、模特兒與秀導、場地租金、宣傳推廣與雜支。通常一場時尚秀所需最低的費用約為新台幣 40 萬元左右。最大的支出會是在舞台的設計與搭建，最簡單的舞台設計約新台幣 20 萬元以上，當然若是地板秀，則只需要背面看板即可，費用

圖 10-13　後台區域（照片來源：西園 29 服飾創作基地）

也就節省許多。國內某新的品牌，為了能快速打開知名度與市場，因此規劃一場新台幣 800 萬元的時尚秀，內容包括明星代言與出席費等等。也一如前述，模特兒的費用，若是邀請 10 位，則一場最低的費用為新台幣 8 萬元左右。時尚秀的效果不一定是跟預算有絕對的關係，費用高的時尚秀所欲達成的目標亦高，而有時花費低的時尚秀，因為宣傳的得宜，或是特殊的行銷方式，也可以達到不錯的效果。因此，預算多少不代表一切，而是舉辦單位是否可以有適切的規劃。

重點十二：其他細節

國外所謂的地板計畫 (floor plan) 就是指舞台現場的規劃，此部分主辦單位必須要有縝密的計畫。另外，事先的預演亦是十分的重要，包括流程、音樂、走位等，都是在預演的過程中，需一一的檢示，方不致出錯。時尚秀在開演前，主辦單位有時會舉辦雞尾酒會，讓現場的觀眾可以先熱絡一下，此點也是要詳細的規劃，包括是否採用站式或是座位式的。有些時尚秀會有報到處，給來賓簽名，或是發放禮物等，這些安排也必須要有所考慮。現場除了有記者證之外，一般是不能拍攝，所以這方面的管制也是要注意。部分的時尚秀還規定主題穿著 (dress code)，不過比較不常見。

圖 10-14　模特兒的挑選會依據表演特色設定（照片來源：徐秋宜設計師新品發表會）

四、時尚展演的活動行銷

一場時尚展演最大的目的在於宣傳與推廣產品，無論是服飾、電子產品、珠寶、手錶等，所以成敗除了現場的掌控之外，若是沒有觀眾或是客戶來捧場，再好的安排也是枉然，所以也就更顯示活動行銷的重要性。活動行銷的方式很多，比較傳統的是發送邀請函，這是一般的作法。也有在網站上面宣傳，或是透過通路商管道宣傳、或是 FB 宣傳、置入型宣傳、口耳相傳、報紙廣告、公關公司協助宣傳等，有很多的方式來進行，所需的費用與資源都不同，效果亦不同。主辦單位必須要把心思全力放在宣傳上面，因為這是成敗的關鍵。國內許多的新產品發表會，都是透過公關公司邀請大眾媒體。

五、任何人都可以成為模特兒

模特兒是經過長期的培訓與篩選之後，才有資格站到貓道上面來走秀。不過，一般人只要抓住幾個要領，其實也可以有模有樣的演出。許多服裝設計學校的成果發表會，都是採取走秀的方式來呈現，模特兒都是學生來擔任。模特兒在走台步時，首先必須兩眼直視，不能跟觀眾有正面的相望，可以凝視遠方的某一個鏡頭，但是眼光不能飄動，也可以兩眼不要聚焦，直視前方。臉部可以依照衣服或是產品的性質進行調整，可以是面帶微笑或是不苟言笑。走路必須一直線，手部儘量不要大幅的擺動，自然擺動為先。以服裝時尚秀來說，到了貓道定點後，大約停留 1-3 秒鐘，左右擺動姿勢來展示衣服，眼光凝視遠方某處，轉身時雙肩先動頭不動，

腳步跨出，待肩部轉到約 30 度左右，再同時跟隨肩部轉動頭部，待走到另一個定點，迅速的回身定位，直視前方，待 2 ～ 3 秒後，轉身回到後台。此番動作必須反覆的練習才能抓住其中的竅門。當然，一位模特兒所接受的訓練不僅是如此而已，還是要有更專業的台風訓練與實際走秀經驗方可成（見圖 10-15）。

圖 10-15 模特兒的台風

關鍵詞彙

時尚行銷 (Fashion Marketing)、時尚採購 (Fashion Merchandising)、流行趨勢預測 (Fashion forecast)、流行看板 (Fashion Board)、色彩學 (Color Science)、WWD、WGSN、紡拓會 (TTF)、時尚走秀 (Cat Walk)

自我評量

1. 試說明何謂時尚潮流？何謂流行？

2. 我們可以透過哪些工具認識色彩？

3. 流行趨勢分析有哪些方法？試說明之！

4. 流行看板有何用處？試說明之！

5. 成功時尚展演的原素有哪些？試簡單說明之！

6. 如何舉辦一場時尚秀？試說明之！

7. 走道的設計有哪些要求？試說明之！

8. 燈光設備的設定有哪些條件？試說明之！

9. 秀場的模特兒該怎樣選擇？試說明之！

10. 我們可以怎樣自我訓練走秀的方式與台風？

Brown, C. (2011，張靜怡譯)，時尚力：50 種流行身份深入剖析 X33 位頂尖時尚人現身說法 X120 種求職創業必勝工具，台北：積木文化出版。

Percy, L. (2004)，整合行銷傳播策略－從企劃、廣告、促銷、通路到媒體整合（初版，王鏑，洪敏莉譯），台北：遠流出版公司。

White, N. & Griffiyhs, I.（2010，許舜青譯），時尚是個好生意 (改版)，台北：佳赫文化行銷。

瘦馬（2011），時尚行業生存手冊，中國：中信出版社

時尚溝通篇

11

亞洲時尚主流文化的
傳遞與影響

摘要

現今處於傳媒全球化的時代，由於傳播科技以驚人的速度推陳出新，文化產業的影響力也已擴及各種領域，再加上自由市場風氣之下，各國皆放寬原先的管制，使得亞洲各國政府開始積極拓展文化產業的海外市場，本章的第一部分，在於從日韓政府文化輸出的角度，瞭解日韓怎樣透過不斷提昇大眾文化的製作能力，將本國的文化表現「商品化」，以科技、商業輸出、資本結合等模式，創造多元的文化價值，結合經濟效益，成功地將娛樂產業、文化特色、甚至民族精神、國家形象向外強力輸出與傳播，傳遞與影響蔚成亞洲時尚主流文化。

而在本章的第二部分，探討的重點是「融合」，當歐美時尚撲天蓋地席捲日本的時候，日本不僅會將來自歐美的時尚元素吸收消化演繹得淋漓盡致，還會在其中融入新的時尚元素，並將這種新時尚潮流反向推往歐美，進一步影響歐美的時尚觀。本部分重點在於探討日本時尚究竟有何獨到之處？日本時尚分成東京風和大阪派兩大主流，而東京風和大阪派又有何差異性？

最後，由國際觀點瞭解，無論是日本的「UNIQLO」、西班牙的「ZARA」、瑞典的「H&M」、義大利的「IMPERIAL FASHION」等平價時尚品牌，掀起一波時尚圈史上大革命，顛覆「時尚 = 奢華印象」的傳統定義，賦予平價時尚一種不平價的自由穿搭，重組時尚新定義為「平價品牌 = 快速時尚」，這樣的革命正在持續醞釀發酵中，時尚產業正面臨全球經濟結構的更迭消長，而平價品牌的消費行為究竟產生何種新趨勢，且讓我們拭目以待。

學習目標

1. 學習如何觀察文化潮流的特質。

2. 學習如何掌握日韓時尚主流文化的脈動。

4. 瞭解日本「關東」與「關西」的區域時尚概念有何差異性。

5. 認識平價時尚下主流品牌的特色及成功方程式

6. 瞭解現今消費新趨勢與未來展望

第一節　哈日風 vs 韓流潮的激盪與流轉

現今處於傳媒全球化的時代，由於傳播科技以驚人的速度推陳出新，文化產業的影響力也已擴及各種領域，再加上自由市場風氣之下，各國皆放寬原先的管制，使得亞洲各國政府開始積極拓展文化產業的海外市場，其中尤以日韓兩國對國家文化政策採取積極規劃與制定重點發展方針，在政府支持之下展現帶動文化輸出的動力與魄力，日本外相甚至喊出推動「動漫外交」[1]的口號，而韓國的企圖心更是希望能以「文化產業強國」[2]自居。於是隨著日韓不斷提昇大眾文化的製作能力，將本國的文化表現「商品化」，透過科技、商業輸出、資本結合等模式，創造多元的文化價值，結合經濟效益，成功地將娛樂產業、文化特色、甚至民族精神、國家形象向外強力輸出與傳播，這股「哈日風」與「韓流潮」的勢力興起，在亞洲形成主導時尚風格的強力革命，透過傳遞與影響蔚成亞洲時尚主流文化。

一、哈日最前線

提起亞洲文化輸出大國，源自 80 年代的日本以其大量的電影、電視偶像劇、動漫卡通等影視文化作品大舉外銷亞洲地區，舉凡韓國、臺灣、香港、新加坡等地都掀起廣大的熱烈迴響，「哈日風」造就了「哈日族」的世代崛起，從穿著打扮、價值觀、愛情觀、生活品味等等莫不受到深刻的影響，如此文化獨霸現象平衡了過份傾斜於歐美文化。即便歷史創傷令不同的世代產生仇日與親日、反日與哈日等衝突對立情結，但日本文化對臺灣而言卻有一股不可思議的「親和力」，綜觀其原因不外乎下列因素：

(1) 殖民時代臺灣雖然沒有被徹底同化，但對日語有相當的親近感，且同為漢字圈文化，吸收容易。

(2) 偶像劇精緻包裝，主角皆偶像級人物，非「善」、「惡」極端對立的單一主題，劇情結構豐富多元。

(3) 重視配樂的製作精神，亦讓日本歌曲隨影視輸出而廣為流傳，膾炙人口。

既然提到日劇，就讓我們實際來回憶一下近十多年來，臺灣的日劇觀眾群心中烙印頗深，並掀起話題的幾部日劇，如下所示，並於第十二章詳細探討其引領的時尚潮流、文化現象，甚至所反映的社會現象，這些現象究竟帶給臺灣人什麼樣的觀感與影響呢？

經典日劇

(1) 電車男

(2) 大和拜金女

(3) 熟男不結婚

(4) HERO

(5) 白色巨塔

(6) 交響情人夢

1　日本外務省在漫畫迷麻生太郎外相登高一呼下，於 2006 年四月下旬宣布主打「動漫牌」，全力推動「文化外交」。具體內容包括以海外新銳漫畫家為對象，創設國際漫畫獎；授與國內傑出動畫師「動畫文化大使」頭銜，並協助其作品於全球上映等。（自由電子報國際新聞 2006 年 6 月 14 日）
動漫外交是日本公共外交的重要形式。日本政府採取了四項策略來推動動漫外交：差異化出口，鎖定目標人群；利用官方發展援助推銷動漫產品；舉辦動漫藝術節，擴大動漫影響力；外交服務動漫，擴大動漫海外影響。

2　「文化產業強國」：韓國從 1998 年喊出「文化立國」之口號，文化體育觀光部自 2001 年成立「韓國文化振興院」，正式挾其「韓流」聲勢結合政府與民間傾全力發展推動影視、音樂、動漫、手機與網路等文化內容產業。2010 年並推行「文化強國 C-Korea」重點方案，將韓國推向文化強國之列，並躋身全球 3D 業 5 強國之一。

戲劇所掀起的時尚風潮，讓粉絲影迷爭相模仿主角的穿著打扮，男的都想變成木村拓哉或松本潤，女的更想成為安室奈美惠或松嶋菜菜子，所以戲劇帶動流行風時尚風，再次印證日本偶像劇對流行文化的深刻影響。

二、韓流來了～ K-POP 韓來瘋

當哈日潮方興未艾，90 年代後期如同後起之秀般，一股韓風突然席捲而來，吹得亞洲許多國家拜倒在一片韓流文化氣息中，以臺灣為例，「火花」、「藍色生死戀」追求真愛至死方休的誠摯情感，在臺灣既叫好又叫座，觀眾得到日劇之外新口味的驚喜。而「冬季戀歌」柏拉圖式唯美愛情更是出乎意料顛覆日本對韓國的刻板印象，男星裴勇俊所引發的一股「勇樣韓流」，可說是日本自二次世界大戰後所經歷的最大的「文化衝擊」，連首相小泉純一郎都不得不關注「韓流效應」。而隨著韓劇的氣勢所至，韓國音樂風格同時也逐漸確立，K-POP（Korean（韓國/韓式）＋ POP（流行音樂））韓式音樂所呈現的電子搖滾舞曲風亦風靡全亞洲，甚至連印度都聽得到韓國流行歌曲。在韓國政府積極支持之下，這股巧妙結合傳統歌謠內涵與現代音樂格式互融的 POP 風，亦在經紀公司強力包裝與宣傳之下，正不斷進化且散發音樂的芳香。

而韓劇包裝 K-POP 相輔相成之下，近十年出現了下列幾部高收視且關注相當高的韓劇。順帶一提，哈日族和哈韓族的粉絲結構有些不同，哈日追星一族通常是年輕族群，男女粉絲都有。哈韓追星一族中以中老年的女性居多，亦即「師奶級」為相當重要的主要族群。

經典韓劇

(1) 大長今

(2) 藍色生死戀

(3) 冬季戀歌

(4) 巴黎戀人

(5) 浪漫滿屋

三、韓劇的特色＆引起共鳴的原因

(1) 劇情取材生活化，大多以亞洲人共同煩惱的家庭問題為主軸，細膩刻劃家庭成員之間的關係或情緒掙扎，貼近觀眾的生活議題和內心世界。

(2) 攝影地點結合漂亮景點，特殊美景陪襯感人橋段，影迷都想去現場朝聖回味，帶來的觀光效益不計其數。

(3) 韓劇主角積極現身宣傳，大大拉近和影迷的距離，也讓哈韓族更加衷心擁護韓國偶像。

(4) 韓式飲食風格、時尚風格乃至民族精神、國家形象皆透過傳媒成功行銷。

四、日韓流行教主誰獨領風騷呢？

日本流行教主

　　堪稱對亞洲時尚文化最具影響力的日系流行教主有下列幾位

- 濱崎步 —— 日本流行樂壇歌后級人物，被譽為日本平成年代最具影響力的「歌姬」，其獨樹一格的濃密大眼化妝手法與穿衣風格乃至髮型、美甲等相關流行指標令她經常在時尚雜誌「ViVi」「POPTeen」擔任封面人物，於瞬息萬變的流行文化中，這位「步姊」對亞洲時尚文化的影響以及周邊商品的經濟效益實不容小覷。

- 安室奈美惠 —— 能歌善舞令哈日族粉絲熱血沸騰的流行教主，年紀輕輕卻已出道 20 年，從健康褐膚色、染髮、短裙、長靴等穿著特色形成一股「安室風時尚現象」，席捲亞洲流行文化圈。而當年 18 歲奉子成婚，更是對社會風氣打開另一種新局面，令許多年輕男女為追隨偶像行為，興起一種早婚現象。

- 佐佐木希 —— 少女雜誌當紅模特兒出身，受封日本公信榜的最新一代流行教主，精緻的五官與白無瑕肌當選最美女優，對流行元素更是掌握自如，簡單卻風情萬種的混搭風格，無論帥氣或優雅皆展現自我風格，被捧為日本當今最 in 指標的流行教主可說是當之無愧。

韓國流行教主

　　堪稱對亞洲時尚文化最具影響力的韓系流行教主有下列幾位

- 寶兒（BOA）—— 為韓國戰略型刻意培育精通外語的流行歌手，經過嚴格訓練與重金行銷打造，橫掃日韓流行歌壇排行榜，並迅速成為許多彩妝品牌代言人，從美少女風格到成熟嫵媚小女人等百變風格莫不令粉絲驚聲讚嘆。

- 金泰希 —— 有韓國第一自然美女（非整型）之稱，亦被封為「韓國廣告女王」，其引領的時尚穿著風潮，隨著廣告推出即成流行指標，從率真可愛或氣質學院風、還有性感優雅等個人穿著皆影響韓國等亞洲時尚文化。

- 金賢重 —— 素有韓國美型男之封號，代言「Hand Ten KOREA」「Ballantyne」等流行服飾品牌，向來擅長展現海軍風格舒適休閒 style，如同廠商的期望：「金賢重的大眾人氣和適合男女老少且舒適的品牌形象非常符合，而他溫和質感以及時髦的魅力能夠演繹我們品牌各式時尚風格」。

第二節　東京風 vs 大阪派之時尚攻略

當歐美時尚撲天蓋地席捲日本的時候，日本不僅會將來自歐美的時尚元素吸收消化演繹得淋漓盡致，還會在其中融入新的時尚元素，並將這種新時尚潮流反向推往歐美，進一步影響歐美的時尚觀。日本時尚究竟有何獨到之處？日本時尚總有東京風和大阪派兩大主流，而東京風和大阪派又有何差異性？如欲追蹤日本的流行時尚趨勢，莫過於觀察東京＆大阪街頭的潮男潮女究竟如何打扮。

❖關東關西大不同

看過日本著名料理 PK 秀「料理東西軍」的觀眾朋友，常常納悶為何分「東」「西」？或者你一定聽過「關東」「關西」，但不一定清楚其差別為何？話說日本人向來習慣將整個日本區分為「東日本」和「西日本」（以富士山作為分界點），亦即以「關東」和「關西」綜合日本的全貌，但就極端的縮影而言，關東就是指東京，而關西則是說大阪，亦即東京和大阪兩大都會城市各自位居關東和關西的領導地位，這兩大龍頭之間經常互別苗頭，也各自主張自己的文化特質，偶爾當然也會鬥鬥嘴互看不順眼。由於歷史文化的背景淵源不同，在生活習慣、食物偏好、語言腔調、口頭禪、乃至個性特質、時尚美學方面，皆有微妙的差異，簡直令外國人嘆為觀止。

究竟關東關西有什麼差異？同樣講的是日語，東京人所講的腔調特稱為「標準語」，大阪人的語言腔調特稱為「關西弁」；搭手扶梯時東京人向左靠，大阪人向右靠；東京人暱稱麥當勞為「マック」(MAKU)，大阪人則愛稱「マクド」(MAKUDO)；飲食偏好方面更是有趣，東京人偏愛豬肉，大阪人偏愛牛肉，東京人愛吃蕎麥麵，大阪人則愛吃烏龍麵；所以料理才有東西軍可以 PK 嘛！歷史淵源方面，東京人個性受武士文化影響較為謹慎穩重而堅毅，說話含蓄溫雅，不時給人一種距離感；大阪人個性則是受商業文化影響崇尚務實主義，熱情而率直，說話比較直接而不拘小節，感覺比較容易親近。而說到東京人和大阪人的時尚美學，那更是簡單有型的東京派 vs 華麗繽紛的大阪派，經常推出自己的流行教主一別苗頭互相較勁呢！從穿著風格、品牌色彩偏好、到化妝風格在在呈現出差異性，究竟東京風大阪派有何不同？接下來一探究竟吧！

一、品牌偏好差異

大致而言，東京人崇尚名牌的風氣較盛，對名牌比較有虛榮心態；大阪人則不拘名牌身價，自己喜歡最重要。藉此衍生出關東關西擁護的品牌各有主流，就實際舉例說個明白吧！

關東最 in 的潮牌

BEAMS ＋ COMME CA ＋ United Arrows

生活步調「快速」是許多人對東京街頭節奏的第一印象，隱藏在快速城市步調下的是頂尖的時尚工業，連外國的哈日族，都可以熟門熟路在東京蜿蜒的巷弄中找到最 in 的流行潮牌。譬如關東流行起家的「BEAMS」，不同年齡層都能穿出獨特的風格，符合東京人的生活節奏及追求自我的品味展現，儼然已成為東京年輕人最首選的潮牌。另外擁有眾多粉絲的「COMME CA」是日本設計師上

田稔夫創造的流行品牌，跳脫華麗色彩、堅守黑白調性的時尚禪風擄獲日本流行界的青睞，崇尚簡單時尚的生活態度十分受到好評。最後順帶一提的是 United Arrows(ユナイテッドアローズ) 這個受矚目的品牌，對流行敏感度非常高的設計風格，男裝以高質感＆高價位的混搭紳士風與英倫街頭元素，引領一股新的穿搭風格，特別以「微紳士風格」深受日本潮流人士喜愛；而女裝維持經典的休閒風格下，亦點綴了優雅的元素，呈現成熟女人心中那種帶點小女孩的可愛童趣氣息，強調自然優雅、自信認同以及自我價值的時尚美學。

關西最 in 的潮牌
NETTO MAMMINA ＋ JIE DA ＋ NIR

至於關西流行什麼潮牌？自然一定要提最符合大阪千金風格的「NETTO MAMMINA」，令人目不暇給的荷葉邊、蕾絲風、蝴蝶結，氣質千金的風格路線，優雅不失可愛，甜美卻不做作。而來自大阪的品牌，憑藉獨特的剪裁曲線以及不落俗套的設計，備受日本時裝雜誌欽點力捧的「JIE DA」，不出短短幾年時間，屢屢打破流行的框架，綻放出獨樹一格的時裝世界觀。「JIE DA」漢字是「自枝」，其品牌寓意在於自我比喻為「樹木」，養分從樹木的根開始傳遞至每一節樹枝，亦即將設計理念源源不斷傳遞給時裝迷一般，近年來其時尚風格備受肯定。至於 2006 年成立的「NIR」為日本新生代的流行設計品牌之一，起源於大阪的 NIR 極具關西大阪品牌的特性，不論是在質感與設計創意皆屬一流，該品牌的首席設計師更是極具知名度與話題性，其所擅長的大阪、關西

風格，更是對日本潮流市場的脈動深具影響，兼具時尚感、流行設計感的新穎概念，便是 NIR 所要傳達給人的穿衣新哲學。

二、色系選擇差異 ☞ 低彩度 vs 高彩度

東京人在服裝色系的選擇上，偏愛黑、白、灰的低調服裝色彩，並且崇尚單色調的素雅，符合東京人謹慎穩重的個性；而大阪人在顏色的選擇方面就很高調而熱情，擅長桃紅、亮紫、鵝黃等繽紛色彩的搭配，花色布更是突顯大阪人的熱情與自我展現。

三、化妝風格差異 ☞ 關東風 = 透亮肌 ＋ 水潤唇 vs 關西風 = 煙燻眼 ＋ 裸色唇

關東關西不同的化妝風格所強調的重點當然大異其趣，東京風重視「自然且清新好氣色的妝容」，不同於大阪派所強調的濃眉煙燻眼所呈現的「十足成熟性感的妝容」。東京人所在意的底妝部分，除了遮瑕之外必須有光澤來呈現自然肌的好氣色，所以必須輕透而不厚重，這是掌握東京風的首要教戰守則，而唇部的質感當然也要清透自然，所以帶點珠光的唇蜜可說是東京妹隨身必備的秘密武器！而漫步在大阪街頭，常常聽到大阪妹開朗的笑聲迎面而來，為了 match 性感風妝容，濃眉搭配煙燻眼影、濃黑眼線，還有誇張如扇形的假睫毛，這樣的組合就性感加分不少，而裸色唇更是襯托大阪爽朗妹的健康膚色，兩者相得益彰。

四、時尚美學差異 ☞ 個性內斂 vs 花俏魅力

東京人追求時尚有一定的風格與態度，除了在意品牌的知名度與質感之外，偏好以內

斂優質的設計感＋低調的極簡風格，透過單色系來呈現個性的格調；大阪人較不拘泥於品牌，用色大膽而繽紛，配件也講究華麗風格，整體而言展現一種高調的花俏魅力。而近年來日系風格頗受到臺灣年輕人的重視與模仿，譬如引起大家熱烈討論的獨特日系風，衍生出來的有「龐克搖滾系」「民俗系」「古著系」「森女孩系」「原宿竹之子族」「歌德蘿莉風」等等饒富趣味的日系時尚風格，撼動年輕人流行時尚的風格取向。

五、去哪裡血拼最時尚？

東京地區最佳血拼去處

1. 荷包滿滿的貴婦熟女看過來，「銀座」的高貴和名牌聚集，絕對是高檔貨的首選。

2. 時髦叛逆的年輕人，一定要走一趟「原宿」，原宿是日本青少年文化及流行最具代表性的地方。

3. 想變成流行教主，「渋谷」「表參道」必定要去朝聖，連蔡依林都這麼說。

4. 喜歡蒐集流行小物，「代官山」「自由之丘」會讓你驚喜不斷、收穫滿載而歸。

5. 東京樹 shopping mall—最新購物好去處，此塔乃東京鐵塔兩倍高度，購物同時還能將東京美景一覽無遺呢！

大阪地區必敗血拼去處

1. 「心齋橋筋」北起「船場」南至「難波」，商店街川流連貫遮風避雨逛得既舒適又悠哉，買到累攤還有大阪傳統美食聊慰疲勞補充體力呢！

2. 「梅田」區地上多達五間大百貨公司＋東急手，地下商店街更是四通八達，琳瑯滿目的商品不怕你逛只怕體力不夠厲害喔！

第三節　各國平價時尚的崛起與消費文化新趨勢

無論是日本的「UNIQLO」、西班牙的「ZARA」、瑞典的「H&M」、義大利的「IMPERIAL FASHION」等平價時尚品牌，掀起時尚圈一波史上大革命，顛覆「時尚＝奢華印象」的傳統定義，賦予平價時尚一種不平價的自由穿搭，重組時尚新定義為「平價品牌＝快速時尚」，這樣的革命正在持續醞釀發酵中，時尚產業正面臨全球經濟結構的更迭消長，而平價品牌的消費行為究竟產生何種新趨勢，且讓我們拭目以待。

一、平價時尚的崛起的原因

「誰說平價就沒有時尚？」「誰說便宜就沒有設計？」平價流行品牌的興起，即將使時尚名牌界掀起一股大風吹，尤以日本國民品牌「UNIQLO」在日本及海外大綻異彩，截至 2012 年 2 月底為止，海外「UNIQLO」店鋪總數合計達 234 家，轉眼已是世界第四大、亞洲第一大的平價時尚品牌。旗艦店引進臺灣之後左打西班牙「ZARA」和瑞典「H&M」，右打經典美式品牌「GAP」和義大利的「IMPERIAL FASHION」，連駐臺多年深受年輕人喜愛的休閒品牌「Giordano」「Bossini」「NET」亦隨之倍感生存威脅，探究平價時尚崛起並蔚成風潮的背景因素，不外乎下列幾項：

平價時尚崛起的背景因素

(1) 經濟持續低迷，物價卻不斷高漲的時代，只有薪水不漲，所以消費必須控制預算，甚至精打細算。

(2) 年輕消費族群希望用廉價卻能快速追求時尚感、色彩變化、以及隨意混搭的自由風格。

(3) 昂貴名牌不再是唯一的堅持，穿得舒適、穿出自我風格才是時尚新達人。

二、平價時尚品牌的成功方程式

⌘「ZARA」成功方程式 ☞快速時尚＝每週新裝上架＋流行潮流零時差

「ZARA」成立於 1985 年，在歐洲 27 個國家及全世界 55 個國家和地區建立了 2200 家服飾連鎖店，「ZARA」擁有龐大的設計師群，公司本身也有 9 間成衣廠，從設計、策劃到生產出廠，最快可在一週內產出新品，每週新裝上架，每隔 3 週服裝店內所有商品全部換新，與獨立設計師品牌每半年才換季的模式，吸引消費者，平價品牌發展至此已逐漸改變時尚的價值，「ZARA」讓「時尚無關價格而關乎品味」，更讓平價品牌向上延展了時尚的效率，也改變了平價品牌的經營策略。

⌘「H&M」成功方程式 ☞一定要擁有＝特定點特定系列＋大膽實驗設計

「H&M」公司，全稱 Hennes&Mamitz，是由其創始人 ErlingPersson 在 1947 年創立於瑞典的服裝零售連鎖企業。目前公司在歐洲和北美的 29 個國家和地區擁有其零售店，每年銷售貨品超過 5.5 億件，已成 歐洲最大的服裝零售連鎖企業之一。「H&M」經營策略的主要成功因素是網際網路，是第一個注重電子商務的成衣零售商，而且其成衣多樣少量，限量產、款式選擇多，不容易撞衫。簡單的理解就是：花不多的錢，但總能找到一款適合你，而且它還不會淪為"街服"！

⌘「UNIQLO」成功方程式 ☞全球性品牌定位＝優質科技素材＋色彩豐富高鮮度

柳井正所引領的「UNIQLO 大軍」於 2006 年開展世界戰略，不到幾年光景，已位居全球第四大，亞洲第一大平價服飾品牌。曾多次創造「一年內，一款衣服有十分之一日本人口購買」的驚人記錄，是日本人心中最 TOP 的國民品牌。預計 2020 年，超越「ZARA」、「H&M」，營收直逼 5 兆日圓。總而言之，在柳井正的心中，最好的商品除了時尚之外，還得兼具「功能、素材、舒適感、設計感」等附加價值，同一樣式數種顏色，同一功能限定樣式，滿足消費者一次購足的心理，進而引發強烈的衝動性購買。

三、消費文化新趨勢

如同遠見雜誌（註）針對大前研一最新力作──《一個人的經濟》所提出的見解：「當所有年齡層的家戶結構都以『獨居』為大宗、當網路化後的『宅經濟』變成消費主流，『一個人』不再只是一種生活方式，更是一類新族群、能創造出新通路、新行銷、造就出一個新商圈、新價值。」而消費亦從此族群化、

格差化,究竟隨著網路興起,消費模式產生了哪些變革呢?

購物 APP 化 -「逛商店、網路買」的消費模式隨著網購興起、智慧型手機普及化,聰明的消費者實體商店查看或試用商品,卻選擇價格較實惠的網路商店購買,嚴重威脅傳統店面的生機。

族群經濟 - 宅經濟正全面興起,成為消費主流趨勢。根據大前研一的觀察,「現在的日本家戶組成,正是一個由單身族、無子夫婦、活力退休族、草食系世代、精明享樂族等新族群紛紛崛起的新時代。」消費者的基本結構正產生變化。

無界線時代 -「過去的性別、年齡、通路等消費原則都在重組改變中。」

例如便利超商邁向多元化經營,讓生活中的一切消費幾乎都可以在超商中進行,超商可以是餐廳、書店、訂票處、影印店、繳費亭,甚至變身為洗衣店、宅急便,各行各業其實虛的分野逐漸消失。

關鍵詞彙

哈日族、哈韓族、流行教主、偶像劇、K-POP、時尚產業、潮男潮女、時尚潮牌、街頭流行文化、品牌認同、日系風、關東、關西。平價時尚、混搭風、消費趨勢、APP、宅經濟、族群化、格差化

自我評量

1. 你曾經有「哈日」或「哈韓」的經驗嗎？簡單述說一下日韓文化對自身的影響。

2. 描述自己最喜歡的一部日劇或韓劇，感動的地方在哪裡？

3. 舉出自己最崇拜的日本或韓國偶像，講講自己熱衷的原因。

4. 你對臺灣文化在日韓文化的衝擊之下，有何期許？

5. 請針對本文中所提及的關東 vs 關西有哪些不同？請舉出三項並簡單說明。

6. 對於東京人和大阪人的時尚品味，請舉出自己最為印象深刻之處。

7. 你有喜歡的日系品牌嗎？請簡述喜歡的理由。

8. 對於掌握日本流行時尚的資訊，你有特別喜歡參考的流行雜誌嗎？請舉例。

9. 讀完本章你覺得還有哪個平價時尚品牌值得探討和比較？

10. 你覺得 UNIQLO 所掀起的熱潮還能延續嗎？為什麼？

11. 如果看過 UNIQLO 創辦人柳井正的名言錄，你最欣賞哪一句？帶給你什麼啟發？

12. 你對所謂的「御宅族」宅男宅女有何看法？

參考文獻

MoneyDJ 財經知識庫

大前研一 (2011)，一個人的經濟，天下文化出版。

片山修 (2010)，全世界都穿 UNIQLO，八方出版。

王美珍 (2012)，遠見雜誌，第 308 期。

近藤重勝著 (2005)，大阪的常識，東京的非常識，株式會社幻冬舍出版。

柳井正 (2010)，一勝九敗，天下雜誌出版。

洪綾襄 (2011)，遠見雜誌，第 298 期。

淺井建爾著 (2001)，關東人的思維，關西人的說法，成美堂出版株式會社。

莊素玉、謝明玲 (2010)，UNIQLO 效應，天下雜誌出版。

12

跨國時尚
溝通一本通

摘要

　　日本是全世界自創時尚品牌最多的國家，從服裝、鞋子、帽飾、配件，處處都可感受到日本時尚界的活力。而日本時尚活力透過 80 年代大量的電影、電視偶像劇、動漫卡通等影視文化作品大舉外銷亞洲地區的結果，舉凡韓國、台灣、香港、新加坡等地都掀起廣大的熱烈迴響，「哈日風」造就了「哈日族」的世代崛起，特別是有幾部極為轟動的日本偶像劇，對「哈日族」的影響至為深刻，從穿著打扮、價值觀、愛情觀、生活品味等等都受到相當重要的影響。

　　本章的重點分為兩部分，第一部份是透過日本重要偶像劇的對白，瞭解時尚溝通用語，第二部份則是日文輸入資訊的教學，帶領大家瞭解怎樣蒐集非英語系國家的時尚流行資訊，打開新的時尚視野！

學習目標

1. 觀察日本偶像劇的特色與風格以及對台影響。

2. 探討日本偶像劇所掀起的時尚話題與流行品牌。

3. 認識日本時尚萌語，瞭解各種日本流行文化派別的分眾特色。

4. 學習運用各種工具，蒐集非英語系國家之時尚資訊。

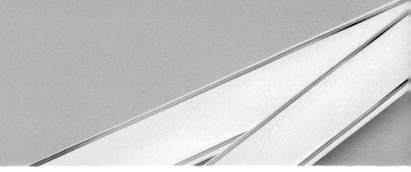

第一節　經典日本偶像劇搭配新夯時尚萌語簡介

日本是全世界自創時尚品牌最多的國家，從服裝、鞋子、帽飾、配件，處處都可感受到日本時尚界的活力。而日本時尚活力透過 80 年代大量的電影、電視偶像劇、動漫卡通等影視文化作品大舉外銷亞洲地區的結果，舉凡韓國、台灣、香港、新加坡等地都掀起廣大的熱烈迴響，「哈日風」造就了「哈日族」的世代崛起，特別是有幾部極為轟動的日本偶像劇，對「哈日族」的影響至為深刻，從穿著打扮、價值觀、愛情觀、生活品味等等都受到相當重要的影響，日本偶像劇所引為討論的話題，對時尚潮流、文化現象，甚至社會現象帶來什麼樣的衝擊，下列幾部日劇引發什麼樣的時尚潮流和新夯流行詞彙呢？

「やまとなでしこ」大和拜金女

作品年份：2000 年

電視台：富士電視台

主要演員：松嶋 菜々子（神野 桜子）、堤 真一（中原 欧介）、

劇情花絮＆時尚話題迴響

若以為這是一部「癡情窮小子」愛戀「任性拜金女」的肥皂劇，那就只是看到表象而已。聯誼女王 - 神野櫻子（松嶋菜菜子飾）兼備女人最佳的武器「美貌」與「名牌衣裝」，透過聯誼使出渾身解數，爭取通往富豪之家的捷徑，而男人全身的行頭 - 名錶、好車、馬主徽章⋯都逃不過她如同條碼掃描機的銳利雙眼，在愛情和麵包之間從不猶豫自己的拜金選擇，「愛情？愛情就是年收、不動產和遺產」！如此堅定信念且目標明確，投影出當時日本女孩近似偏執一昧追求三高條件（身高高、學歷高、收入高）的伴侶以及思考真愛的定義，當真愛來臨時，不是金錢所能權衡，透過何謂大和女性的風範，探討日本女性外在的形象與內在的價值觀，女主角松嶋菜菜子引領潮流的時尚穿著，無論是名牌服飾或名牌包皆帶動全亞洲流行旋風，正是本劇最為人津津樂道之處。

「拜金女時尚語錄」劇中女主角松　菜菜子風靡全亞洲的時尚名言錄

私はこの世に一番嫌いなもの、　それは　貧乏だ。
這世上我最討厭的東西，那就是貧窮。

私の武器は　一つだけ。それは　美貌だ。
我的武器只有一個，那就是美貌。

今夜はたった1人の人に巡り会えたような気がする。

覺得今夜好像遇見唯一的真命天子！

彼とは結婚の約束をしただけで、結婚したわけではありません。結婚するその日まで、前向きに生きていきます。

和他只是訂婚而已，又不是結婚，在步入禮堂之前，我都要積極地活。

愛情とかは年収と不動産と遺産です。

所謂愛情，就是年收入、不動產和遺產。

時尚溝通一本通

超精采時尚對手戲：一支名錶「カメレオン」所衍生的價值真諦 - 愛情與麵包究竟何者為重？

櫻子驀然回首發現失去一切並不足惜，而是歐介的存在才是今生最想把握的唯一幸福，懷著忐忑不安的心情直奔紐約，那隻變色龍卻是維繫兩人感情的重要信物，終於雙方都願意卸下自我保護的面具，坦誠相對。

桜子：でも、どうしてもあなたに会いたくて。

可是，無論如何我就是想見你一面。

欧介：正直って、今すごく混乱します。だって、そうでしょう。

老實說，我現在很混亂。本來就是這樣啊！

桜子：いいえ、いいんです。私が来たくて来ただけで。

沒關係的，我只是想來所以就來了。

こうやってあなたにも会えたし。

反正我也見到你了。

このカメレオンは私にとって、たった一つのものでした。

這隻變色龍對我而言，是獨一無二的。

これがなかったら、私は一番大事なものに気づかなかった。

沒有它，我不會知道什麼對自己那麼重要。

これはお金には換えられないです。ありがとう。それじゃ。

這是金錢無法取代的。謝謝你，再見。

欧介：桜子さん、あなたが持っていてください。

櫻子小姐，請妳保留它。

僕はもう逃げません。あなたが好きです。

我不會再逃避了，我喜歡妳。

たとえ明日あなたの気が変わったとしても…。

哪怕妳明天就改變心意！

桜子：私には見えるんです。10年後にも、20年後もあなたのそばに私がいる。

我看得到10年後、20年後，你的身旁有我陪伴。

残念ながら、あなたといると私が幸せなんです。

遺憾的是，有你在身旁，我就感到幸福。

時尚關鍵萌語

1.お洒落　時髦，流行

2.洗練さ（refinement, civilization, civilization）品味高雅

3.ブランド憧れ　崇尚名牌

4.センスがいい　有品味

5.人気セレクトショップ SELECT SHOP

➤意指完全依照店主的品味選擇海外進口的商品，注重風格而不講究品牌，從服飾到鞋子、配件乃至生活雜貨，應有盡有方便選購。

6.結婚指輪　婚戒

7.本命の彼氏　真命天子

デート（date）　約會

「結婚できない男」熟男不結婚

作品年份：2006年

電視台：富士電視台

主要演員：阿部寛、夏川結衣、国仲涼子、塚本高史、高島礼子

劇情花絮＆時尚話題旋風

　　這是一部節奏清淡的幽默小品，反映時下「不婚族」的心理內涵及社會現象，劇情以桑野信介（阿部　飾）為主軸，和家庭醫生—早　夏美（夏川結衣飾）、粉領族的鄰居—田村滿（國仲涼子飾）、以及工作上最佳搭檔—澤崎摩耶（高島　子飾）之間有著微妙的互動，最後和夏美究竟有無結果？留下令觀眾自由想像的空間！「熟男不結婚」有一個副標題：「先聲明—我可不是結不了婚，而是不想結婚」，頗令人玩味！從桑野信介身上所投射出的那種自我為中心，無視社會壓力，討好別人不如討好自己的心態，看得令人會心一笑；從早　夏美言行的坦然自若，隨緣適性，連番慧詰的珠錦妙言也聽得令人頻頻點頭！究竟是不能結？不想結？還是不敢結？都有幽默的答案！

　　劇中的妙喻絕對精彩難忘，年過四十，集專業、品味、潔癖於一身的黃金單身漢為何不結婚？真的必有其因！而反觀台灣的不婚比例年年攀升，劇中主角的省思剖析面面觀，頗有耐人尋味之處。

　　說來有趣，本劇收視群不限於熟男熟女，連國高中生都愛看，其收視熱潮引起話題討論現代男性逃避婚姻枷鎖而衍生的種種意識型態。過去以屆婚女性徘徊於婚姻關卡為題材的戲劇並不少，例如「30 拉警報」（1999）、「愛的力量」(2002)、「熟女拉警報」(2005)、「派遣的品格」(2007) 等劇皆在台播出過，而「熟男不結婚」是第一齣探討不婚男性的創新題材，含蓄卻不失誠摯。

　　「不婚男時尚語錄」：

　　桑野信介小檔案

　　年過四十　坐擁高薪的建築師

　　嗜好：邊喝牛奶邊聽古典樂、牛排、紅酒、模型

　　人格特質：個性孤僻又龜毛，凡事習慣從自己的角度出發，沈浸在自己生活的節奏與美感中，帶點知性的宅味。

　　下列語錄正是不想結婚的男人發自內心的吶喊：

　　「一人が好きで悪いか。」

　　【中譯】喜歡一個人有何不可？

　　「僕は結婚できないんじゃなくて、結婚しないんだ。」

　　【中譯】我可不是結不了婚，而是不想結婚！

> ❀「妻と子供と家のローンは人生の三大不良債権だ。」
>
> 【中譯】 妻子、孩子、房貸是人生三大不良債權！
>
> ❀「独身なら稼いだ分が自分のものだが、結婚したら妻子に食いつぶされる。」
>
> 【中譯】 單身漢賺多賺少全都是自己的，結了婚賺的錢就會被老婆花光光！
>
> ❀「結婚したら親戚付き合いが倍に増える。自分の分も面倒なのに」
>
> 【中譯】 應付自己的親戚就已經夠麻煩的了，一旦結了婚，往來的親戚又多一倍！

日本新夯萌語＆時尚穿著潮語

・「生煮え男 (なまにえおとこ)」

➤日本對這種以自我為中心，不了解別人感受，遲遲不願面對婚姻與家庭的重責大任而持續保持未婚狀態的男性，稱為「生煮え男」，意指各方面都處於半生不熟的狀態。

・「負け犬女 (まけいぬおんな)」

➤源於酒井順子的《敗犬的遠吠》，指未婚、沒有小孩的 30 歲以上女性。

・「干し物女（ひものおんな）」

➤源於漫畫《螢之光》，劇中女主角是個放棄戀愛，對任何事都覺得麻煩而馬馬虎虎度日的人。

關於打扮，日本現在流行什麼「系」？你喜歡什麼系的打扮風格呢？透過下列名詞的介紹，瞭解各種日本流行文化派別的分衆特色

・渋谷系

➤源自音樂延伸的一種穿衣風格。原本是指起源於涉谷一帶的「音樂文化」，這股音樂文化，主要受到法國香頌、美國 indie 音樂與英倫電子音樂的深刻影響，啓發了當時日本年輕音樂人的音樂創作，後來藉此衍生 谷系的穿著風格，意指

擅用美式休閒裝扮和日式層次的創意混搭，表現出街頭時尚潮流的個性打扮風格。

・裡原系
_{うちはらけい}

➢於原宿一帶所開設的玩具精品或自製的 Tshirt 精品店，講究獨特性的商品深受日本年輕人喜愛，加上素有「裏原教父」之稱的藤原浩大力支持推廣，形成一種以 Tshirt 為主的打扮風格。

・草 食 男
_{そう しょく おとこ}

➢意指日本現今年約 20 歲至 34 歲中一個特殊的男性族群。特色是安靜、溫和、節儉、彬彬有禮，較為消極與悲觀，野心較小，沒有大的人生目標。他們追求物質與名利的慾望很低，對追求異性、戀愛及性愛的興趣也不高；但是他們對自己的外表與穿著很注重，會花時間跟金錢在化妝及保養上。專心於自己的個人嗜好，重視與家人相處的時間，不喜歡長時間投入職場工作以提升社會地位，也不積極於投資理財，偏好保守型的儲蓄。在許多方面，他們是傳統的男性角色的一種顛覆。（取材自維基百科）

・森系
_{もりけい}

➢意指清新自然、不矯揉做作、色彩盡量柔和，而以天然素材穿搭出多層次的一種打扮風格，雪紡系列是森林系女孩常見的穿著選擇。

・アメカジ系　American Casual

➢美式休閒風，上身美式大學 T-shirt 或連帽 T，搭配牛仔褲或卡其褲，色系方面常見深藍、橄欖綠、卡其色，營造一種休閒自在的風格。

「のだめカンタービレ」交響情人夢

作品年份：2006 年

電視台：富士電視台

主要演員：上野 樹里（野田 惠）、玉木 宏（千秋 真一）、
瑛太（峰 龍太郎）、竹中 直人（フランツ シュトレーゼマン）

劇情花絮＆時尚話題迴響

「交響情人夢」是「Nodame」和「千秋王子」的音樂之夢—自 2006 年以來日劇迷最津津樂道的超夯話題，原劇名「のだめカンタービレ」意指「如歌般的野田惠」，取材自二之宮知子的人氣少女漫畫，既要呈現漫畫中天馬行空的戲劇張力，又要保持古典音樂原汁原味的精粹，其難度已不在話下，更妙的是活靈活現的搞笑橋段卻依舊傳遞令人感動的音樂內涵，將神聖的古典樂壇，拉近距離和一般大眾雅俗共賞之，原來，古典音樂也能這樣平易近人！

劇中天才且高傲與孤獨的千秋對照所謂後段班未經雕琢的質樸與奔放的 Nodame，千秋（玉木宏飾）的懷才不遇在結識 Nodame（上野樹里飾）之後的震撼教育中，逐漸跨越藩籬和音樂直接對話，不僅傾聽自己的內心，也回應了周遭的聲音。一個指揮奇才和鋼琴鬼才透過人與人、人與音樂的邂逅一起成長蛻變的歷程，可以如歌的、輕柔流暢地再三細細品味！正如同劇中所言「一個在音樂界成功的人，需要與很多珍貴的人相遇」，而德國指揮家休德列斯曼（竹中直人飾）正是貫穿全劇的伯樂，精彩地點醒千里馬巧遇伯樂的喜悅，啟發了 S 樂團的可塑性，更激發出 Nodame 和千秋之間那種相輔相成的互補特質。

該劇於播出之後，其迴響之深難出其右，從漫畫到電視劇、動畫、甚至電玩和古典音樂的復興風潮，橫掃出版業、演藝圈、音樂界，各式相關書籍、專輯、乃至周邊商品的熱賣延燒，儼然已成日劇迷共同珍藏的重要回憶。「交響情人夢」是集知性與感性的一場盛宴，更是超凡入聖的一種創意行銷！

時尚關鍵萌語

1. ワンピース　一件式洋裝
2. 太鼓判　拍胸脯掛保證
3. 地味　樸素

4. 相性抜群（あいしょうばつぐん）　超速配

5. ダサい　老土

6. UNIBARE

➤ 意味被人看穿身上穿了 UNIQLO 的衣服，暗喻對方很俗氣、很丟臉。乃嘲諷
　UNIQLO 的用語，

7. エロカッコイイ　性感裝扮

8. 着（き）こなし自己流（じこりゅう）　穿著打扮個性化

9. ハンカチ王子（おうじ）

2006 年甲子園的最熱投手齋藤佑樹常用藍色手帕抹汗，迷倒千萬女性。

10. 大（だい）ヒットアイテム「item」超熱賣商品

第二節 如何蒐集日本最新時尚情報

想要透過日本網頁蒐集最新時尚情報,那日文輸入法是必備利器,透過下列安裝說明,則能迅速掌握日文輸入的關鍵步驟,進而透過日本網站蒐集第一手的日本流行資訊,為各位開展一個個美麗又時髦的新視野。

一、日文輸入法安裝說明

1. 先找到桌面上的語言列

2. 點選語言列上的小三角形

3. 再點選設定值

4. 跳出一個對話框，請點選新增

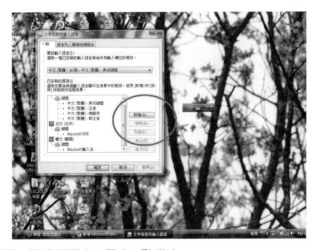

5. 再跳出一個對話框，請找到日文 (日本) 點進去

6. 點選 Microsoft IME

7. 點選確定

8. 再點選確定

9. 此時語言列上就會顯示日文（日本）

10. 如果要輸入平假名，請按 あ 選擇

　　Hiragana

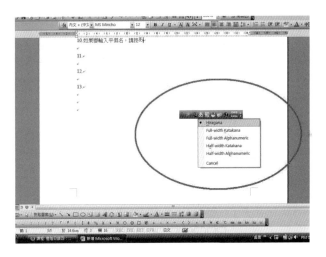

11.　如果要輸入片假名，請按 あ 選擇 Full-　　　　　　　width katakana

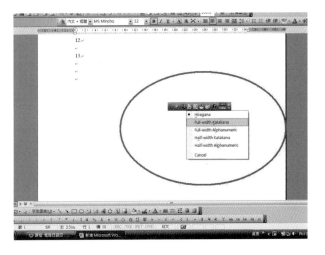

日文輸入法鍵盤對照表

	あ段 a	い段 i	う段 u	え段 e	お段 o
あ行	あ ア a	い イ i	う ウ u	え エ e	お オ o
か行 k	か カ ka	き キ ki	く ク ku	け ケ ke	こ コ ko
さ行 s	さ サ sa	し シ shi	す ス su	せ セ se	そ ソ so
た行 t	た タ ta	ち チ chi	つ ツ tsu	て テ te	と ト to
な行 n	な ナ na	に ニ ni	ぬ ヌ nu	ね ネ ne	の ノ no
は行 h	は ハ ha	ひ ヒ hi	ふ フ fu	へ ヘ he	ほ ホ ho
ま行 m	ま マ ma	み ミ mi	む ム mu	め メ me	も モ mo

きゃ キャ kya	きゅ キュ kyu	きょ キョ kyo
しゃ シャ sha	きゅ シュ shu	しょ ショ sho
ちゃ チャ cha	ちゅ チュ chu	ちょ チョ cho
にゃ ニャ nya	にゅ ニュ nyu	にょ ニョ nyo
ひゃ ヒャ hya	ひゅ ヒュ hyu	ひょ ヒョ hyo
みゃ ミャ mya	みゅ ミュ myu	みょ ミョ myo

二、日本時尚資訊搜尋網

1. 東京流行通訊網

http://www.tokyo-fashion.net/big5/rank/index.asp

首頁的匯總信息，或是「美」「電」「遊」「車」「書」「星」「娛」「人」等八個專欄，可以根據讀者的投票結果，按照得分高低順序所刊登的不同領域的日本流行資訊。從這個網站蒐集資訊即可對日本流行，有一個概觀的認識。

2. REIKO AOKI

http://www.reikoaoki-ny.com/

自 2003 年旅居紐約的日本插畫家青木禮子設計打印插圖畫風品牌『REIKO AOKI-New York-』開始問世，各系列產品設計包括背包、小物收納、鑰匙圈、服飾、生活雜貨等商品專賣，受到年輕美眉喜愛及淑女們的瘋狂採購，插圖內容多以紐約為據點，畫中的女孩們猶如畫家自己，旅遊各景點的留影，感性表現出紐約都會流行的時尚元素！

3. FRANCfranc

http://shop.bals.co.jp/shop/

日系生活精品百貨 Francfranc, 為日本精緻生活採購提案的優質連鎖商店，Francfranc 的定位，品牌風格以色彩豐富及簡約法式風著稱，主要客層以上班族、小家庭及 SOHO 族為主，銷售產品以生活用品為主，產品定價在中高價位，產品琳瑯滿目、應有盡有。生活雜貨的概念來自簡約與自然，令人有一種舒服的感覺，而產品當中以圍繞日常生活中的用品、文具等為主，不論款式、功能、質感、實用性都能從平凡中彰顯及提升使用者的自我品味及風格，尤其近年慢活（Slow Life）與樂活（LOHAS）風潮開始盛行之際，標榜個人化與美感，溫柔的寧靜革命，絕對會是這幾年不容忽視的新浪潮。

4. LAURA ASHLEY

http://www.laura-ashley.co.jp/pc/home_and_furniture/index.html

1953 年創立的 LAURA ASHLEY 是一個象徵英國風格的代表性品牌，商品處處獨具特色，這種浪漫、充滿女人纖細感性特質的印花圖案與用色搭配，所呈現出來的協調美感，無論家居風格或休閒

風格，除了歐美地區也在日本和台灣擁有忠實的客層。以各式各樣富有創意的布類，提供人們優雅又具有獨特品味的生活方式。從仕女服飾到傢飾用品，每個作品都以一種整體又協調的形象來豐富生活的概念。

5. Afternoon-tea

http://shop.afternoon-tea.net/

Afternoon Tea 會長鈴木陸三先生，於 1980 年到歐洲旅遊時，深切感受到歐洲人對生活品質的重視，鈴木先生雀躍地想著：「在這追逐時代變動的社會，若能創造一個彷彿歐洲日常生活的空間，放鬆大家緊湊的步調，隨時隨地享受片刻的悠閒生活、豐富精神上的奢華感，身心愉快地度過每一天，應該能讓更多人感受到幸福的滋味。」[1]

隨即於 1981 年在東京創立 Afternoon Tea。該品牌常將街頭流行異素材的混搭風格精彩呈現，尤其是在雜貨市場，消費者愈來愈重視在生活細節中表現個人特色，所以對於商品設計的重視度也愈來愈高！因應這樣的趨勢，Afternoon Tea 也不斷推陳出新，與各界知名設計師合作或與品牌聯名，推出各式不同風格的雜貨商品，讓大家都能搭配出充滿個人特色的居家氛圍！

6. MUJI 無印良品

http://www.muji.net/

「無印良品」引進台灣之後引起年輕人極大的迴響與好評，MUJI 在日文中意謂著「無品牌標誌的好產品」，其產品類別涵蓋廣泛，但主要是以日常用品為主。MUJI 產品注重環保、簡單、樸實、低調原色彩，並主張以人為本等理性訴求，在包裝與產品設計上皆無品牌標誌。在日本產品非常多元，類別從服飾、鉛筆、筆記本等文具類，加上食品、寢具、家具乃至基本廚具都有，並跨足發展房屋建築、花店、咖啡店等不同產業。

1　引用出處：afternoon-tea.com.tw/PageLoader.aspx?__PagePath=/Brand/BrandStory/Default）

關鍵字彙

「生煮え男 (なまにえおとこ)」、「負け犬女 (まけいぬおんな)」、「干し物女（ひものお
んな）」、谷系 (しぶやけい)、裡原系 (うちはらけい)、草食男 (そうしょくおとこ)、森系 (も
りけい)、アメカジ系　American Casual

自我評量

1. 請寫出具體的五個日本時尚萌語，並說明其用途！

2. 請列舉自己喜歡的日本時尚品牌，並分享網頁瀏覽的經驗和感想。

3. 運用日文上日本網站找尋資料時，曾經遇到什麼樣的困難？

4. 近年來台灣引進哪些日本時尚品牌？試觀察日本官網與台灣官網的異同之處。

5. 你所看過的日劇之中，印象最深刻的是哪一部？對你有何影響？

參考文獻

陳志成 (2005)，從社會學觀點論日劇對台灣流行文化之影響，國立台灣藝術大學應用媒體藝術研究所網路社會學通訊期刊 45 期。

私たちが本 に見たい "テレビ" とは，NHK 放送文化研究所 2012.04

李丁讚、陳兆勇 (1998)，衛星電視與國族想像：以衛視中文台的日劇為觀察對象，新聞學研究 。

岩淵功一 (1998)，日本文化在台灣：全球本土化與現代性的『芳香』

羅慧雯 (1995)，台灣進口日本影視產品之歷史分析，國立政治大學新聞學研究所碩士論文

「打造哈日族、日本外相：應推動動漫外交」 東森新聞報 2006.05.02

湯禎兆 (2000)，日劇最前線，商周出版

時尚經營篇

13

時尚品牌的保護傘
——法律制度與救濟

摘要

如何知道自家品牌被侵害了呢？首先，應該先對智慧財產權（以下簡稱「智財權」）有基本的認識，了解了權利的種類跟範圍，才能具體判斷出是品牌商品的哪一部分被侵害了；其次，找出最有效的解決方案，利用司法與行政機關的各種資源，來保護自家的時尚品牌。

我國近年來十分重視文創產業，對於國人自創的時尚品牌，法律制度上有完整的建制加以保護，除了智慧財產權法規一直增修外，還有公平交易法的保障。我國的智慧財產權主要有著作權、商標權、專利權、營業秘密四種，這四種智慧財產權的保護目的及保護期限各不相同。如果能夠充分了解，並且善加利用的話，不僅可以把自家品牌經營成為強勢品牌，也能夠利用法律的制度予以妥善保護。對於經營時尚品牌的經理人來說，是非常重要的利器，如能巧妙運用，必定能在品牌大戰中攻無不克，戰無不勝。

學習目標

1. 認識智慧財產權
2. 了解司法及行政上的制度及資源
3. 懂得辨別生活中觸手可及的智慧財產權

我們在日常生活中會接觸到多少品牌？請看以下這位大學生的生活片段：

「早晨七點整，床前的精工 (SEIKO) 小鬧鐘準時響起，我揉揉惺忪的雙眼準備起身開始忙碌的一天。黑人牙膏、李施德霖漱口水及露得清洗面乳讓我整個人徹底甦醒過來，打開 PANASONIC 液晶電視，轉到 TVBS 新聞台看氣象報告，主播小姐說今天氣溫是 28 至 35 度，晴時多雲的好天氣，我一邊盤算著今天的服裝，一邊從 LG 冰箱拿出林鳳營鮮乳及統一麵包，迅速地把自己餵飽，再穿上 UNIQULO T 恤及 LEVIS 牛仔褲，拿起 ADIDAS 背包，套上 NIKE 運動鞋，戴上 ZEUS 安全帽，騎上 KIMCO 奔騰 VZ 125，七點半出門前往學校上第一堂課。」

這位大學生在短短的半小時內，至少利用了 15 種品牌的商品，想不到吧？但是，你知道這裡面有多少個智財權項目嗎？

第一節　糟了！品牌被侵害了！

如何知道自家品牌被侵害了呢？首先，應該先對智財權有基本的認識，了解了權利的種類跟範圍，才能具體判斷出是品牌商品的哪一部分被侵害了，也才有辦法研究出有效的解決方案。

一、牙膏大戰的啟示

還記得牙膏界轟動一時的「黑白大戰」嗎？生產老牌子黑人牙膏的好來化工公司，與白人牙膏所屬的嘉聯公司，二家公司纏訟長達十一年。民國 86 年，好來化工公司向公平交易委員會檢舉，認為市售的白人牙膏不論在外觀上或名稱上，都模仿該公司出品的黑人牙膏，攀附了黑人牙膏長久以來所建立的商譽，白人牙膏不僅搭了順風車，並且有混淆消費者之嫌。

經過公平會調查之後，認為白人牙膏不違法，所以，好來化工公司因而提起行政訴訟。法院最初撤銷公平會的決定，要求公平會重新審議，公平會又維持原議，好來化工公司再提起訴訟，法院便判決白人牙膏構成侵權，認為公平會的決議是違法的，這下變成公平會上訴，而歷審法院見解不一致，一直上訴、發回更審，就這樣來來回回，官司一打就是十一年，最後法院定讞的結果是好來化工敗訴。從此，市場上就是黑人牙膏與白人牙膏並存的局面，消費者只能靠自己分辨抉擇了。

黑人牙膏之所以告不贏，並不是因為他們沒有根據，事實上，訴訟過程中，好來化工公司曾提出兩間市調公司的報告作為證據，報告中指出消費者確實產生了「黑人、白人傻傻分不清楚」的困擾，兩種產品的外包裝都是黃色紙盒，形狀大小及包裝盒的配色實在很像，一不小心還真有可能拿錯，要是真的買錯了，有多少人會再跑一趟回去換？還不就是湊合著用，最多下次看清楚再拿就是了（圖 13-1）。

圖 13-1　黑人牙膏（左一及左二）與白人牙膏（右一及右二）（資料來源：左一及左二為黑人牙膏官網 http://www.darlie.com.tw；右一為白人牙膏官網 http://www.whitemen.com.tw；右二為作者自行拍攝）

既然確有造成混淆的事實，黑人牙膏怎麼會敗訴呢？問題到底是出在哪裡？好來化工公司一定也很納悶，為什麼明明是黑人牙膏在市場上打下的天下，卻叫白人牙膏瓜分了市場，撿了個現成的便宜？

判決書中說到，白人牙膏以「白人」註冊商標長達二十年，在民國 78 至 85 年之間，也支付了大量的廣告費做產品宣傳，才能在市場有一定的知名度，不能因為名稱上有相對性而認定為會造成混淆。因此，似乎不是光產品長得像就可以叫做品牌侵權，還要考量許許多多其他因素。

黑人牙膏雖然遇到白人牙膏這個難纏的對手，但是並沒有因此影響它的品牌地位。民國三十年間，除了臺灣以外，在東南亞也有相當的市場規模，是具有指標性的品牌，過去曾經流傳過的一句順口溜：「臺灣有三黑，黑人牙膏、黑松汽水及黑社會。」足見黑人牙膏在大家心目中的地位。2010 年，管理雜誌曾報導，黑人牙膏與大同電鍋等十一個長青品牌，連續二十五年蟬聯理想品牌冠軍，人氣至今歷久不衰。

雖然在臺灣的商標權官司輸給白人牙膏，但黑人牙膏也不是省油的燈，在臺灣打官司的同時，為了怕被白人牙膏以同樣方式影響大陸的銷售市場，黑人牙膏所屬的好來化工公司便搶先在大陸以白人牙膏及圖註冊商標登記，這個舉動造成白人牙膏所屬的嘉聯公司無法用白人牙膏及圖取得在大陸的商標權，嘉聯公司一狀告到法院，北京第一中級人民法院以「地域性原則」，也就是在臺灣登記的商標權，只有臺灣地區才有效力，因此判決嘉聯公司敗訴，嘉聯公司就因為登記慢了一步而痛失白人牙膏及圖在大陸的商標權。

黑人牙膏才是好來化工公司真正生產的產品，但為何會以對手的白人牙膏及圖去登記商標呢？事實上，這是智慧財產權領域常見的商戰手法。好來化工當然會以黑人牙膏及圖登記商標，但是為了怕對手也取得合法商標權，二大品牌又在大陸市場繼續競爭，所以好來公司搶先把白人牙膏及圖也拿去登記商標，因為商標登記時並沒有要求要有相對應的商品，如此一來，白人牙膏及圖在大陸的商標權變成屬於好來化工公司，白人牙膏的正牌老闆 —— 嘉聯公司就不能再用同樣的名稱及圖樣申請商標了。

二、如何得知品牌被侵害了？

怎麼知道自己生病了？第一，覺得不舒服；第二，透過健康檢查。第一種是憑感覺，哪裡痛就去看什麼科，有時候會猜對，有時候卻會猜錯，因為自己不是醫生，也沒有足夠的醫學常識，所以，比較聰明一點的是找家醫科醫師診斷，可以省點事，但必須先花家醫科的掛號費，而且即使病因找對了，時間上也可能拖延了。第二種呢？就看你花多少錢做什麼樣體檢，花錢愈多，檢查得愈仔細，也可以早點發現。

同樣地，品牌被侵害時，如果要靠自己發覺，先決條件是要具備相關的法律常識，如果沒有，就必須請個法律顧問扮演類似家醫科醫師的角色，當然，這要付顧問費的，一年從新臺幣五萬元至二十萬元不等，如果要更仔細或搶得先機的話，就要花錢僱用自己的搜查大隊，不停地在外面或網路上明察暗

訪，費用方面就是按照聘請的人數支付時薪或月薪。

然而，不是人人都請得起法律顧問或搜查大隊的，因此，唯有自己具備智財權的常識，才能在第一時間察覺品牌侵害，進而採取正確的保護措施。懂得相關法律常識，並非一定要親自上陣打官司，而是有助於決策。也就是說，律師是為了幫客戶找到法律上最有利的方法保護他們的品牌，必須有足夠的專業知識，而業主或品牌持有人則是為了找到最有效率的方法解決問題。

三、一種商品可能有數種智慧財產權

每件商品都是好幾個部分組合而成的，例如一件洋裝，也許是由布料、拉鍊、鈕扣、亮片、水鑽等元素所組成，而僅僅布料部分，可能又用到好幾種不同織品，包括棉、麻、羊毛、絲綢、尼龍、人造纖維、皮革等，每一個元素，可能都各自有專利權或商標權。

以圖 13-2 這款商品為例：

圖 13-2　藝人關穎（右）為施華洛世奇與三麗鷗合作開發的水晶商品發表會站台造勢，圖左為這個合作案的經典造型手拿包（資料來源：Vogue 雜誌及施華洛世奇官方網站）

奧地利的施華洛世奇 (Swarovski) 是全球知名的水晶飾品配件的大品牌，日本三麗鷗 (Sanrio) 公司旗下也有許多人氣肖像與周邊商品，以最知名的 HELLO KITTY 來說，舉凡文具、生活雜貨、家電、家飾品、電腦周邊一應俱全，兩家公司於 2011 年聯手打造水晶精品，上圖右的水晶晚宴包，就是以施華洛世奇水晶鑲嵌，並加入 HELLO KITTY 的經典造型元素，這項商品是兩大商標的結合，這項策略聯盟的授權案，也成功地製造話題。

這款水晶晚宴包，除了至少有施華洛世奇及三麗鷗 HELLO KITTY 二個品牌的圖文商標權（見圖 13-2 右方的布景背板）之外，晚宴包本身也可以去申請立體商標，設計圖也有圖形著作權，這個特殊的造型也可以申請新式樣專利權，這一件商品會同時有五種智慧財產權。

四、常見的品牌侵害

我們常聽到的仿冒 A 貨、山寨版、抄襲、水貨等都與智慧財產權有關，這些都是品牌侵害的常見類型，下面就一一介紹：

（一）仿冒

通常我們說的「仿冒」，一般都是指非原廠的商品冒充原廠貨，而在坊間流傳，或是混淆視聽，或是以低價滿足虛榮心。仿冒的範圍極廣，包括商標品牌、產品外觀、功能技術等，通常品質不見得不好，甚至有可能跟原廠做的一樣好，但不想自創品牌，只想撿別人現成的便宜。臺灣早期就曾有仿冒王國的惡名，最近幾年已經揚棄這個包袱，紛紛自創品牌，政府也為國內廠商包裝，以「臺灣精品」的名號向世界進軍。

一般會遭仿冒的品牌，多為國際大牌，像LV、GUCCI、BURBERRY、PRADA，仿冒的多半是商標或外觀，有的粗糙，有的做工精良，甚至可能比原廠還好，這些仿冒品的共同點就是比真品便宜。然而，有意識地去購買仿冒品的消費者，決不是因為會挑到品質好的商品，而是在經濟條件不允許的前提下，為了滿足自己對於時尚名牌的虛榮而已。盲目崇尚名牌的人愈來愈多，導致現在只要戴上名牌商品的人，大家都搞不清楚他們手上的到底是真品還是仿冒品了。至於那些本想擺闊買個名牌貨，卻因為眼拙或不小心買到仿冒品的人，知道上當以後，一定會因為被矇騙而為之氣結。

在眾多仿冒類型中，以在中國大陸出現以假亂真的「特A」與「A貨」最為著名。以LV為例，所謂「特A」，通常是代工的工廠接到LV原廠訂單，要製作兩千個皮包，工廠交貨前多製造了一萬個，一共一萬兩千個，兩千個交給法國原廠，剩下一萬個就流到傳統市場裡低價販售牟利，甚至有可能在百貨公司裡冒充真品上架而完全看不出來，那就是暴利了；至於「A貨」，則是接到法國原廠皮包配件的訂單，同樣多做一些後，再找其他的皮包工廠用多做的配件，依照真品的模樣製作皮包。

「特A」雖然是LV真正的上游工廠，做出來的皮包品質與真品完全一樣，但因為沒有LV原廠的同意，他們盜用的是LV的商標。「A貨」呢？只有配件與原廠真品一樣，皮包的樣子都是模仿真品製作的，所以除了盜用商標，也仿商品的外觀。而其他工廠仿製的皮包，不論做工如何，都是未經原廠授權不折不扣的仿冒品了。

盜用品牌商標侵害的是商標權，至於外觀，因為可申請新式樣專利，這是屬於侵害專利權，但如果公司也申請了立體商標，仍然有商標權的問題，若是商品有設計圖，例如服裝設計師、皮包設計師或珠寶設計師所畫的設計圖，就會有著作權的問題。此外，仿冒重點放在技術與功能的商品，通常侵害的是發明或新型這兩種專利權，這些會在下一節說明。

（二）抄襲

與前面「仿冒」不同，「抄襲」的特色在於把別人的東西說是自己做的，雖然是以自己的品牌行走天下，但是產品卻是吸收了別家的設計精華。正所謂「天下文章一大抄」，不止是文章，時尚業的服飾、皮包、鞋子也有抄襲的問題。另外，有一種做法叫「模仿」，是把別家特有的產品元素（甚至是主要賣點）放到自家產品上，也許整個商品並不完全一樣，但是重點元素卻是非常明顯的，像大陸近幾年出現的「山寨貨」就是一例。

文章的抄襲，不一定會違法，但有可能會使抄襲者失格。一般作家所創作的文學作品或影劇劇本還好，最多就是和解或賠錢了事，作家還是作家。但是，如果是學術著作，那就不是開玩笑的了，學生抄襲畢業論文，會撤銷學位，老師抄襲著作，是會丟飯碗的，理由是「違反學術倫理」，後果真的是很嚴重。請注意前述的理由是「違反學術倫理」而不是「違反著作權法」，也就是說，學術上的要求比法律上的要求更加嚴厲，不是不違法就沒事了。

現在網路發達，所有資料取得比以前容易得多，而且複製與貼上兩個動作就可以完成

資料的剪貼，連手抄都不用。也許有人會說：「我只是引用，不是抄襲。」那就要看是怎麼個「引用」法了。智慧財產法院 97 年度刑智上易字第 00027 號刑事判決提到：「按所謂著作『抄襲』，其侵害著作權人之權利主要以重製權、改作權為核心」，所以觀念的引用並不會觸法，如果是文字直接引用又不註明原作者及出處，讓讀者誤以為是作者本身的原創，那叫做抄襲了。

（三）水貨

很多人都以為水貨是仿冒品或走私品，真是誤會大了！水貨的正式法律用語叫做「真品平行輸入」，一看這個名稱就知道，水貨其實是真品，只是沒有經過有著作權的權利人或者代理商的同意，從國外買了原版或原廠的商品，沒有依循一般進口通關程序，直接帶回國內販賣，進入國內市場。

與水貨相對的叫做「公司貨」，都是真品，差別在於，公司貨是合法輸入，有原廠的授權與保固，以 SONY 相機為例，原廠的公司貨賣到臺灣會改成繁體中文介面，但是水貨是從日本購入，是日文介面，能否改機也沒把握。以價格來說，因為水貨並未支付進口關稅，也沒有售後服務，所以價格會比公司貨低一些。

第二節　法律如何保護時尚品牌？

我國近年來十分重視文創產業，對於國人自創的時尚品牌，法律制度上有完整的建制加以保護，除了智慧財產權法規一直增修外，還有公平交易法的保障，下面先簡要介紹智財權的各種類型：

一、智慧財產權的基本類型

智財權的項目非常多，根據聯合國世界智慧財產權組織 (UN World Intellectual Property Organization, WIPO) 的分類有六種：1. 專利；2. 著作權及相關權利；3. 商標；4. 工業設計與積體電路；5. 地理標示；6. 反不公平競爭之保護。世界智慧財產權組織根據 1994 年與貿易有關之智慧財產權協定（簡稱 TRIPS）的規定，被列入為智慧財產權的標的有八種：1. 著作權及相關權利；2. 商標；3. 產地標示；4. 工業設計；5. 專利；6. 積體電路之電路布局；7. 未經公開資訊之保護；8. 契約授權時有關反競爭行為之控制。

我國的智財權項目有著作權、商標權、專利權、營業秘密、積體電路電路佈局、育種權等。以下僅以前四種基本類型簡介：

（一）著作權

著作權主要是為保障具原創性的藝文創作與技藝作品，舉凡「屬於文學、科學、藝術或其他學術範圍之創作」（著作權法第 3 條第 1 項第 1 款），涵蓋了詩詞歌賦、藝術作品、建築物，連電腦軟體也包含在內，因為電腦程序被解釋成文學創作，也納入著作權的範圍。這些作品在腦海中蘊釀的時候，還不能算享有著作權，但一經發表，立刻享有著作權，不需要申請登記。著作的種類包括語文著作、音樂著作、戲劇及舞蹈著作、美術著作、攝影著作、圖形著作、視聽著作、錄音著作、建築著作、電腦程式著作（著作權法第五條）。

這個著作權有二個部分，一個是著作人格權，另一個是著作財產權。著作人格權包括

了公開發表權、姓名表示權及禁止他人以扭曲、變更方式（著作權法第 21 條），利用著作損害著作人名譽的權利。著作財產權包括重製權、公開口述權、公開播送權、公開上映權、公開演出權、公開傳輸權、公開展示權、改作權、散布權、出租權等（著作權法第 22 條）。

以著名小說《哈利波特》系列為例，第一集《哈利波特－神秘的魔法石》是作者 J.K. 羅琳在 1997 年 6 月在英國的 Bloombury 出版社以紙本書發行，之後中文版是皇冠出版社及人民文學出版社分別取得繁體中文版及簡體中文版的翻譯權，2001 年美國華納兄弟電影公司把第一集改編成電影，小說搬上了大銀幕，美商藝電 (Electronic Arts, EA) 又將其編寫成了電腦遊戲。J.K. 羅琳本人當然自始至終都享有著作人格權，至於著作財產權的歸屬就要看她與 Bloombury 之間的契約內容如何，如果她是賣斷的，那麼著作財產權就屬於 Bloombury，如果不是賣斷的，就是歸羅琳，那麼想要改編成電影劇本或電腦遊戲程式就要找羅琳本人談授權的細節。

著作人格權是沒有期限的，而著作權財產權的保護期限，在我國原則上是「餘生 (Life) 加 50 年」，就是會從創作完成一直保障到作者去世後還會再延續 50 年（著作權法第 30 條）。著作財產權過了保障期限就成為公共財了（著作權法第 43 條），但如果是作品太經典，已經到可以作為人類社會文代遺產的程度的話，也可能會提早被認為屬於公共財，即使在保護期間，也可以不經作者同意及不必支付權利金而自由使用或複製。

圖 13-3　李小龍的經典造型

圖 13-4　陳國坤在電影《少林足球》中模仿李小龍的造型及招牌動作

像李小龍在電影精武門中的經典橋段，身著黃色功夫裝及漂亮的雙截棍動作，是眾多中外演員模仿的對象，像周星馳在他執導的電影中就多次引用（如圖 13-3 與圖 13-4），這樣的做法，在演藝界稱之為「向大師致敬」，然而李小龍是 1973 年過世的，距今還不滿 40 年，這就是很明顯的例子。

著作權還有一個重要的概念叫做「合理使用」(Fair Use)，主要是基於公共領域 (Public Domain) 的考量，公共領域與公共財的概念不同，公共財主要是創作的作品在創作完畢後因為保護期滿或成為人類文化遺產而必須與大眾共享，而公共領域是原本就不應該被納入著作權的保護範圍，因為著作權是私人

的權利,而在公共領域的創作分享為的是公共利益,這部分不能歸屬於私人所有,否則將對人類社會發展不利。

看看我國著作權法從第 44 條至第 63 條的內容,就可以了解什麼是合理使用,依照臺大謝銘洋教授的整理,大致可歸納為 8 個目的,分別為:1. 國家機關運作;2. 教育;3. 學術研究;4. 保存文化、提升藝文、5. 資訊自由流通;6. 社交活動;7. 商品流通;8. 個人非營利使用。其中,為教育目的的合理使用,僅限正規的學校教育,補教業不算,也就是說,在學校裡老師印給同學們當上課講義的資料,只要在不影響作者權利又能兼顧教育目的之下是可以重製的,但是在安親班、國高中的文理或升學補習班、研究所、國家考試或證照考試補習班裡的老師就不可以了。

(二)商標權

我們環顧四周,日常生活中充斥著各種廠牌,每一個廠牌底下可以產生若干品牌,這些品牌就能申請好幾個商標,像前面提到的日本三麗鷗公司,Sanrio 的文字本身就是一個商標,旗下又有眾多的人氣肖像,如 凱蒂貓 (HELLO KITTY)、美樂蒂 (My Melody)、酷企鵝 (Bad Badtz-maru)、雙星仙子 (Little Twin Stars; KiKi & Lala)、蜜糖邦尼 (Sugarbunnies)、新幹線 (Shin Kan Sen)……等,三麗鷗公司一直在開發新的肖像明星,一開發出來就將圖文申請商標權,再放到官網上去招攬授權廠商,這是文創產業的標準操作模式,拜商標權制度所賜,這些人氣明星每年為三麗鷗締造驚人的產值,算是非常成功的案例。

事實上,商標不僅是我們平常看得到的廠牌或品牌而已,商標可以是文字、圖形、記號、顏色、聲音、立體形狀或其聯合式,而這些必須是「足以使商品或服務之相關消費者認識其為表彰商品或服務之標識,並得藉以與他人之商品或服務相區別」的程度(商標法第 5 條)。換句話說,商標主要的功能是「識別」,它的範圍不僅涵蓋了營業用途,也包含非營業或公益的用途,像慈濟功德會、創世基金會的團體標章也是屬於商標的一種。

商標權必須經申請註冊才能有效,一經註冊,只要每 10 年延展一次,就可以無限期使用(商標法第 27 條)。過去法律上對於商標的保障是在於有無使用,所以延展時會有實體審查程序,就是要看看是不是在使用中,確定在使用才能核准延展,只註冊而未使用的商標是會被廢止的,但是後來商標法條約 (Trademark Law Treaty) 明文禁止申請延展註冊時進行實體審查,我們的商標法第 57 條第 1 項也就跟進修正了,因此,現在延展是不必進行實體審查的,只要來申請延展,形式上審查過了就可以了。

商標權不像別的智財權會因為期限到了而失效,也因為延展不需要實體審查有無使用事實,因此只要懂得經營,成為強勢商標,再妥善運用授權制度(商標法第 33, 34 條),就能成為最有價值的智財權,這也是這項權利最大的優勢。

(三)專利權

專利權能涵蓋所有科學領域的發明,及以發明為基礎而延伸使產品更好用或更美觀的

表 13-1　三種專利權的比較

	發明專利	新型專利	新式樣專利
難　度	高	中	低
保護期限	20 年	10 年	12 年
保護重點	產品本身	產品功能	產品外觀

資料來源：自行整理

技術。所以專利的項目，就包括科學領域的「發明專利」、使產品更好用的「新型專利」和使產品更美觀的「新式樣專利」三種（專利法第 2 條）。發明專利比較容易理解，就是利用自然法則的原理及技術所創作出來的產物（專利法第 21 條）；新型專利是源自外國的 New Model 或 Utility Model，是對物品的形狀、構造或裝置的創作（專利法第 93 條），主要是著重於既有產品新功能的開發；而新式樣專利就是一般所稱的「工業設計」(Industrial Design)，是對物品的形狀、花紋、色彩或整體造型的創作（專利法第 109 條），主要著重於產品外觀的設計。

專利權也必須經過申請登記才能有效，核准登記的專利權，由於各種專利權性質不同，開發的難易度不相同，也有不同的保護期限（見表 13-1）。一旦過了保護期限，該項專利必須公開讓大家免費取得與使用，以避免阻礙全人類的進步，因為在保護期限內的專利權只是一種排他的權利，但不是專屬的權利，這是為了平衡公益與私益的制度設計。

專利權最關鍵的就是歸屬的問題，這也是很容易有爭議的地方。專利權不見得屬於發明家，有時候真正發明的人反而沒辦法主張專利權，那是因為專利權不是歸屬於發明人的緣故。對發明有興趣，而自發性地購置設備，在家裡或自己工作室裡的發明家，針對新產品自行申請註冊的話，這個專利權絕對是歸屬於發明人的。

但是，有些人是受僱於某企業的研發部門，是受該企業的僱用，支領公司的薪水，使用公司的實驗設備進行研發，有了成果之後，再以公司的名義申請專利，這個專利權就歸企業所有了，而不必再付給研發工程師額外的權利金。當然，這都是屬於研發工程師在公司職務範圍之內，是基於僱傭的契約關係，聘用時就說清楚講明白的，即使沒講，也會依照交易習慣，是大家都有的認知。如果研發工程師本身真的對發明很有興趣，在職務範圍之外，自己個人進行的發明，獨自取得的專利權就不屬於企業所有了。

（四）營業秘密

營業秘密是指方法、技術、製程、配方、程式、設計或其他可用於生產、銷售或經營的資訊，這些資訊必須具備三個條件：1. 不是一般涉及這類資訊的人會知道的；2. 這些資訊具有秘密性而且有實際或潛在經濟價值；3. 所有人已採取合理之保密措施（營業秘密法第 2 條）。所謂的保密措施，最簡便的做法就是簽署保密協定。

這些資訊通常需要長時間的開發，而且具有一定的商業價值，萬一流到外面，公司的產品就會喪失競爭力，所以是非常寶貴且機密的。營業秘密不必申請註冊，只要是持續在保密狀態之下，也沒有被還原工程 (reverse engineering) 解密的話，就可以永久有效，像可口可樂 (Coca Cola) 的配方，只要公司的高層繼續保密不公開就是營業秘密，這也是為什麼可口可樂至今獨步全球的原因。

二、保護智慧財產權的法律

除了上述提到的各種智財權，在我國分別有著作權法、商標法、專利法及營業秘密法作為法律的依據之外，還有積體電路電路佈局保護法、植物種苗法、著作權仲介團體條例、光碟管理條例、公平交易法，以及相關的行政命令。在救濟程序的制度上，也有智慧財產權法院組織法，以及智慧財產案件審理法等。

在國際法方面，有許多保護智財權的公約、條約及協定，有的是單一國際公約，由各國相約簽署的，有的則是在國際組織當中簽署。世界智慧財產權組織有 1994 商標法條約 (Trademark Law Treaty)，世界貿易組織之下有「1994 年與貿易有關之智慧財產權協定」(Agreement on Trade-Related Aspects of Intellectual Property Rights, TRIPS)

三、可以主張的權利

雖然有那麼多法律保護著智財權的權利人，也要會用才行，權利是有的，但是要走什麼程序，怎麼主張，那就是一大學問了。以下大致把權利的種類分成大家比較熟知的「民事」、「刑事」及「行政」三個方面來

加以說明：

（一）民事方面

在民事上不外乎就是求償，所行使的權利，在法律上稱為損害賠償請求權，而賠償的形式則不一定是錢。以金錢賠償來說，可以分成侵權行為的損害賠償跟契約的損害賠償。簡單來說，如果雙方當事人沒有訂定契約的話，就所受到的損害及原本應該得到的利益來計算損害賠償的金額；要是有契約存在的話，就契約所約定的內容來看哪一方沒有盡到契約的義務，害對方損失了多少依約履行可以得到的利益來計算。

除了金錢之外，也可以要求對方把產品下架，不准販賣，這是為了排除侵害，也可以對未來可能再發生的侵害，予以防止，這在法律上稱為侵害行為排除請求權及侵害行為防止請求權。在不能完全排除侵害的情況下，也可以要求對方簽署授權契約，未來可以收取權利金，也許能為自家品牌創造更多盈收。

（二）刑事方面

著作權法、商標法都有規定刑事責任，經濟部也正在研擬修改營業秘密法，也將刑事責任納入，來懲處較嚴重的侵害行為。比較特別的是，一般的刑事責任都是處罰個人而已，不能處罰公司，因為依照公司理論，在性質上公司沒辦法負刑責，但是智慧財產權相關的刑責，不但處罰個人也會處罰公司，稱為「兩罰制」。

（三）行政方面

有關行政事項方面，所有的違法事項都可以向保智大隊提出舉發案。對於需要註冊的專利權及商標權，可以提出申請案及撤銷案，

表 13-2　經濟部智慧財產局的歷史沿革一覽表

年度	大事紀要
民國十六年	全國註冊局成立
民國十九年	商標法公布，全國度量衡局成立
民國二十年	工業標準委員會成立
民國二十一年	工業標準委員會併入度量衡局
民國二十二年	工業標準委員會恢復設置
民國三十六年	經濟部中央標準局組織條例公布，度量衡局及工業標準委員會合併成立經濟部中央標準局
民國八十七年	經濟部智慧財產局組織條例制定公布，明定本局掌理專利權、商標專用權、著作權、積體電路電路布局、營業秘密等與智慧財產權有關之業務
民國八十八年	本局正式改制為經濟部智慧財產局，將標準、度量衡業務移撥標準檢驗局，並納入著作權、積體電路電路布局、營業秘密等業務。新竹、臺中、高雄等三資料室改為地區服務處

資料來源：經濟部智慧財產局網站

已註冊的事項如有變動，也可以申請變更，如果申請案被駁回，還可以提起訴願或行政訴訟。著作權雖不需要註冊，但也有強制授權的問題，如果不服也可以提起訴願或行政訴訟。

第三節　如何利用司法或行政資源保護自家品牌？

完整而健全的智財權保護機制可以創造出巨大的文化與經濟效益。我國在近十幾年來不斷地革新智財權的保護機制，不論是立法或修法，還是行政機關的改革，一步一步地把智財權保護機制架構得更加完備。

一、想將自家品牌納入智慧財產保護機制時

想要自家品牌受到智慧財產權機制的保障，首先必須確定自家品牌是受到保護的智慧財產，可以根據前面所列出的智慧財產權項目中，挑選對自家品牌有利的權利，然後向經濟部智慧財產局（以下簡稱「智慧局」）申請登記，如果被智慧局以已有他人登記為由駁回的話，例如已有近似商標，那麼可以針對智慧局駁回的公文（法律上稱為「行政處分」）提出申復，若仍沒結果，可以向行政法院提起行政訴訟。下面就智慧局及行政法院這二個機構簡要介紹：

（一）經濟部智慧財產局

智慧局於民國八十八年改制而成，前身是中央標準局（以下簡稱「中標局」），同樣隸屬於經濟部（歷史沿革詳表 13-2）。

智慧局的業務範圍涵蓋下列七點：

1. 專利權、商標專用權、著作權、積體電路電路布局、營業秘密及其他智慧財產

權政策、法規、制度之研究、擬訂及執行事項。

2. 專利案件之審查、再審查、舉發、撤銷、消滅及專利權之管理事項。商標申請註冊、異議、評定、廢止案件之審查及商標權之管理事項。

3. 製版權登記、撤銷、使用報酬率之訂定、強制授權之許可、著作權仲介團體之設立許可、輔導與監督、出口視聽著作及代工雷射唱片著作權文件之核驗事項。

4. 積體電路電路布局之登記及管理事項。

5. 智慧財產權觀念之宣導、侵害智慧財產權案件之調解、鑑定及協助取締事項。

6. 智慧財產權與相關資料之蒐集、公報發行、公共閱覽、諮詢服務、資訊推廣、國際合作、資訊交流及聯繫事項。

7. 其他與智慧財產權有關之事項。

換言之，智慧局的職掌囊括了所有需要登記的智財權的行政管理事項，從法規的研修，到註冊及審查，全部包辦。所以要確認自家品牌是不是在制度的保障範圍之內，就必須找智慧局。

為了讓民眾可以充分了解智財權的相關法規、申請程序及法律文件格式，官方網站上就提供了完整的資訊，除了下載申請表格、查詢申請進度外，還可以利用「商標檢索系統」查詢已經註冊的商標圖文，查看是否有比自家品牌早一步註冊的商標圖文，以避免重複申請而遭受駁回之苦。

（二）行政法院

我們的司法救濟制度採取二元化救濟程序，分為「通常程序」及「行政程序」，也就是民刑事案件要到普通法院打官司，而行政事項要到行政法院打官司。對行政機關所做的決定不滿意的時候，如果是因為行政事項而產生的質疑，就必須要透過行政救濟程序來保障自己的權益。

由於智慧局是行政機關，再加上對於註冊登記等事項又是立法機關授權給智慧局來審核的，所以這是行政事項。通常對於行政機關所做的決定不滿意時，先在原機關提出申復，也就是要求他們重新審核，如果審核結果還是一樣，那就可以向上級機關（也就是經濟部）來提起訴願。假如上級機關認為原機關的決定是對的，那就是說，原機關和上級機關的觀點是一致的，若仍然不服，就直接去行政法院告吧！這就是展開行政訴訟程序，正式向行政法院起訴。

行政法院分為兩個審級，第一級是行政高等法院，第二級是行政最高法院。要先從行政高等法院起訴，這是第一審，如果法院判決敗訴或雖勝訴但不滿意判決結果，就可以上訴到行政最高法院，這是第二審，到這裡的法院判決結果就是最後結論，叫做「定讞」，就算不滿意也不能再往上告了。

二、發現有人侵害自家品牌時

不論是國內或國外廠商，只要發現有人侵害自家品牌，就可以在國內的行政機關檢舉，像是之前的經濟部光碟聯合查核小組，還有後來的內政部保護智慧財產權警察大隊（簡稱保智大隊），若是想提告，法院也提供像智慧財產法院這種專業法院，讓民眾可以得到更專業的服務。

表 13-3　經濟部光碟聯合查核小組業務一覽表

序　號	掌理事項
一	受理檢舉事項。
二	擬定查核計劃並核發查核公文事項。
三	執行合法及非法光碟製造工廠之查核工作事項。
四	違反光碟管理條例之罰鍰、勒令停工、沒入等行政處分及訴願、行政訴訟之擬辦事項。
五	違反光碟管理條例之製造機具拆卸及光碟片之運送、清點、及洽權責機關保管等事項。
六	查核資料之彙整、登錄、分析、統計等事項。
七	查核成果之陳報及發佈事項。
八	其他與光碟查核作業有關之臨時交辦事項。

資料來源：經濟部光碟聯合查核小組光碟聯合查核小組網站

（一）智慧財產法院

為因應近年來國際上保護智慧財產權之浪潮，並提昇我國司法機關處理智慧財產案件之專業性及效率，我國自 97 年 7 月 1 日設立智慧財產專業法院（Intellectual Property Court，簡稱 IPC），設立專門法院的目的在於：

1. 避免民、刑事案件停止訴訟之延滯，加速解決訴訟紛爭；

2. 累積審理智慧財產案件之經驗，達成法官專業化需求；

3. 促進國家經濟發展。

智慧財產法院成立後，因訴訟同軌、見解統一，積極審理、迅速正確的解決有關智慧財產之法律紛爭，在各項業務有效運作下，成為臺灣於 2009 年 1 月 16 日從美國特別 301 一般觀察名單除名的關鍵原因之一。

（二）經濟部光碟聯合查核小組

政府為了有效取締非法光碟，於民國九十年十一月十六日制定「光碟管理條例」，經濟部並據以訂定「光碟管理業務及查核作業實施要點」，由貿易局、工業局、智慧局及標準檢驗局組成「經濟部光碟聯合查核小組」，針對所有合法光碟廠，進行全面查核，對於檢舉或通報個案，則優先處理。

光碟聯合查核小組成立之初，僅由主管機關視任務需要，臨時派員共同執行查核業務，惟因屬臨時任務編組，因此較難發揮查核功效。經濟部為統合查緝非法光碟權責，乃於九十一年制定「經濟部光碟聯合查核小組合署辦公執行計畫」，自同年九月起由四主管機關各派兩人集中於內政部警政署保二總隊部，並結合保二機動組警力合署辦公，九十二年元月一日保護智慧財產權警察大隊

成立，光碟查核小組再度配合遷往保智大隊部合署辦公。

（三）內政部保護智慧財產權警察大隊

保護智慧財產權係政府重要政策，亦是我國鼓勵創新研發、促進產業升級，提升國際競爭力的重要措施。政策的成功，在於有效而落實的執行，保智大隊就是以嚴密查緝之勤務運作，貫徹執行政府智慧財產權保護政策為主要任務。

保智大隊於 2003 年 1 月 1 日正式成立，隸屬於內政部保二總隊，原本屬於內政部光碟聯合查核小組併入保智大隊，事權統一。保智大隊的成立象徵我國保護智慧財產權打擊仿冒行動，邁入新的里程碑，全天候專責查緝全國各地侵權案件，具體展現政府保護智慧財產權的決心。策略目標有下列六點：

1. 強化風紀督核與教育作為，塑造保智專業、優良形象。

2. 培訓查緝網路侵權犯罪專業人才，打擊新型犯罪態樣。

3. 遴編專業緝源警力，從根斷絕盜仿製造源頭。

4. 以查緝績效為導向，定期實施員警績效評比制度。

5. 辦理員警在職訓練，全面提升查緝職能。

6. 配合光碟小組查核生產工廠。

三、被他人指控侵害別家品牌時

當自家品牌遭他人指控侵害的時候，先不要緊張，好好了解一下是否真的有侵害事實，萬一是真的，那麼就要好好解決。

（一）本國糾紛

如果都是本國的廠商，排解糾紛方式有和解、調解、仲裁及訴訟，如果確定是我們侵害了別家品牌，那麼最好的方式當然是和解或調解，和解是指私下和解，在行政或司法機關不留任何紀錄，只有雙方簽訂民事上的和解契約，通常交換的代價不外是產品下架、支付賠償金之類的，談判條件好的時候，或許可以另簽授權契約，每年支付一筆權利金，即可繼續販售商品。

如果需要調解，智慧局有調解機制可供利用，在這裡達成的調解，調解書一旦做成之後，就和法院的判決有相同的效力，也就是說，雙方不可以事後反悔又再到法院去提告，比較能一勞永逸。

若是需要仲裁，則必須要由雙方簽署仲裁契約，以確定雙方都有仲裁的意願，將來有一方若告上法院，法院會以已經簽署仲裁契約為由予以駁回。之所以會循仲裁的途徑，是因為仲裁人通常都有相關專業能力，而且時間上也比在法院訴訟要短很多。至於仲裁機構，雖然也可以找智慧局，但一般他們都會把案件再轉到中華民國商務仲裁協會去處理。

（二）國際糾紛

跨國的糾紛，會比較複雜一些，通常都是透過國際組織來處理。

1. 調處或仲裁

智財案件在一般國際組織的處理，原則上都是調處或仲裁，國際的調處與國內的調解不一樣，通常調處僅具有民事契約的效力，比較接近我們國內的和解。

聯合國所屬的專門機構中，就有專門掌管各國智財權政策的國際組織，稱為聯合國世界智慧財產權組織 (UN World Intellectual Property Organization, WIPO)。為了有效解決各國智財權糾紛，WIPO 在 1994 年建置了爭端解決制度 (Alternative Dispute Resolution, ADR)，並且設立了仲裁與調處中心 (Arbitration and Mediation Center)，以國與國為單位負責處理有關智財權的紛爭。歐盟基本上也是類似的模式。

2. 世界貿易組織的爭端解決機制

我國於 2002 年 1 月 1 日加入世界貿易組織 (World Trade Organization, WTO)，全體會員國都受到「與貿易有關之智慧財產權協定」(TRIPS) 之拘束。

所有會員國之間的貿易糾紛，都可以循 WTO 的爭端解決機制來處理。兩國的智財權爭端，如果是與貿易相關，就能進入 WTO 的機制，這是 WTO 特有的爭端解決方式。

關鍵詞彙

智慧財產權、著作權、商標權、專利權、營業秘密、公平交易法

自我評量

1. 智慧財產權的種類有哪些？

2. 可以保障智慧財產權的法律有哪些？

3. 著作權的種類及保護期間各是多久？

4. 專利權的種類及保護期間各是多久？

5. 商標的種類及保護期間是多久？

6. 我國保障智慧財產權的司法機關為何？

參考文獻

WIPO, WIPO Arbitration and Mediation Center, http://www.wipo.int/amc/en/，最後瀏覽日：2012 年 8 月 4 日。

內政部警政署保安警察第二總隊，http://www.spsh.gov.tw/spsh/homeweb/catalog. php?infoscatid=37，最後瀏覽日：2012 年 8 月 4 日。

內政部警政署保安警察第二總隊保護智慧財產權警察大隊，http://www.tipo.gov.tw/iprp/ch/index. aspx，最後瀏覽日：2012 年 8 月 5 日。

王文玲，2010，「牙膏大戰 11 年 黑人難找白人碴」，聯合報，http://tw.myblog.yahoo.com/ historian-pengshan/article?mid=500，最後瀏覽日：2012 年 8 月 1 日。

李光燾編譯，Frederick Mostert 著，2009 年，從愛迪生到 iPad，臺北：三民書局。

林佳瑩，2012 年，設計產品的智慧財產權保護，臺北：元照出版公司。

智慧財產法院，http://ipc.judicial.gov.tw/ipr_internet/index.php，最後瀏覽日：2012 年 8 月 3 日。

趙晉枚、蔡坤財、蔡宗勳、高嘉和，2010，「白人牙膏打贏臺灣商標權／黑人牙膏搶下白人中國商標權」，自由時報，http://www.libertytimes.com.tw/2010/new/nov/17/today-life4.htm，最後瀏覽日：2012 年 8 月 1 日。

14

時尚商品之
商業計畫

摘要

好的時尚商品，必須有賴足夠的商業資源才能得以發光發熱，而足夠的商業資源則有賴一份好的商業計畫書，始能與資源提供者進行良好的溝通與資源的爭取。故本章旨在介紹商業計畫書，首先針對商業計畫書的定義與其功用作個簡要說明，繼而闡述商業計畫書撰寫的原則與其內涵，最後剖析商業計畫書的格式、要領與步驟。

第一節關於商業計畫書的定義與功用，主要讓讀者明瞭何謂：商業計畫書？撰寫商業計畫書其目的與功用為何？通常創業者想要向金融貸款機構或創投公司交涉時，都需要用到這樣的書面資料，當然還有其他功用。

第二節則是在說明撰寫商業計畫書的原則與其內涵。能掌握撰寫的原則，才會產生完整的內容，事實上，市面上有許多不同的行業，撰寫商業計畫書其內涵有大同小異，主要包含五大範疇：即企業願景、產品服務、市場競爭與分析、團隊與營運、財務規劃等。

第三節則在闡述商業計畫書撰寫的格式、步驟與申報問題。格式與其內容詳細或簡要，依據企業的需要做抉擇；撰寫步驟可以調整，但必須先作市場訊息的蒐集與分析；而申報之時必須謹慎，除政府單位與金融機構外，選擇創投則必須注意是否殷實的創投公司。

最後，附上提供商業計畫書的網址，讓讀者讀後想嘗試撰寫時參照之。

學習目標

研讀本章內容後，學習者應能：

1. 瞭解商業計畫書的意義與其內涵；

2. 知曉商業計畫書的目的與功用；

3. 掌握撰寫商業計畫書的原則嘗試撰寫商業計畫書；

4. 培養自愛愛人且樂觀進取的價值觀。

《禮記‧中庸篇》有云：「凡事豫則立，不豫則廢。」意思是說：凡事有事先的準備則容易成功，事前沒準備則容易失敗。豫是有準備、有計劃的意思。不少成功或計劃做生意的人，不管他們的業務規模大小，都會在經營之前，作一番的籌劃與準備工作，而最常用工具之一則為「商業計劃書」。

「商業計劃書」是個公認的管理工具，把所要經營事業的目標寫成文字，並規劃如何在一段特定的時間內，達到所訂立的經營目標。這份文件將包含下列的內容：事業經營者的背景、商業計劃目標、經營業務的地址、規劃中開業的時間、面對商業風險的規劃與趨避、以及獲得盈利的計劃等等。有志經營事業者將來可以用這份商業計劃書，向貸款機構、投資者及供應商說明所經營事業的業務概況，打算如何運用資金，以證明這事業的經營是穩健可行的。因此，商業計劃書可說是全面介紹公司和其運作情況，闡述產品市場及競爭、風險等未來發展前景和融資要求的書面文本。通常向金融貸款機構或創投公司交涉時都需要這樣的書面資料。

第一節　商業計劃書的定義與功用

商業計劃書，英文名稱為 Business Plan，是公司、企業或組織單位為了達到招商融資和其他發展目標，在經過事先縝密的調查、研究、分析、搜集與整理有關資料，根據一定的具體內容和格式編輯、整理的一種書面資料，其目的是向投資者全面展示公司各種資訊如：目前狀況、與未來發展的潛力。因此，商業計劃書可說是一個有效的溝通工具，能夠提供清晰的資料，促進公司與銀行、金融機構及潛在投資者等外界人士之間的溝通。

商業計劃書是以書面的形式全面描述企業所從事的業務。它詳盡地介紹了一個公司的生產、行銷、人力資源、財務、與研究發展等管理策略；也對組織的結構、市場的供需、風險的控管以及未來的展望等做一個概況的陳述與因應之道，因而它也是個管理的工具。

企業家撰寫商業計劃書，是為了讓創業投資者相信創業企業對於管理團隊的能力，並願意把資金交給他們管理，並不是單純的為了把企業的推介給投資機構。

職此，制定商業計劃書就有很多功用。其中，最重要的至少有下列四項：

一、作為企業的行動規劃

在撰寫商業計劃書的過程中，可以幫助企業家理清思路，發現許多原來沒有考慮到的問題。對於創業者來講，預先準備好地圖或找到嚮導，創業的旅程將會安全順利得多。雖然創業的實際執行情況一般都會與當初的計劃有很大的出入，但是有一個深思熟慮的計劃方案和目標，將大大增加創業成功的機率。撰寫過程便是一種培訓，讓創業者像一個經營企業的管理人員一樣，思考各項市場競爭狀況、推廣促銷的手法、籌集資金方法等。

二、達成企業的融資目的

完備的商業計劃書是影響投資者青睞而獲得融資的關鍵因素之一。商業計畫書可以用來吸引投資者，幫助投資機構更深入的了解企業。根據統計，只有 5% 的商業計劃書能夠真正吸引創業投資公司的注意，因而更少的商業計劃書最終導致融資成功。一份精心準備的商業計劃書不但可以使你的企業在眾多

融資申請中脫穎而出，而且可以令你在向投資機構闡述你們的願景時，顯得更自信和更有條理，最終達到籌集資金的作用。

三、全面瞭解你的企業

經過制定完備的商業計畫，對企業的各方面都可能獲得全盤的瞭解。它可以幫助你區隔市場，鎖定目標顧客、規劃市場範疇，形成價格策略、並面對競爭者，展開業務以求成功。商業計劃書的制定，必須對企業體與其內外環境做一全盤的診斷，能夠面面俱到而求其均衡協調。同樣的，在制定過程中，往往能夠發展頗具競爭優勢的策略，或是從蘊藏的新機遇中突破困境。因此，將計劃書付諸紙上，可能掌握管理企業的契機，或防患未然，確保企業避免陷入危機。

四、向合作伙伴提供訊息

擬定商業計劃書，可以為業務合作伙伴和其他相關機構提供充分的訊息。在編撰計劃書過程中，期待找到一個與自己能夠形成為戰略合作伙伴，也是商業計畫書最重要的目的之一。覺得良好的合作廠商與其相輔相成，期待企業獲得更多關注與資源，企業就會展現左右逢源而充滿活力，達到多方的共同發展的目的。

一般而言，商業計畫書最重要的功用，是讓投資者了解創業者生產什麼、如何生產、目標市場為何、競爭者為何、經營團隊為何、財務結構、經營與行銷策略與風險的管控等等問題。

第二節　編寫商業計劃書的原則與其內涵

一、編寫商業計劃書的原則

編寫商業計畫書時，盡可能容納下列幾個原則：

（一）重視內容架構的完備性

撰寫商業計畫書所包括的項目，可參考一般模式，雖大同小異，但必須涵蓋所有相關項目（此容下段說明）。備有完整的結構，才能有系統地闡明企業的經營業務。這些架構猶如人體骨架，缺一就失去其完整形體。尤其呈現競爭優勢與投資利基最為重要：諸如呈現經營能力、市場導向、一致、實際、明確、完整的內容等為首要的原則。

（二）強調用字遣詞的正確性

以平實的措辭，明確及全面性的表達重點。字句要簡潔流暢，讀起來節奏明快，清晰表達企業構想，儘量用肯定句，避免艱深的專業術語和泛泛的描述。寫好之後，必須反覆閱讀校對，檢查是否有前後矛盾之處，以及數據等資料是否有誤，是絕對必要的。

（三）把握邏輯思考的系統性

可運用圖表和數字去說明和解釋企業的經營概念。清晰表達計劃構想，邏輯嚴謹，用實際的數據和事實，具體說明計劃的意義和利基，條理井然，故能善用數字、百分比及可量化的資訊最好。前後說法必須連貫，法理兼顧。

（四）兼顧不同對象的差異性

為不同對象量身定制商業計劃書。把重點放在閱讀者期望在商業計劃書中找到的資訊。

決定誰是商業計劃書的主要讀者：銀行業者或是風險投資者，並根據特定的用途而擬備商業計劃書，強調公司業務的獨特性、實力及競爭優勢。當商業計劃書的對象為銀行時，計劃書的重點應為現金流充足性；當商業計劃書的對象為一般投資者時，計劃書的重點則應放在潛在回報及回本上。

（五）講求分工合作的團隊性

前面提及商業計畫書可以形成團隊的共識，之後應該交由將來執行此商業計劃書的人去撰寫。參與者執筆起草此商業規劃的大綱，然後才求助於獨立的會計師、律師或商場老手。團隊成員把心中對商業計劃書各元素都仔細思量，因而能掌握事業的全貌及各項細節。把心中的規劃向友好請教，聆聽善意的批評及建議，借助別人的經驗，並按著這些回應修改計畫。

（六）注意篇幅長短的適切性

商業計劃書有簡單的一兩頁的概要，再加上 10 頁～ 20 頁的計劃書主體和另外幾頁紙的財務數據與預測。大型複雜的項目可以寫成 50 ～ 60 頁（包括附錄）的介紹，小型簡單的項目 10 頁紙已經足夠。短要短到把各方面都講清楚；長要長到讓人有耐心讀完。儘量精簡，如果投資者真的對你的項目感興趣，他會進一步向你要更多的資料。

二、商業計劃書的內涵

商業計劃書主要包含五大範疇：即企業願景、產品服務、市場競爭與分析、團隊與營運、財務規劃等。一份完整的商業計劃書包含兩大部分：一為摘要、另一則為正式文本。

商業計劃書摘要是風險投資者首先要看到的內容，它濃縮商業計劃書之精華，反映商業之全貌，是全部計劃書的核心之所在。它必須讓風險投資者有興趣，並渴望得到更多的信息。篇幅一般控制在兩千字左右。基本資料包括事業名稱、事業組織型態（獨資、合夥、有限公司、股份有限公司）、資本額、主要營業項目、設立時間、公司聯絡方式、負責人聯絡方式等。

正式商業計畫書文本分屬於前述五大範疇，內涵包括以下幾項：

1. 公司概述
2. 研究與開發
3. 產品或服務
4. 管理團隊和組織
5. 行業及市場
6. 經營與行銷策略
7. 融資說明
8. 財務計畫與分析
9. 風險因素
10. 退出機制

第三節　商業計劃書的編寫格式、步驟與其申報

經由文獻研究、市場調查以及當地企業問卷訪問等研究過程，為所屬產業市場做分析與探討，並且制定行銷與營運等計畫，其中包含風險控管與未來 3 到 5 年的財務狀況預測等內容，可說是編寫一份完整的商業計畫書必須的歷程。不僅幫助企業在營運初期時降低不確定因素，更提供了足夠的資訊給有意創業的人士與企業做投資的策略建議。

一、商業計劃書的主要編寫格式

以下分別為商業計畫書編寫的格式與其要領,做一簡要的說明:

(一)商業計劃書摘要

商業計劃書摘要是風險投資者首先要看到的內容,它濃縮商業計劃書之精華,反映商業之全貌,是全部計劃書的核心之所在。它必須讓風險投資者有興趣,並渴望得到更多的信息。篇幅一般控制在兩千字左右。主要包括前述的 10 項內容。

(二)公司概述

介紹公司或企業單位過去的發展歷史、現在的情況以及未來的規劃。具體而言,主要有:公司概述,包括公司名稱、地址、聯繫方法等;公司的自然業務情況;公司的發展歷史;對公司未來發展的預測;本公司與眾不同的競爭優勢或者獨特性;公司的納稅情況等。還有公司重要人物之介紹,包括職務、工作經驗及專長、教育程度等。

(三)研究與開發

介紹投入研究開發的人員和資金來源,包括:研究資金投入;研發人員情況;研發設備;所研發產品的技術先進性及發展趨勢等。

(四)產品或服務

必須將自己的產品或服務作簡要的介紹,主要有下列內容:產品的名稱;特徵及性能、用途;產品的開發過程;產品處於生命週期的哪一段?產品的市場前景和競爭力如何?產品的技術改進和更新換代計劃及成本等。

(五)管理團隊

介紹公司管理團隊,主要包括:公司的管理機構,主要股東、董事、關鍵的雇員、薪金、勞工協議、獎懲制度及各部門的構成等狀況,都要明晰的呈現出來;主要是展現出公司管理團隊的戰鬥力、獨特性及與眾不同的凝聚力,和團結戰鬥的精神。

(六)市場與競爭分析

市場競爭分析包含目標市場、行業分析、競爭分析與市場策略四部分:

1. 目標市場:主要對產品的銷售金額、成長率和產品或服務的需求等,做出有充分依據的判斷。細分各個目標市場,並且討論哪裡取得多少銷售總量與利潤。

2. 行業分析:應該說明行業發展程度與發展動態;經濟發展對該行業的影響程度;政府如何影響該行業;競爭的本質與採取的戰略;進入該行業的障礙與克服之道等。

3. 競爭分析:主要競爭者與其所占的市占率,和其市場策略;公司的競爭策略與所屬優勢所在;公司產品的價格、性能、質量競爭中所具備的優勢等。

4. 市場策略:營銷機構和營銷隊伍、市場通路、廣告與促銷、價格策略、市場滲透與意外情況的應急對策。

除了公司本身的產品特色外,公司的產業環境及競爭現況也是必須清楚呈現,行銷常用的「4P」與內外環境之「SWOT」分析就常在此範圍出現。

(七)生產經營計劃

生產經營計劃主要闡述創業者的新產品的生產、製造及經營過程。生產經營計劃主要

包括：新產品的生產經營計劃、公司現有的生產技術能力、品質控制、現有的生產設備或者將要購置的生產設備、現有的生產工藝流程、生產產品的經濟分析等。

（八）財務分析和融資需求

財務分析包括以下三方面的內容：過去 3 ～ 5 年的歷史數據，今後 3 ～ 5 年的發展預測；投資計畫、與融資需求。

1. 財務分析：主要提供過去 3 ～ 5 年現金流量表、資產負債表、損益表、以及年度的財務總結報告書

2. 投資計畫：預計的風險投資數額、未來的籌資計畫、融資的抵押擔保條件、投資收益和再投資的安排、投資者投資後雙方股權的比例安排、投資資金的收支安排及財務報表編製、投資者介入公司經營管理的程度等。

3. 融資需求：包括資金需求計劃與融資方案。資金需求計劃：為實現公司發展計劃所需要的資金額，資金需求的時間性，資金用途（詳細說明資金用途，並列表說明）。

若此份計畫書的目的在於向金融機構申請貸款者，更應在財務管理這部分做詳細的介紹，甚至可以委請具會計專長者編制公司之損益表、資產負債表、現金流量表等，好讓審核者更容易瞭解公司目前的財務狀況，也可以讓股東們瞭解公司實際的財務運作情況。

（九）風險因素

此部分說明計畫實施過程中可能遇到的風險，提出有效的風險管控和防範手段，包括：技術風險、市場風險、管理風險、財務風險，與其他不可預見的風險等。

（十）投資者退出方式

此部分包含投資者進入與退出方式，讓投資者了解可透過諸如：股票上市、股權轉讓、股權回購、利潤分紅等途徑回收投資。

二、撰寫商業企劃書的步驟

撰寫計劃書，一般來說，不外分為：收集、整理、分析、比較及撰寫等程序，若稍加延伸則有下列六個步驟，循序漸進而為之：

（一）確定計劃書的目標

計劃書的讀者會是哪些人？他們有哪些需求？在擬定計畫書之前，必須先予以確立，這可說是計畫書的基礎所在，由之蒐集相關資訊才有方向。

（二）擬訂計劃書的大綱

決定好計劃書的目標後，根據這些目標，開始擬定計劃書的大綱。大綱包含前述的內涵項目，以及其細項，可以簡單，也可以詳細，看公司規模大小與需求而定。

（三）重新檢視計畫大綱

根據計劃書目標讀者的需求，與公司希望計劃書達成的溝通目標，重新檢視計劃書的大綱，找出計劃書必須詳細說明或是簡要表達的重點，看看是否妥適，遇有困惑疑難者，則必須再三斟酌而修訂之。

（四）著手撰寫計劃書

在撰寫計劃書之前，必須蒐集足夠的資訊，因此，必須先做一些必要的調查與研究。開始時先蒐集過去公司或是產業的財務資料，並且先完成計劃案所需要的市場研究 (Market Research)。蒐集足夠研究分析的數據與結論後，便可以撰寫商業計畫書了。準備商業計劃書的最後一部分是計劃書的重點摘要

(Executive Summary)，因為重點摘要必須與整本計劃書的內容保持一致，因此，它必須等到本文完成之後，才可以開始撰寫。

（五）重新檢查計劃書

當你寫完計劃書的初稿，並且經過自己重新檢查校對後，找幾個熟悉企業管理與商業企劃的專家，幫助你檢查整份商業計劃書，針對計劃書的完整性、邏輯性、客觀性、有效性，提供專業的建議，然後你再根據專家的意見進行修改。

（六）更新修定計劃書

商業計劃書屬於一種「動態的」文件，你必須根據最新的情況，定期加以更新、修正，否則就會變得過時而失去效用。當環境改變，或者溝通的對象改變（計劃書的讀者不同），你必須更新計劃書，以反映最新的改變。

三、商業計劃書的申報

商業計畫書完成後就可以檢附其他證件，向有關單位申報，達成撰寫計畫書的目的。如果是青年創業融資貸款或申請研究創新的補助，可以到地方政府建設局相關網站查詢。例如：申請台北市商業處之產業發展獎勵補貼或補助工商團體等，就可以上網或電話查詢申報的手續。一般工商管理服務部門也可以諮詢協助申報，檢附創業計劃書或研究創新計劃書與備妥其他證件，就可以按照申報步驟申報，政府為了便民，提升服務效率，很多公辦單位都有審查步驟與時限，遇有表件不合均會通知補件，申請人送件後加以注意案件的流向就可。

創業者可以向銀行或資金借貸市場尋求資金協助，諸如：創投業者、金主、產業或策略性投資人、政府政策性貸款或補助資金（青年創業貸款、微型企業創業貸款）。一般來說，申請融資機構因著企業的發展不同階段而異，草創期可能是一般投資人或金主，再來到茁壯期後，可能是創投公司或是金融機構了。

公司為了融資而向投資機構洽詢時，如何獲得投資機構青睞，除了撰寫清晰完整的商業計畫書外，必須注意公司經營團隊與溝通談判的技巧。一般說來，備好上述的條件之後，如果再有律師、會計師或推薦機構的協助，更能吸引投資機構的青睞，獲得融資機會自然增加。但是也有一些不良的投資機構會藉機斂財，比如爽快答應而要求服務費等，就必須提高警覺，以免受害。

擬向創投或金融機構洽詢融資，可以依照下列的程序為之：

1. 準備階段：準備好募資事業計畫書 (BP)
2. 執行階段：選定募資對象、優先次序、與募資策略
3. 初次接觸：拜訪或邀訪
4. 安排正式會面
5. 配合創投之查核程序 (due diligence) 如：書面審核、側面評估、直接訪查
6. 協商談判與條件選擇
7. 完成投資協議：締結長期共生夥伴關係而成為利益共同體
8. 撥款與股票交割

由上可知，平時企業體就必須與募資對象發展良好信任關係，型塑良好的市場聲譽。

關鍵詞彙

商業計畫書、目標市場、行業分析、競爭分析

自我評量

1. 試說明商業計畫書的意義與其功用。

2. 撰寫商業計畫書的原則為何?

3. 在撰寫商業計畫書之前,你覺得要準備哪些資訊?

4. 商業計畫書的一般內涵包括哪些項目?請簡要說明之。

5. 如果你是創投公司最重視商業計畫書哪個部分?為什麼?

6. 如何將公司願景呈現在商業計畫書上?

7. 撰寫商業計畫書的格式如何在詳盡與簡要之間取得平衡?

8. 如何撰寫商業計畫書的概要?請舉一例說明之。

9. 撰寫商業計畫書的步驟有哪些?請說明之。

10. 讀完本章你覺得最大的收穫為何?

參考文獻

郭泰 (2001)。企劃案。台北市：遠流出版社

戴國良 (2003)。企劃案撰寫實戰全書。台北市：商周出版社

鐘國銘 (2011)。個人理財管理平台商業計畫書。國立清華大學碩士論文。(未出版)

如何撰寫商業企劃書？

http://www.big5.hlj.gov.cn/mxqy/system/2007/07/03/000148817.shtml

了解商業企劃書是什麼？

http://www.twbbs.net.tw/1174470.html

企劃書撰寫，一分鐘學會

http://blog.yam.com/apprentices/article/7920587

友商網

www.youshang.com/.../shan

附註：

1.商業計劃書範本

　　www.biztree.com/Business-Plan；

　　http://office.icxo.com/topic/syjhs.htm/

2.創投評估事業計畫書內容，其重點可能如下：

　　企畫摘要（Executive Summary）

　　公司簡介（歷史、定位、特色…）

　　產業概況（發展沿革、現況、與趨勢…）

　　產品與技術（應用、特色、與關鍵性成功因素…）

市場與競爭（買主與區隔、購買行為、行銷計畫、競爭者分析與比較…）

事業營運計畫與策略（Business Model：價值鏈活動的定位，如何賺錢？…）

供應關係與作業營運（生產或作業系統之運作方式、對外聯盟關係…）

經營團隊（學經歷背景、強弱勢分析、特色…）

股權結構（股東背景、董監陣容、股權比例…）

財務狀況（歷史財報資料及未來預估，包含重大假設之說明…）

增資計畫與條件（股數、價位、對象、增資用途…）

時尚經營概論（第二版）

作　　　者　王秀菁　任冠樹　江念慈　林佳琪　英宗宏　莊如松
　　　　　　陳世晉　辜靖雅　黃國男　溫騰光　賴奕安

執行編輯　盧彥螢、蔡佳玲

封面設計　楊昭琅

發 行 人　陳本源

出 版 者　全華圖書股份有限公司

地　　址　23671 新北市土城區忠義路 21 號

電　　話　(02)2262-5666（總機）

傳　　真　(02)2262-8333

郵政帳號　0100836-1 號

印 刷 者　宏懋打字印刷股份有限公司

圖書編號　0814401

二版一刷　2018 年 2 月

定　　價　460 元

I S B N　978-986-463-772-0（平裝）

全華圖書　www.chwa.com.tw

若您對書籍內容、排版印刷有任何問題，歡迎來信指導 book@chwa.com.tw

臺北總公司（北區營業處）
地址：23671 新北市土城區忠義路 21 號
電話：(02)2262-5666
傳真：(02)6637-3695、6637-3696

中區營業處
地址：40256 臺中市南區樹義一巷 26 號
電話：(04)2261-8485
傳真：(04)6300-9806

南區營業處
地址：80769 高雄市三民區應安街 12 號
電話：(07)381-1377
傳真：(07)862-5562

（請由此處撕下）

歡迎加入 全華會員

● 會員獨享

會員專購書折扣、紅利積點、生日禮金、不定期優惠活動…等。

● 如何加入會員

填安讀者回函卡直接傳真(02) 2262-0900或寄回，將由專人協助登入會員資料，待收到E-MAIL 通知後即可成為會員。

如何購買 全華書籍

1. 網路購書

全華網路書店「http://www.opentech.com.tw」，加入會員購書更便利，並享有紅利積點回饋等各式優惠。

2. 全華門市、全省書局

歡迎至全華門市（新北市土城區忠義路21號）或全省各大書局、連鎖書店選購。

3. 來電訂購

(1) 訂購專線：(02) 2262-5666 轉 321-324
(2) 傳真專線：(02) 6637-3696
(3) 郵局劃撥（帳號：0100836-1　戶名：全華圖書股份有限公司）
※ 購書未滿一千元者，酌收運費70元。

全華網路書店 www.opentech.com.tw
E-mail: service@chwa.com.tw

※本會員制如有變更則以最新修訂制度為準，造成不便請見諒。

讀者回函卡

填寫日期： ／ ／

姓名： 生日：西元　　年　　月　　日　性別：□男 □女

電話：（　）　　　　　傳真：（　）　　　　　手機：

e-mail： (必填)

註：數字零，請用 φ 表示，數字 1 與英文 L 請另註明並書寫端正，謝謝。

通訊處：□□□□□

學歷：□博士 □碩士 □大學 □專科 □高中・職

職業：□工程師 □教師 □學生 □軍・公 □其他

學校／公司：　　　　　　　　　　科系／部門：

・需求書類：

□A. 電子 □B. 電機 □C. 計算機工程 □D. 資訊 □E. 機械 □F. 汽車 □I. 工管 □J. 土木

□K. 化工 □L. 設計 □M. 商管 □N. 日文 □O. 美容 □P. 休閒 □Q. 餐飲 □B. 其他

・本次購買圖書為：　　　　　　　　　　　　　　　書號：

・您對本書的評價：

封面設計：□非常滿意 □滿意 □尚可 □需改善，請說明

內容表達：□非常滿意 □滿意 □尚可 □需改善，請說明

版面編排：□非常滿意 □滿意 □尚可 □需改善，請說明

印刷品質：□非常滿意 □滿意 □尚可 □需改善，請說明

書籍定價：□非常滿意 □滿意 □尚可 □需改善，請說明

整體評價：請說明

・您在何處購買本書？

□書局 □網路書店 □書展 □團購 □其他

・您購買本書的原因？（可複選）

□個人需要 □幫公司採購 □親友推薦 □老師指定之課本 □其他

・您希望全華以何種方式提供出版訊息及特惠活動？

□電子報 □DM □廣告 （媒體名稱　　　　　　　）

・您是否上過全華網路書店？ (www.opentech.com.tw)

□是 □否 您的建議

・您希望全華出版那方面書籍？

・您希望全華加強那些服務？

~感謝您提供寶貴意見，全華將秉持服務的熱忱，出版更多好書，以饗讀者。

全華網路書店 http://www.opentech.com.tw　客服信箱 service@chwa.com.tw

2011.03 修訂

親愛的讀者：

感謝您對全華圖書的支持與愛護，雖然我們很慎重的處理每一本書，但恐仍有疏漏之處，若您發現本書有任何錯誤，請填寫於勘誤表內寄回，我們將於再版時修正，您的批評與指教是我們進步的原動力，謝謝！

全華圖書 敬上

勘 誤 表

書　號	頁　數	行　數	書　名	作　者
			錯誤或不當之詞句	建議修改之詞句

我有話要說：（其它之批評與建議，如封面、編排、內容、印刷品質等・・・）